九州文库

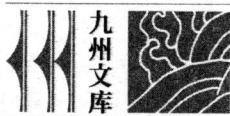

历史维度与多元融合

思想政治理论课教学路径创新研究

林瑞青 韩中谊 杜环欢 — 主编

九州出版社
JIUZHOUPRESS

图书在版编目（CIP）数据

历史维度与多元融合：思想政治理论课教学路径创

新研究／林瑞青，韩中谊，杜环欢主编．－－北京：九

州出版社，2022.11

ISBN 978－7－5225－1395－9

Ⅰ.①历… Ⅱ.①林… ②韩… ③杜… Ⅲ.①高等学

校—思想政治教育—教学研究—中国 Ⅳ.①G641

中国版本图书馆 CIP 数据核字（2022）第 216161 号

历史维度与多元融合：思想政治理论课教学路径创新研究

作　　者	林瑞青　韩中谊　杜环欢　主编	
责任编辑	蒋运华	
出版发行	九州出版社	
地　　址	北京市西城区阜外大街甲 35 号（100037）	
发行电话	（010）68992190/3/5/6	
网　　址	www.jiuzhoupress.com	
印　　刷	唐山才智印刷有限公司	
开　　本	710 毫米×1000 毫米　16 开	
印　　张	16	
字　　数	255 千字	
版　　次	2023 年 1 月第 1 版	
印　　次	2023 年 1 月第 1 次印刷	
书　　号	ISBN 978－7－5225－1395－9	
定　　价	95.00 元	

编委会

主　编：林瑞青　韩中谊　杜环欢

副主编：刘雅珠　严兴文　曹顺霞　李　成

　　　　陈　艳　杨志平

编　委：（以姓氏拼音为序）

　　　　曹顺霞　陈　艳　戴卫民　杜环欢

　　　　范卉敏　韩中谊　胡振健　李　成

　　　　李　霞　黎少青　林高标　林瑞青

　　　　刘雅珠　王　琳　严兴文　杨志平

　　　　张平泉　郑　婉　庄百鹏

挖掘用好思想资源，增强思政课教学亲和力和针对性

——代序

习近平总书记在学校思想政治理论课教师座谈会上指出，"推动思想政治理论课改革创新，要不断增强思政课的思想性、理论性和亲和力、针对性。"在增强思想政治理论课教学亲和力、针对性的基础上承载思想性、理论性，是构筑生活情境盘活思想理论存量、做大思想理论增量的关键环节，是思想政治理论课贴近学生、联系实际、深入浅出、因材施教，满足学生成长需求和期待的教改要求，是思想政治教育向日常生活世界回归，使之与理性思维和观念世界相互渗透和协同，实现意识形态柔性灌输的本质体现。

运用"四史"蕴含的历史文化资源和新时代改革创新资源，是增强思想政治理论课教学亲和力、针对性的重要路径。以党史为重点的"四史"教育融入思政课教学，一是要充分发挥党史以史鉴今、资政育人的作用，落实学史明理、学史增信、学史崇德、学史力行的目标要求，完成学党史、悟思想、办实事、开新局的突出任务，在高校思政课堂中把党史学习教育引向深入；二是用好"四史"蕴含的丰富素材，引导学生了解历史的真实、人物的伟大、精神的可贵，深刻认识中国共产党领导人民进行的革命、建设、改革的历史进程、历史变革、历史成就，进而由浅及深地在历史脉络中进行价值引领，体验式理解马克思主义中国化时代化的历史逻辑和理论逻辑，感悟马克思主义中国化理论成果立足时代、源于实践、解决问题、始终与时俱进、不断创新创造、推进时代发展的鲜明特征；三是让学生汲取"四史"蕴含的智慧和力量，明确新时代中国特色社会主义的光明前景、奋斗方向、目标任务，自觉投身新时代中国特色社会主义伟大实践，为实现中华民族伟大复兴作出应有贡献。

"四史"教育融入思政课教学，还需要各地各高校立足地方特色和自身实

际，打造思政课改革创新品牌。鉴于广东拥有延续年代最长、序列最完整、种类最齐全的革命资源并对中国革命具有独特贡献，能够打通学生理论联系实际的理解通道，我们要联系地方高校实际，认真用好地方"四史"资源尤其是广东近代民主革命资源、广东改革开放资源、中国特色社会主义先行示范区资源等，结合推进高质量发展、建设现代化经济体系、形成全面开放新格局、营造共建共治共享社会治理格局等广东经验，使思政课更加贴近地方实际、结合日常生活，让学生在具体情境中深入浅出地理解宏大理论。为了更好地推进思政课教学，我们也要积极围绕思政课教学重点难点问题展开课题研究，如从教学生活化视域、利用地方党史资源，依托"学习强国"地方学习平台，探究地方高校思政课亲和力和针对性的路径与方法。

增强思政课教学的亲和力和针对性，还需要挖掘更加丰富的思想资源。一是要常态化引入时政资源，实现思政课教学常讲常新。以学习贯彻习近平总书记重要讲话精神和党的中央全会精神为重点，以党内主题教育和群众性主题宣传教育活动为契机，关注国内外时政热点和社会焦点问题，围绕创新驱动发展、文化城市创建、乡村振兴行动、社会志愿服务等案例讲好中国故事和中国理论。二是以理想信念教育、爱国主义教育、国家安全教育、创新创业教育、国情乡情教育等专题教育为抓手，拓展思政课教学内容，促进课堂教学与校园文化活动、社会实践活动有机融合。三是要积极推进中华优秀传统文化融入思政课教学。要坚持马克思主义为指导，坚守中华文化立场，激活传统文化蕴涵的问题意识、思维方式、思想观念、价值理念，为思政课教学内容提供来自民族文化的文化支撑、理论论证和案例解说。四是发挥传统主流媒体的权威报道和深度解读的新闻优势，充分利用超星学习通等网络平台，辩证看待网络流行用语推进思政课教学话语创新，推进线上线下、课内课外的混合式教学改革创新。

广东高校思政课区域协同创新中心（佛山科学技术学院）

二○二二年四月十六日

目 录
CONTENTS

第一章　"四史"教育融入思政课教学 ·············· 1

"四史"教育融入思政课教学的价值、困境与路径 ·············· 3

"四史"教育融入高校思政课堂的底层逻辑 ·············· 12

"五W"模式下"四史"融入思政课教学的思路 ·············· 18

"四史"教育融入高校思政课教学的基本模式 ·············· 30

"四史"教育融入思政课教学新路向 ·············· 36

价值性和知识性相统一视域下"四史"融入"思想道德与法治"

课路径构建 ·············· 42

"四史"融入高校"思想道德与法治"课的路径 ·············· 49

第二章　党史教育融入思政课教学 ·············· 55

党史学习教育与地方高校思政课深度融合 ·············· 57

地方高校党史学习教育的针对性与实效性 ·············· 63

党史教育融入高校思政课教学的探索 ·············· 73

党史融入"概论"课程教学的新思路 ·············· 79

中国共产党初心使命融入中国梦主题教育的教学设计 ·············· 85

中国共产党领导实现第一个百年奋斗目标的教学设计 ·············· 92

分享式教学在党史学习教育中的运用 ·············· 99

第三章　多元资源融入思政课教学 ·········· 107

　　基于课程思政理念的新时代劳动教育课程构建 ·········· 109

　　《习近平总书记教育重要论述讲义》融入课程思政的策略 ········ 117

　　基于传统文化视域分析高校思想政治教育路径 ········· 127

　　运用"学习强国"增强大学生党史学习教育亲和力 ········ 131

　　运用SPOC升级"原理"创新榜样教学 ········· 139

　　网课背景下思政课三位一体教学模式实践与评价 ········· 148

　　新时代依托党媒开展大学生思想政治教育的探索 ········ 156

　　中国故事在思政课教学中的运用 ········· 163

第四章　多向视角探索思政课教学 ·········· 171

　　基于产教融合的高职院校"123五星级"思政课教学创新 ········ 173

　　新时代大学生思想政治教育的常态化展开 ········ 182

　　网络流行用语对高校思政课教学的影响 ········· 188

　　论毛泽东军事思想的国防教育价值 ········· 192

　　社会主义改造和社会主义改革的关系 ········· 202

　　学改革开放史，担立德树人责 ········· 211

　　"中国近现代史纲要"教学中的爱国主义教育切入点 ········ 217

　　"马克思主义基本原理概论"课程思政的环节点 ········ 225

　　思想政治理论课教学的心理学分析 ········· 232

　　马克思主义人的全面发展理论与思想政治教育 ········ 240

后　记 ·········· 245

第一章
"四史"教育融入思政课教学

"四史"教育融入思政课教学的
价值、困境与路径

庞明明*

2020年12月22日，中宣部、教育部联合印发了《新时代学校思想政治理论课改革创新实施方案》，明确指出要"重点引导学生系统掌握马克思主义基本原理和马克思主义中国化理论成果，了解党史、新中国史、改革开放史、社会主义发展史"，① 为"四史"教育融入高校思政课提出了明确要求、提供了基本遵循。因此，作为一名高校思政课教师，在新时代下深入分析"四史"教育融入高校思政课的时代价值，找出融入过程中面临的现实困境，进而提出具有针对性、可行性的解决途径，对做好思政课教学工作尤为必要和重要。

一、"四史"教育融入高校思政课教学的价值意蕴

2021年5月25日，中共中央办公厅印发《关于在全社会开展党史、新中国史、改革开放史、社会主义发展史宣传教育的通知》，对在全社会开展"四史"教育作了周密部署。高校作为为党育人、为国育才的重要阵地，自觉将开展"四史"教育活动同学校思政课教学有机融合在一起，这不仅符合时代要求、顺应时代大势，也具有鲜明的时代价值。

---

* 庞明明，广东理工学院马克思主义学院思政课专任教师，主要从事马克思主义中国化研究。

① 中宣部 教育部关于印发《新时代学校思想政治理论课改革创新实施方案》的通知 [EB/OL]. 2020-12-22. https：//www. sohu. com/a/440674163_ 778443.

（一）"四史"教育融入高校思政课教学，极大丰富了思政课教学资源宝库

2020年1月8日，习近平总书记在"不忘初心、牢记使命"主题教育总结大会上强调："要把学习贯彻党的创新理论同学习党史、新中国史、改革开放史、社会主义发展史结合起来。"① 思政课作为高校贯彻党的教育方针、落实立德树人根本任务的关键课程，是加强大学生"四史"教育的主阵地和主渠道。然而，"四史"在具体的内容上各有其侧重点，其主线是中国共产党的百年奋斗历史以及在党的领导下所进行的革命、建设和改革的伟大实践。对我们来说，改革开放具有四十多年的历史、新中国具有七十多年的历史、中国共产党具有一百年的历史、社会主义发展具有五百多年的历史，在这四方面历史的发展实践过程中，涌现出了许多可歌可泣的杰出历史人物，发生了很多载入史册的重大历史事件，进行了许多开创性的探索和创造，产生了许多科学、正确、先进的新理论和新思想，积累了许多宝贵的历史经验和历史教训，这都是在伟大、艰辛的历史实践中获得的。我认为，这些内容理应成为高校思政课教学资源宝库里的重要内容。

作为一名高校思政课教师，在自己日常的思政课教学过程中，我注重将"四史"中的相关内容同自己讲授的《马克思主义基本原理》《毛泽东思想和中国特色社会主义理论体系概论》两本教材上的相应知识点进行有效衔接，力争用鲜活的历史人物、真实的历史事件、生动的历史事实阐述深奥的思想理论，从而做到以史解论、史论结合，让这些浩如烟海的历史内容成为思政课教学的素材，极大地丰富了思政课教学的资源宝库。

（二）"四史"教育融入高校思政课教学，极大增强了大学生的"四个自信"

众所周知，"四史"是指社会主义发展五百多年、中国共产党成立一百年、新中国建立七十多年、改革开放实行四十多年的历史。它们从不同侧面完整记载着中华民族在不同的历史发展阶段所进行的伟大历史实践、所经历的重大历史事件、所面临的重大历史抉择，也详细记录着中华民族在不同的历史发展阶

---

① 习近平. 在"不忘初心、牢记使命"主题教育总结大会上的讲话［N］. 人民日报，2020-01-09（02）.

段所提出的重大历史方案、所解决的重大历史难题、所取得的重大历史成就。中国共产党成立后，自觉将马克思主义的普遍真理同我国的基本国情有机结合起来，取得了新民主主义革命、社会主义革命和建设的伟大胜利，成功开辟了中国特色社会主义道路、形成了中国特色社会主义理论、确立了中国特色社会主义制度、发展了中国特色社会主义文化，并在中国特色社会主义经济、政治、文化、社会、生态等各个方面都取得了举世瞩目的历史成就，这都充分彰显了我们社会主义中国的道路、理论、制度和文化优势。2020年4月，教育部等八部门发布的《关于加快构建高校思想政治工作体系的意见》指出："要加强党史、新中国史、改革开放史、社会主义发展史教育……把制度自信的种子播撒进青少年心灵，引导师生不断增强'四个自信'。"①

增强大学生"四个自信"是思政课的重要育人目标，也是思政课教师担负的重要育人使命。作为一名高校思政课教师，在自己的教学过程中，我特别注重结合时事政治以及学生了解的新闻事件，将马克思主义为什么"行"、中国共产党为什么"能"、中国特色社会主义为什么"好"、中国发展为什么那么"快"、改革开放为什么不能"停"等问题给学生讲深讲透。同时，我还注重结合教材知识点将我们党的创立史、奋斗史，以及在党的领导下建立新中国的历史、社会主义事业发展的历史、实行改革开放的历史，特别是在此过程中取得的历史成就给学生讲深讲透。从理论与现实相结合的角度，将困扰大学生头脑的现实问题解释清楚。这就更能显示出理论具有生命力、说服力，也更能增强当代大学生对中国特色社会主义的道路自信、理论自信、制度自信和文化自信。

（三）"四史"教育融入高校思政课教学，有效抵制了历史虚无主义的滋生蔓延

在经济全球化、利益多元化、文化多样化时代背景下，伴随着西方非马克思主义思潮在我国的传播，一些否定党的领导、否定社会主义制度、否定改革开放、否定马克思主义的思潮对当代大学生产生了不同程度的不良影响。青年是祖国的未来、民族的希望。作为青年大学生，了解不了解我们党的历史、新中国的历史、改革开放的历史、社会主义发展的历史，认同不认同我们党的路

①　教育部等八部门关于加快构建高校思想政治工作体系的意见［EB/OL］. 2020-04-28. http://www.moe.gov.cn/srcsite/A12/moe_ 1407/s253/202005/t20200511_ 452697. html.

线方针政策以及当代中国的各项基本制度，拥护不拥护党的领导、社会主义制度以及改革开放政策，接受不接受我国在党的领导下取得的一系列辉煌成就，都将直接关系到中华民族的未来走向和生死存亡。

在与学生日常的交流以及上课过程中，我会听到个别学生"散播"一些同坚持党的领导、坚持社会主义制度、坚持改革开放相违背的话语。比如：中华民族具有五千多年的发展史，为什么没有其他民族发展的好？发达国家都是资本主义国家，中国为什么要搞社会主义？在中国，为什么不实行分权制度？改革开放带来了腐朽落后的东西，为什么不缩小开放范围或取消对外开放？等等，这些错误的观点严重困扰和影响着当代大学生的思想和行为。作为思政课教师，必须旗帜鲜明地予以抵制、解答和澄清，帮助大学生确立正确的历史观。习近平总书记强调："历史是最好的教科书。"①"四史"中蕴含着丰富的育人内容、深刻的人生哲理。在教学过程中，我会结合习近平总书记"七一"讲话、疫情防控、人类命运共同体等相关论述，运用影片《长津湖》等视听资源，主动将"四史"教育融入思政课教学，让大学生全面正确了解我们党的百年奋斗史、新中国七十多年的辉煌史、社会主义制度在我国确立以来六十多年的发展史、改革开放四十多年的成就史，从而帮助大学生弄清楚"为什么要坚持中国共产党执政""为什么要实行社会主义制度""为什么要搞改革开放"等问题，搞清楚这些基本的历史问题，不仅能够引导大学生树立正确的历史观，还能增强他们对党的信任、对社会主义事业的信心、对改革开放的拥护、对国家的热爱，进而有效抵制历史虚无主义、民族虚无主义思潮的蔓延和传播。

二、"四史"教育融入高校思政课教学面临的现实困境

将"四史"教育深度融入思政课教学全过程是党和政府对高校思政课建设、发展提出的明确要求，也是对思政课教师教育教学工作提出的基本要求。然而，在现实的教学过程中，将"四史"教育灵活自如地融入思政课教学并非易事。实践表明，"四史"教育融入高校思政课教学还面临着不少现实的困境和挑战，主要体现在以下几个方面：

---

① 习近平. 论中国共产党的历史［M］. 中央文献出版社，2021：15.

（一）部分教师自身对"四史"相关知识掌握不牢

将"四史"教育融入高校思政课，无疑对广大思政课教师提出了更高的要求。"四史"包含的内容相当丰富、理论相当深奥、联系相当密切，这就要求思政课教师既要具备深厚的理论素养，能够正确理解和把握四大板块内容之间的逻辑关系，还要善于在课堂上结合教材相关内容深入浅出地加以讲解。

然而，近年来，随着党和政府对马克思主义学院以及思政课建设的高度重视，各个高校特别是民办高校都加大了对思政课教师的招聘力度，很多高校为了完成上级要求的思政课教师计划指标，放低了招聘中的专业条件，招聘了大量法学、政治学、社会学等非思政专业的毕业生，一些行政管理工作人员也转岗到思政课教师队伍。这些毕业生专业背景杂乱，属于非科班出身，基本都只是在某一个学习阶段接受了思政专业教育，并没有接受过全面、系统的思政专业教育，理论水平和理论素养不高。因此，在思政课教学过程中不可避免地会出现对"四史"相关知识掌控不足、把握不准的问题，不能做到将相关知识融会贯通，更不能深入浅出地加以讲解，这给"四史"教育融入高校思政课教学带来了很大困难。

（二）部分大学生对"四史"相关知识兴趣不高

"四史"教育活动开展以来，各高校马克思主义学院广大思政课教师积极行动，精心组织开展了形式多样的主题活动。笔者所在单位也积极开展了"四史"教育进课堂、"四史"应知应会知识有奖问答、"四史"主题征文、主题讲座、参观红色文化场馆等活动。但是，通过调研发现，大学生的兴趣度、参与度依然不高，很多学生不是积极主动、自觉自愿地参加活动，而是为了获得实践学分被动地参加活动。"四史"相关知识和思政课讲授的知识都带有理论性强、抽象性强的特点，对很多大学生特别是理工科学生而言，普遍存在着对思政课和"四史"相关知识兴趣不高的现象。个别学生即使有兴趣，在课堂上也会存在看不懂、听不进、学不会、悟不出的情况，久而久之，仅存的一点兴趣也会消耗殆尽。因此，"大学生作为独立个体有自己的思想和需求，思政教育不能一味地用过高的道德准则要求大学生。"①

---

① 蒋丽. 网络空间治理视角下高校思想政治教育的创新思考［J］. 内江师范学院学报，2021（03）：96—100.

作为思政课教师，我在教学过程中发现，思政课抬头率不高、师生互动性不强、听课积极性不高等问题亟待解决。通过与部分学生的日常交谈得知，很多大学生不仅对思政课和"四史"相关知识缺乏浓厚兴趣，而且对思政课和"四史"相关知识的重要性缺乏认识，片面认为思政课是"副科"，不重要、不实用，专业课是"主科"，对自己未来的就业至关重要。因此，学好专业课一直是很多大学生的第一需求。然而，大学生作为"四史"教育的受众主体，由于对"四史"教育相关知识缺乏兴趣，甚至是排斥、拒绝接受"四史"相关知识，这给"四史"教育融入思政课带来了巨大的挑战和难度。

（三）"四史"教育内容异常丰富，但内容之间的系统性、整体性不强

"四史"中的各个板块内容都包含着重要的历史节点、重要的历史人物、重大的历史事件、重大的历史成就、重要的历史经验和教训、重大的历史成果以及各方面历史之间的相互融合交叉，所以，"四史"教育包含的内容是相当丰富完备的。就目前而言，各个高校对大学生进行"四史"教育，基本都是依托思政课教学进行的。从本质上来说，"四史"教育同思政课教学存在着密切的联系，二者教学内容相通、教学要求统一、教学目标一致，已经基本形成了思政课教学离不开"四史"教育、"四史"教育离不开思政课教学渠道这样一个主动融合、良性互动的局面。

然而，"四史"教育的丰富内容只是为高校思政课教师提供了充足的教学素材和资源，但是，我们并不能否认当前不少高校"四史"教育内容之间依然存在不系统、不全面问题。一方面，在各个高校中还没有普遍性开设党史、新中国史、改革开放史、社会主义发展史的专门课程，部分高校只是将部分"四史"课程开设为限制性选修课程，因此，不能对所有大学生进行全面、深入、系统的"四史"教育。另一方面，在思政课教学过程中，很多思政课教师仅仅是在讲到教材上的某一个知识点时，临时从"四史"中择取一个历史人物或历史事件加以讲解，不能从整体上讲深讲透，导致学生对相关"四史"知识了解不全面、不系统，只知其一不知其二，不仅严重影响着思政课的教学效果，还给"四史"教育融入思政课带来了困难和挑战。

三、"四史"教育融入高校思政课教学的创新路径

目前，对很多高校而言，在"四史"教育融入思政课教学方面还面临着不少困难，积极探索和创新"四史"教育融入高校思政课教学的有效路径，提出具有针对性、实效性的应对措施，不断提升思政课教学质量和效果，是各个高校以及思政课教师工作的重中之重。针对"四史"教育融入高校思政课教学面临的现实困境，笔者认为，解决这些困境的创新路径有以下几个方面：

（一）多途径提升高校思政课教师的理论素养，是"四史"教育深度融入思政课教学的基本前提

2019 年 3 月 18 日，习近平总书记在学校思想政治理论课教师座谈会上强调："办好思想政治理论课关键在教师。"① 在课堂教学中，教师是知识的传授者、课堂的主导者，能否将"四史"教育有机融入思政课教学，在很大程度上取决于思政课教师理论素养水平的高低。常言道："打铁还需自身硬"，思政课教师自身首先要掌握充足、牢固的"四史"知识，只有具备了这个基本前提，才能将"四史"知识灵活地融入思政课教学，才能给学生讲深讲透。

然而，"四史"知识内容丰富、浩如烟海，对思政课教师而言，不下大力气、不费苦功夫，很难全面系统、深刻完整地掌握，在思政课教学过程中更难做到融入"四史"知识。作为一名思政课教师，为了做好"四史"教育融入思政课教学工作，笔者努力阅读了《中国共产党简史》《中华人民共和国简史》《改革开放四十年大事》《共产党宣言与世界社会主义》《社会主义发展简史》等书籍，积极参加了"四史"相关专题讲座和网络培训，查阅了许多与"四史"教育相关的知识，以此不断扩大自己的"四史"知识储备量、不断提高自己的理论素养、不断增强自己运用"四史"知识的能力。这是包括自己在内的思政课教师将"四史"教育深度融入思政课教学的基本前提。

（二）多形式激发大学生对"四史"知识的学习兴趣，是"四史"教育深度融入思政课教学的必要条件

习近平总书记强调："思想政治理论课是落实立德树人根本任务的关键课

---

① 习近平. 用新时代中国特色社会主义思想铸魂育人 贯彻党的教育方针落实立德树人根本任务 [N]. 人民日报，2019-03-19（01）.

程。青少年阶段是人生的'拔节孕穗期'，最需要精心引导和栽培。"① 大学生作为课堂教学的受众主体、作为已经长大成人且有知识、有文化、有思维、有意识的独立个体，能不能树立正确的价值观、历史观，能不能具有较高的政治素质、理论素质、道德素质，在一定程度上取决于大学生对思政课教师讲授的教材知识以及"四史"知识是否真正感兴趣、是否主动认同、是否自觉接受。这是"四史"教育深度融入思政课教学不可或缺的必要条件。

在日常的思政课教学过程中，我发现一部分大学生对思政课以及"四史"知识缺乏基本的兴趣。为了提高学生对思政课和"四史"知识的学习兴趣，一方面，我在课堂上努力尝试多种教学形式，例如：诵读红色家书、开展红歌比赛、讲述红色故事、阅读红色书籍等。另一方面，在课堂之外，我立足当地红色资源，组织部分大学生赴叶挺独立团史迹陈列馆参观学习、拜访革命老战士、观看红色电影《长津湖》、进行红色文化调研等，试图通过案例教学、情景教学、实践教学等多样化的教学形式，最大限度地激发大学生对"四史"知识的学习兴趣。同时，在授课过程中，我还充分借助"学习强国""抖音""微信公众号""思政课"等 App 资源平台，不定时、不限量为学生推送一些同"四史"知识相关的历史故事、经典文章以及一些感染力、穿透力、震撼力较强的短视频。这更有利于让"四史"教育全方位、立体化、多样化、便捷化、高效化地在大学生群体中广泛传播，更好激发大学生的学习兴趣和主动性，使其潜移默化地影响大学生的思想和行为，从而实现"四史"教育同思政课教学的深入融合。

（三）多渠道增强"四史"知识之间的系统性和整体性，是"四史"教育深度融入思政课教学的重要环节

如前所述，党史、新中国史、改革开放史、社会主义发展史中包含着异常丰富的教学内容。通过日常授课发现，"四史"中的很多内容已经被编入了思政课统编教材之中。但是，"四史"教育的内容在思政课统编教材中是以零星化、碎片化的形式呈现出来的。例如，《毛泽东思想和中国特色社会主义理论体系概论》前五章中多处涉及党史、新中国史、改革开放史的内容；《马克思主义基本

---

① 习近平. 用新时代中国特色社会主义思想铸魂育人 贯彻党的教育方针落实立德树人根本任务［N］. 人民日报，2019-03-19（01）.

原理》第六章"社会主义的发展及其规律"涉及社会主义发展史的内容;《中国近现代史纲要》中编、下编就是着重在讲党史、新中国史、改革开放史的内容;《思想道德与法治》看似没有涉及"四史"的内容,但其实在讲理想信念、人生价值和中国精神内容时,无不需要从"四史"中寻找历史人物、历史事件作为支撑。

作为思政课教师,我认为,教育主管部门可以组织相关专家学者编写独立板块的"四史"学习用书,各个高校也可以以教研室为单位,立足四门思政课教材,区分"四史"教学专题,根据课程特点、课程内容、授课对象,通过搜集资料、查阅文献,组织制作内容完整、知识系统的"四史"专题课件,编写"四史"专题讲义,为"四史"教育融入思政课提供重要载体。同时,"四史"内容之间又不是彼此孤立的,我们还要做好四大板块内容之间的有机融合和有效衔接,避免出现知识点之间的重复、误区和盲区,力争做到四大板块知识点之间的全面、完整、系统及融合,为"四史"教育深度融入思政课教学提供有利条件。

当前,将"四史"教育深度融入高校思政课教学是大势所趋、时代要求,这既是高校落实立德树人根本任务的重要环节,也是帮助大学生树立正确历史观、为党和国家培养能够担当民族复兴大任时代新人的重要渠道。因此,广大高校思政课教师要不断总结育人经验、创新教学方法,不断提升"四史"教育融入思政课教学的能力、水平和效果。唯有如此,才能担负起党和人民赋予我们思政课教师的重要责任、履行好时代赋予我们的神圣使命,才能上好思想政治理论课、培育出德智体美劳全面发展的社会主义合格建设者和可靠接班人。

"四史"教育融入高校思政课堂的底层逻辑

杨少辉*

1957年11月17日，毛泽东主席在出席十月革命胜利四十周年庆典期间在莫斯科大学面对几千莘莘学子发表了著名讲话："世界是你们的，也是我们的，但是归根结底是你们的。你们青年人朝气蓬勃，正在兴旺时期，好像早晨八九点钟的太阳。希望寄托在你们身上。"习近平总书记在党的十九大报告中指出，"青年兴则国家兴，青年强则国家强，青年一代有理想、有本领、有担当，国家就有前途，民族就有希望。"今天，我们已经实现了第一个百年奋斗目标，正以昂扬向上的姿态奔向第二个百年奋斗目标。第二个百年奋斗目标的任务历史性地落在了当代青年大学生的肩上。那么，就有必要用"四史"教育我们的青年大学生，把他们培养成能堪当民族复兴大任的时代新人。

一、"四史"教育的内涵及融入高校思政课堂的价值

（一）"四史"教育的内涵

中国共产党史、中华人民共和国史、社会主义发展史、改革开放史统称为"四史"。"四史"的侧重点不同，中国共产党史是中国共产党带领中国人民进行革命、建设、改革的历史，中国共产党带领中国人民经历了从站起来、富起来到强起来的伟大历史飞跃。中华人民共和国史是中国共产党领导中国人民进行新中国建设的历史，在党的领导下，新中国摆脱了一穷二白的局面，逐步走上了富民强国的道路。中国的社会主义发展史是中国共产党带领中国人民进行

---

* 杨少辉，广东东软学院马克思主义学院助教，主要从事马克思主义理论与思想政治教育研究。

社会主义改造和建设的历史，使社会主义在中国焕发出强大的生命力。改革开放史是中国共产党带领中国人民进行对内改革、对外开放的历史，改革开放是中国持续走向繁荣富强的必由之路。"四史"的发展脉络证明了中国共产党是中华民族的中流砥柱，是中国人民的主心骨，是实现中华民族伟大复兴的根本保证。

（二）"四史"教育融入高校思政课堂的价值

2020年6月，习近平总书记在给复旦大学《共产党宣言》展示馆党员志愿服务队全体队员回信中指出："心有所信，方能行远。面向未来，走好新时代的长征路，我们更需要坚定理想信念、矢志拼搏奋斗。希望广大党员特别是青年党员认真学习马克思主义理论，结合学习党史、新中国史、改革开放史、社会主义发展史，在学思践悟中坚定理想信念，在奋发有为中践行初心使命，努力为实现"两个一百年"奋斗目标、实现中华民族伟大复兴的中国梦贡献智慧和力量。"① 鉴古知今，资政育人。历史是最好的教科书，历史不仅是营养剂，还是清醒剂。"四史"孕育了诸如"伟大建党精神""红船精神""井冈山精神""长征精神""延安精神""雷锋精神""伟大抗疫精神"等等。这些宝贵的精神是大学生成长成才的源头活水，在思政课堂上弘扬这些宝贵的精神有助于滋养大学生的灵魂，有助于大学生补思想之钙，有助于防止意志上得"软骨病"。榜样的力量是巨大的，"四史"中涌现出的无数杰出人物就是大学生学习的榜样，这些杰出人物才是最亮的"星"。用以爱国主义为核心的民族精神和以改革创新为核心的时代精神去滋养大学生、用"榜样"去感召大学生、用"四史"中的故事去感染大学生，才是"四史"教育融入高校思政课堂的价值所在。

"四史"教育是高校进行思想政治教育的重要载体。"四史"教育关乎"立德树人"根本任务的落实，也关乎"为谁培养人""怎么培养人""培养什么样的人"的问题。"四史"教育是改造大学生"三观"的有力武器，能够帮助大学生系好人生第一粒扣子。

---

① 习近平给复旦大学青年师生党员回信［N］.人民日报社，2020-07-01（01）.

二、推进"四史"教育融入高校思政课堂的理论依据

（一）"四史"教育关乎立德树人

2019 年 3 月 18 日，习近平总书记在学校思想政治理论课教师座谈会上强调，思想政治理论课是落实"立德树人"根本任务的关键课程。青少年阶段是人生的"拔节孕穗期"，需要精心引导和栽培。通过了解学习社会主义发展史、中共党史、新中国史、改革开放史，有利于大学生形成科学的世界观、人生观、价值观，有利于当代大学生学会历史思考，厚植家国情怀，增强理论自信、道路自信、制度自信、文化自信。推进"四史"教育进高校课堂是铸魂育人、落实立德树人根本任务的重要法宝。

五百多年的社会主义发展史是一部从"乌托邦"到"现实"的历史。一百年来的党史、七十多年来的新中国史、四十多年来的改革开放史是一部立足中国大地、由中国人民书写的壮丽史诗。通过对"四史"的归纳和演绎，引导同学们增信、明理、崇德、力行。通过对"四史"的教育学习，让学生深刻感受到"马克思主义为什么行""中国共产党为什么能""中国特色社会主义为什么好"的道理，从而增强学生对马克思主义的信仰、对共产党的认同、对中国特色社会主义的拥护。

才者，德之资也；德者，才之帅也。德行是人之所以成为人的根本。德才兼备是识人、选人、用人的根本遵循。社会主义发展史、中共党史、新中国史、改革开放史中涌现出的无数个英模人物、发生过无数次影响中国乃至世界的大事变，"四史"中的这些英模人物就是当代青年学生很好的学习榜样，"四史"中的部分史实就是大学生做人做事、成人成才的智慧源泉。

（二）"四史"教育关乎"为谁培养人"的问题

中华民族伟大复兴的事业需要一代又一代的中华儿女接续奋斗才能实现。如何保证党的事业薪火相传、后继有人，这是一个不可回避的问题。中国共产党致力于中华民族千秋伟业，中国共产党要长期执政，就要培养一批听党话、跟党走的人，就要培养一大批理想信念坚定、德才兼备的青年才干。青年大学生是国家的宝贵财富，是民族的希望。通过"四史"学习，能够帮助大学生更好地了解我们从哪里来、到哪里去，能够帮助学生搞清楚今天的党情、国情、

世情。通过对"四史"的学习，能让学生感受到为党育人、为国育才的必要性和重要性，回首五百多年来的社会主义发展史、一百年来的中国共产党党史、七十多年的新中国史、四十多年的改革开放史，就不难发现"为谁培养人"这个问题的答案。

（三）"四史"教育关乎"怎样培养人"的问题

今天，我们正站在世界百年未有之大变局和实现中华民族伟大复兴战略全局的历史坐标轴上。社会主义现代化事业发展的接力棒需要一代一代地传递下去，就要求解决"怎样培养人"的问题。青年一代担负着重大使命，是未来的创造者，通过"四史"的学习，能够让当代大学生深刻认识到自己所应承担的历史使命，深刻认识到成为社会主义现代化事业的合格建设者和可靠接班人的现实意义。培养社会主义现代化事业的合格建设者和可靠接班人，就要因时而进、因势利导、循循善诱，从情感、态度、价值观等方面着手。在思政课堂上不断融入"四史"内容，不断提升"四史"教育的亲和力和针对性，满足当代大学生成长发展需求和期待。除了思政课堂上的理论灌输与启发引导，也可以丰富拓展"四史"教育学习形式。比如：组织学生观看革命主义题材的影视剧，组织学生参观红色革命基地等，让大学生更加直观形象地感受我们的社会主义发展史、党史、国史、改革开放史。同时，要在思政课堂上进行社会主义核心价值观教育，把"四史"教育和社会主义核心价值观教育有机地结合起来，引导大学生争做社会主义核心价值观的坚定信仰者、积极传播者、模范践行者。

三、"四史"教育融入高校思政课堂要把握的五个维度

（一）效度

增强"四史"教育融入高校思政课堂的有效性，除了从"四史"内容、教学手段等方面着手，还应该考量社会环境、大学生的认知情况、心理特征、价值取向等方面内容。今天的大学生是伴随着互联网的高速发展而不断成长起来的，他们思想比较活跃、视野开阔、价值观念多元化、个性突出，在进行"四史"融入的时候应该改变传统的单纯灌输模式，化被动学习为主动学习，有效利用新媒体教学手段，增强"四史"教育的实效性，发挥隐性教育作用，从而达到润物细无声的效果。

（二）信度

对待"四史"的态度应该客观，既不拔高神化"四史"，也不矮化污化"四史"。对待"四史"应该坚持辩证唯物主义和历史唯物主义观点，多一些哲学思考，特别是在分析历史人物和重大历史事件时，应用历史分析的方法和阶级分析的方法，既不搞全盘肯定，也不搞全盘否定，坚持实事求是的观点。由于网络信息良莠不齐，大学生独立判断鉴别信息能力不强，容易受网络不良信息影响，有时对待"四史"会持怀疑态度。针对这种情况，在思政课堂上就要旗帜鲜明地拨乱反正、正本清源。"四史"是中国人民共同书写的壮丽史诗，绝不允许搞历史虚无主义。只有客观、准确、科学的历史评价才能增强"四史"的信度。

（三）高度

虽然从本质上来说，"四史"的教学内容也是具有历史性意义和价值的，但与常规的历史课程教学相比，"四史"教育工作的开展与历史课程的教育之间还存在一些差异。这与"四史"内容的政治性色彩有非常直接的关系。既然"四史"教育带有一定的政治性色彩，那么进行"四史"教育就要有一定的高度，要理直气壮地把"四史"教育融入高校思政课堂。从"四史"中获取教育教学资源，从"四史"史料中归纳总结出中国共产党为什么能、马克思主义为什么行、中国特色社会主义为什么好的原因。理论只要彻底，就能说服人。"四史"教育融入高校思政课堂既要有理论高度，也要有政治高度。

（四）温度

以文化人，以史育人。"四史"教育不是冷冰冰的说服教育，而是有温度的源头活水。"四史"是形象鲜活的历史过程，不是触不可及的抽象内容。建党一百年来、新中国成立七十多年来、改革开放四十多年来，中国共产党和新中国都发生了沧桑巨变。在思政课堂上要把握好历史和逻辑的关系、历史和现实的关系、理论和实践的关系，通过横向和纵向比较，让大学生切身感受到"四史"教育是鲜活的，让"四史"中的精神、故事、人物走进大学生的心坎里，让这些精神、故事、人物形象立体起来，让青年学生们感受到这些人物、精神、事件可亲可敬、可学可做。温度不仅体现在课堂之内，还体现在课堂之外，鼓励学生走出校门，走向社会。社会是大学生成长成才的大舞台，引导他们积极参与社会实践，去接触不同的人，参与不同的事，从基层做起、从细微之处做起，在实践中感悟"四史"的温度。

（五）深度

感觉到了的东西不一定能深刻理解它，理解了的东西才能深刻感觉它。深刻的才能感染人。"四史"教育融入高校思政课堂要讲清楚其内在的历史逻辑关系。"四史"的形成与发展，实质是马克思主义在中国发展的历史。运用马克思主义立场、观点、方法，是解决中国实际问题的不二法宝。从"四史"中读懂中国优秀传统文化，才能找出中华民族精神谱系。只有成为弘扬中华优秀传统文化、传承中华民族精神的自觉践行者，在思政课堂上掌握马克思主义理论这本真经，大学生才能自觉地投身到社会主义现代化建设中来。

四、结语

"四史"教育融入高校思想政治教育，是当代大学生涵养品德、践行社会主义核心价值观的重要途径，也是解决"为谁培养人""培养什么样的人""怎样培养人"等问题的一把金钥匙。为此，思政课教师要持续不断地推进"四史"教育融入高校思政课堂，让"四史"在大学生心中生根发芽，让"四史"中的宝贵精神转化为大学生成长成才的不竭动力，让马克思主义旗帜在高校课堂上高高飘扬。

"五W"模式下"四史"融入
思政课教学的思路[*]

陈益华^{**}

一、高校集中开展"四史"学习教育的背景分析

意识形态领域的斗争是一场没有硝烟的战争。当前,世界面临百年未有之大变局,我国前所未有地接近中华民族伟大复兴,中美博弈全面展开,西方敌对势力妄图用"六化"搞垮中国,反和平演变一刻也不容松懈。党面临的执政考验、改革开放考验、市场经济考验、外部环境考验具有长期性复杂性,精神懈怠危险、能力不足危险、脱离群众危险、消极腐败危险具有尖锐性严峻性。如何应对国内外的危险和挑战,是事关党生死存亡的重大课题。高校是意识形态斗争的前沿阵地,是培养人才的摇篮,是人才的聚集地和各种思潮的汇聚地。^① 鉴于此,2020 年 12 月,中共中央宣传部、教育部印发的《新时代学校思想政治理论课改革创新实施方案》(以下简称《实施方案》)强调,大学阶段"重点引导学生系统掌握马克思主义基本原理和马克思主义中国化理论成果,了解党史、新中国史、改革开放史、社会主义发展史(以下简称'四史'),认识世情、国情、党情,深刻领会习近平新时代中国特色社会主义思想,培养运

---

  * 基金项目:2020 年度广东省普通高校创新团队项目(人文社科)"本科层次职业教育研究创新团队"(项目编号:2020WCXTD026)。

 ** 陈益华,广东工商职业技术大学马克思主义学院副教授、法学硕士,主要从事马克思主义理论与思想政治教育研究。

 ① 陈益华. 以"四个意识"引领高校党建工作 [J]. 珠海市委党校学报,2017(1):10—12.

用马克思主义立场观点方法分析和解决问题的能力"①，并对课程内容提出明确要求。

2021年是中国共产党成立100周年，集中开展以党史为首的"四史"学习教育是全党全国一项重要的政治任务。2021年2月20日，习近平总书记在党史学习教育动员大会上强调，在庆祝我们党百年华诞的重大时刻，在两个一百年奋斗目标历史交汇的关键节点，在全党集中开展党史学习教育，正当其时，十分必要。习近平总书记还对党史学习教育进行了全面动员和部署。党中央印发了《关于在全党开展党史学习教育的通知》，对这项重要政治任务作出了全面部署。2021年7月1日，习近平总书记在庆祝中国共产党成立100周年大会上发表重要讲话，并首次提出了伟大的建党精神。

以集中开展党史学习教育为契机，开展"四史"融入高校思政课教学也是十分必要的。因为以党史为首的"四史"是最生动、最有说服力的教科书，是一本"活"的思政教材，蕴涵着丰富的育人养料。高校要以一种全新的视角思考"培养什么人，怎样培养人，为谁培养人"这个教育的根本问题，充分认识到"四史"学习教育在"立德树人"中的重要价值，做到学史崇德、学史增信、学史明理、学史力行，义不容辞地担负起培育时代新人的历史使命。

二、"五W"模式内涵及其在"四史"融入思政课教学中的应用

（一）"五W"模式内涵

1948年，美国学者H·拉斯维尔在《传播在社会中的结构与功能》论文中首次提出了构成传播过程的五种基本要素，并按照一定结构顺序将它们排列，形成了"五W"模式。这五个"W"分别是英语中五个疑问代词的第一个字母，即Who（谁），Says What（说了什么），In Which Channel（通过什么渠道），To Whom（向谁说），With What Effect（有什么效果）。"五W"模式是传播学研究的基本范式，这五个"W"密不可分、环环相扣。这一模式从传播内部结构，分析传播过程必不可少的五个要素，形成了传播学的五个重要研究方向：传播者研究、内容研究、媒介研究、受众研究和效果研究，进而影响了几代学者的

---

① 中共中央宣传部，教育部.新时代学校思想政治理论课改革创新实施方案［Z］.教材〔2020〕6号.

研究视野和方法。①"五W"模式表明传播过程是一个目的性行为过程，具有企图影响受众的目的，因此传播过程是一种说服过程，其间的五个环节正是传播活动得以发生的精髓。传播者是传播活动的起点，也是传播活动的中心之一。传播者在传播过程中负责搜集、整理、选择、处理、加工与传播信息。他们被称为把关人，他们的这种行为被称为把关。传播内容是传播活动的中心。传播媒介是传播过程的基本组成部分，是传播行为得以实现的物质手段。媒介即中介或中介物，存在于事物的运动过程中。传播意义上的媒介是指传播信息符号的物质实体。受众又称接受者，是主动的信息接收者、信息再加工的传播者和传播活动的反馈源，是传播活动产生的动因之一和中心环节之一，在传播活动中占有重要的地位。传播效果是指传播者发出的信息经媒介传至受众而引起受众思想观念、行为方式等的变化。

（二）"四史"融入思政课教学中的应用

"五W"模式可为"四史"融入高校思政课教学提供一些新的研究思路和方法。从"五W"模式可以看出，"四史"融入高校思政课教学主要包含以下三个方面的内涵：一是和其他传播活动一样，"四史"融入高校思政课教学也包括传播者、传播内容、传播媒介、传播受众、传播效果这五个要素，且这五个要素构成一个完整的传播系统；二是传播的内容是传受双方都积极关注的信息；三是新媒体语境下的传播是一个双向互动的过程，是传播者与受众之间的信息相互传递、接受的关系。当控制论中的反馈要素进入传播过程后，双方既是信息的发送者，又是信息的接收者。在人人都是麦克风的新媒体时代，高校应更加重视传播过程中舆论引导和传播效果的问题。

三、"五W"模式下"四史"融入思政课教学中的问题

近年来，"四史"融入高校思政课教学取得了显著成效，但离党和人民的期望值以及中华民族伟大复兴的要求还有一定差距，从传播者、传播内容、传播媒介、传播受众、传播效果这五个维度来看，具体存在以下问题。

---

① 聂楠. 传播学视域下突发公共事件的高校舆论引导 [J]. 新闻研究导刊, 2021 (11): 27—29.

（一）传播者维度："四史"相应的知识和教学能力不足

从传播学角度来看，"四史"融入高校思政课教学的主要传播者是思政课教师。思政课教师是传播过程中的把关人，负责搜集、整理、选择、处理、加工与传播"四史"知识。近年来，虽然思政课教师无论在师资队伍配备还是教学能力提升方面都有了很大的进步，但同时也应看到部分思政课教师在"四史"教育方面还存在一些不足，主要表现在以下三方面：一是思政课教师所需的"四史"教育知识结构和专业素养不够。目前，一些思政课教师专业基础薄弱，在接受正规学校教育的本、硕、博学习期间，仅一个教育阶段的学习是与思政相关的内容。限于专业基础，他们对"四史"目标知识全面系统学习和掌控存在不足，在课堂教学中难以做到融会贯通。还有一些兼职教师、非思政专业和历史专业的教师，"四史"相应的知识更加薄弱，教学能力尤须加强。二是自觉融入"四史"教育的主动意识不强。将"四史"内容有效融入思政课教学，需花费大量时间、精力钻研探求"四史"内容与思政课教学内容的契合点，无疑将大大增加思政课教师的备课难度和负担，故而思政课教师将"四史"内容有效融入思政课教学的积极性不高。三是运用"四史"教育教学的能力不足。一些教师对"四史"和党史学习教育方针政策一定程度上囫囵吞枣，似懂非懂，以其昏昏，使人昭昭，引领作用不够突出，随着信息化和新媒体的广泛发展与运用，考验着思政课教师对新型教学手段与方式的运用。[①] 学校宣传部门、作为第一学院的马克思主义学院等组织战斗力凝聚力有待提升。

（二）传播内容维度：缺乏统筹规划和整体配合

一是部分高校存在各门思政课程各自为政的现象。目前，各门思政课程的教学内容虽都有涉及"四史"教育的内容，但基本是各取所需，各唱各的调，即"四史"教育作为辅助，为各门课程教学提供资源供给，但各门课程之间没有进行良好的配合与衔接，缺乏整体规划，以致有时课程之间会出现冲突或明显短板。[②] 尤其是社会主义发展史内容在各门思政课体现不充分，除原理课第

---

① 崔淑芳. "四史"教育融入高校思想政治理论课教学探析［J］. 内江师范学院学报，2021（9）：90—93.
② 崔淑芳. "四史"教育融入高校思想政治理论课教学探析［J］. 内江师范学院学报，2021（9）：90—93.

六章有过内容介绍，其他几门课只有碎片化的讲授。社会主义发展史内容在如此稀少的情况下，一些高校在实际教学过程中也没有认真讲授，简单地一带而过，使得学生对此内容知之甚少，社会主义发展史也成为"四史"教育的短板。① 这就导致学生在学习过程中难以全面、系统了解"四史"知识。此外，"四史"教育内容，吸引力感染力也有待增强。

（三）传播媒介维度：欠发达和普及，话语权有待加强

传播媒介也可称为传播渠道、信道、传播工具等，是传播内容的载体。媒介即中介或中介物，存在于事物的运动过程中。传播意义上的媒介是指传播信息符号的物质实体。一方面，作为技术手段的传播媒介的发达程度，决定着社会传播的速度、范围和效率；另一方面，作为组织机构的传播媒介的制度、所有制关系、意识形态和文化背景，决定着社会传播的内容和倾向性。当前，一些学校虽然采用了多媒体教学，但教室没有网络，影响教师课堂上利用网络"四史"资源的效率，图书馆、马克思主义学院相关图书、资料稀缺，"四史"纸质传媒供应不足。此外，各种传播媒介"四史"方面宣传教育犹如隔空喊话，各种传播方式没有形成合力，网络新媒体是短板。新时代，不少青年大学生基本上是"低头一族"，处于"实时在线"的状态。而高校对于智能手机微信群、各种网络舆论阵地，还没有牢牢掌握"四史"话语权、主导权。这对"四史"有效融入思政课教学产生重大负面影响。

（四）传播受众维度：兴趣不浓，获得感不强，无法满足需求

受众又称接受者，是主动的信息接收者、信息再加工的传播者和传播活动的反馈源，是传播活动产生的动因之一和中心环节之一，在传播活动中占有重要的地位。传播者不能"因人施讲"，导致受众"坐不住、听不进、记不牢"，缺乏获得感；思政课、"四史"有关讲座等缺乏包容、平等、双向、实时的对话，无法满足师生的需求，导致大学生对"四史"教育了解不多，兴趣不浓。通过对大学生"四史"知识的了解情况进行调研（部分大专院校学生），结果显示：近六成大学生表示对"四史"教育兴趣不浓，在学校教学任务安排下参加相关活动；超三成大学生表示不明白学习"四史"的原因和意义，认为不了

---

① 鲍江，赵强. 围绕立德树人加强"四史"教育［J］. 高教论坛，2021（3）：45—47.

解没什么影响。究其原因，主要集中在教学内容相对枯燥，学校的应试化教育使大学生无暇顾及"四史"学习等。鉴于此，思政课教师应充分关注学生的成长需求，探求符合教学规律并使学生乐于接受的教学方法。① 此外，学校还有意无意地忽视了受众的反馈及二次传播。

（五）传播效果维度：实效性有待增强

传播效果是指传播者发出的信息经媒介传至受众而引起受众思想观念、行为方式等的变化。传播效果是"四史"融入高校思政课教学的归宿。由于传播者、传播内容、传播媒介以及传播受众等方面存在的不足，导致"四史"融入高校思政教学传播的效果有待提高，离党和人民的要求期望值还有一定差距。调研发现，只有部分学生在思政课课堂上不看其他书，能够认真听讲，部分学生偶尔看课外书，只有半数左右的学生经常记笔记。这种情况表明思政课教学效果并不令人满意，大学生对思政课有一定的逆反心理。

从总体上看，当代大学生的思想政治状况呈现积极、稳定、健康、向上的发展趋势，但也有部分大学生的理想信念、世界观、人生观、价值观尚存在一定的误区。在理想信念方面，有一部分学生错误认为，马克思主义只是众多理论流派中的一种，不宜在指导思想上搞马克思主义一元化；有的学生认为邓小平理论是实用主义；一些学生认为社会主义与资本主义正趋于同一。在世界观、人生观、价值观方面，如对"一个人成功与否的主要依据是什么"这一问题，不少学生认为是"拥有物质财富的多少"和"掌握权力的大小"。这些不健康的思想观念和行为表现，说明马克思主义的世界观、人生观、价值观教育仍需加强，"四史"融入高校思政课教学的功能有待增强。

四、"五W"模式下"四史"融入思政课教学之对策

各高校应在充分研究的基础上制定不同的"四史"融入高校思政课教学工作方案及推进计划，针对传播者、传播内容、传播媒介、传播受众和传播效果等方面存在的问题，进行大众性、互动性传播，增强内容的吸引力、大学生受众的获得感。

---

① 崔淑芳. "四史"教育融入高校思想政治理论课教学探析［J］. 内江师范学院学报，2021（9）：90—93.

（一）传播者维度：加强思政课教师队伍建设

习近平总书记强调："办好思想政治理论课关键在教师，关键在发挥教师的积极性、主动性、创造性。"① 实施课堂教学，教师是主导。"四史"教育融入思政课教学，对思政课教师提出了更高的要求。从传播者方面来看，需要打通"三关"，建设一支精干顶用的思政课教师队伍。

一是过数量关。近年来各省市和高校加大了引进、培育思政课教师政策支持和工作力度，提供经费支持，明确推进时间，高校思政课教师的引进数量显著增长，为"四史"教育融入思政课提供了组织保障。但部分高校尤其是一些民办高校由于思想认识、经营模式、经费不足等因素的制约，高学历高职称的中青年思政课教师引培难度大，整体师资队伍力量薄弱，教师显性和隐性流失比较严重，思政课教师缺口大，执教压力大是常态。根据教育部 2021 年《高等学校思想政治理论课建设标准》要求，高校思政课专职教师应按师生比 1∶350 配备。思政课教师数量充足是确保"四史"融入高校思政课教学效果的前提。

二是过学习关。"打铁还需自身硬"，思政课教师自身具备扎实、丰富的"四史"知识是"四史"教育有机合理融入思政课教学的基础，而"四史"知识本身内涵十分丰富、博大精深，因此，思政课教师必须不断加强学习，在课余时间多努力，加深对"四史"教育的研究，提高自觉融入"四史"教育教学的意识。

三是过建设关。加强对思政课教师的教育培训工作，切实提高其作为传播者的思想境界、理论素养和业务水平，培养一支"知党史、明理论、懂政策、能讲清、善实践"的传播主体工作队伍。关于建设关，更具体来说要做到如下两点。首先，要完善"三级"思政课教师培训体系。经过长期探索实践，基本形成了国家、省和高校三级联动的思政课教师政治与业务培训工作体系。尤其是要不断完善培训内容体系，把提升"四史"教育教学能力纳入思政课教师的业务培训中去，开展专题培训或综合培训，切实提升教师"四史"教育课程的讲授能力和把"四史"教育融入思政课必修课程教学的实践能力。其次，要发挥名师、示范课的辐射带动作用。比如，2021 年 3 月 27 日，由全国高职高专院

---

① 习近平. 用新时代中国特色社会主义思想铸魂育人贯彻党的教育方针落实立德树人根本任务 [N]. 人民日报，2019-03-19（01）.

校思政课建设联盟主办、嘉兴职业技术学院承办的全国职业院校"庆祝建党100周年名师讲党史"启动仪式暨活动研讨会在嘉兴南湖红船旁举行。会议强调，高职院校的思政课教师要"结合各地特色资源讲党史，挖掘党史所蕴含的红色基因，将红色文化融入职业教育，用红色基因涵养正气，用党的实践创造和历史经验启迪智慧、砥砺品格，聚焦立德树人"。通过大力推广名师在思政课教学中融入"四史"教育的优秀示范课程，充分发挥优秀课程的示范带动作用，潜移默化地提高其他教师运用"四史"教育的意识。①

（二）传播内容维度：构建科学的"四史"教学课程体系

一是要针对不同类型高校，研制《党史学习教育融入思政课教学要点建议》，编制党史学习教育教材、读本，因材施教。原理课第三章和第六章介绍了人类社会发展规律、社会主义500年的历史进程；概论课以马克思主义传播史、中共党史、新中国史、改革开放史等为背景讲述着马克思主义中国化的历史逻辑；基础课教学只有以恢宏的历史视野为教学支撑才能更好地对大学生进行思想道德教育，只有联系了社会主义500年的发展历史才能讲好理想信念的问题，联系了党史、新中国史、改革开放史才能讲深讲透民族精神和时代精神；纲要课是一门专门的历史教育课程，在历史知识的学习过程中去思考"四个选择"的历史必然性。

二是必须发挥高校协同优势，充分利用区域高校思政联盟和协同创新中心等各学习平台，坚持"内容为王"，整合"四史"资源，科学构建"四史"教学课程体系，明确"四史"教学目标任务，开设全面体现社会主义500年发展历史的课程，开设充分反映党100年奋斗史的课程，开设展示党带领人民成立新中国和进行改革开放取得历史性成就的课程，开展"四史"精品课程评选，开展"四史"集体备课，通过多种方式整合"四史"教育内容，把握"四史"教育的主线，增强"四史"课程设置的逻辑性②，进而不断增强"四史"课程的典型性、系统性、吸引力、感染力。

---

① 崔淑芳. "四史"教育融入高校思想政治理论课教学探析 [J]. 内江师范学院学报，2021（9）：90—93.

② 鲍江，赵强. 围绕立德树人加强"四史"教育 [J]. 高教论坛，2021（3）：45—47.

（三）传播媒介维度：统筹以新媒体为重点的各种传播方式，形成传播合力

坚持"四史"教育的时代性，一定要视野广、思路新，把"四史"教育同现代新媒体结合起来，创新教学方法，让"本本"上的理论"活起来"。应充分利用传播媒介，发挥"学习强国"等平台资源优势，设计"四史"学习教育专题网站，开设微信群、微信公众号，利用自媒体高效便捷优势，定时更新历史人物志，更新"历史上的今天"，开设"四史"知识模块，开展"四史"知识竞赛。这样既能够让学生在耳濡目染的过程中学习"四史"知识，也能够丰富思政教师授课素材，达到润物细无声的效果，体现立德树人的根本任务。①

具备条件的高校还应筹建党史馆作为党史学习教育的重要平台。思政课可以利用党史馆对学生进行党史虚拟实践教学，与时俱进地开发虚拟实践教学内容，思政课教师、计算机网络专家、党史馆、博物馆等有关人员、单位应精诚合作，创设把党史学习教育高质量融入思政课教学内容、情境、意义及考核等环节的虚拟实践教学软件。例如，为了让学生更直观地感受新民主主义革命，可创设"秋收起义"等 VR 资源，甚至可以通过游戏的形式，让学生参与到这场起义中来，让学生感受革命的艰辛与不易。在讲授红军长征有关内容时，可以通过 VR 技术模拟红军长征过程中的地理环境、气候条件等，通过场景再现、交互体验，让学生沉浸其中，体会红军爬雪山、过草地的艰辛，理解伟大的长征精神，学习红军勇往直前、不畏艰难的高尚品质。

（四）传播受众维度：激发受众主观能动性，增强获得感

思政课堂是高校思想政治教育的主渠道和主阵地。通过课堂教学，教师要把知识、思想有效地传递给学生。

一是在课堂上，教师要坚持学生的主体地位，坚持以学生为中心，围绕大学生的需求开展"四史"融入思政课教学，创新教学内容和教学方法，引起大学生情感共鸣，满足大学生成长发展需要和期待，使学生有更多的获得感。

二是坚持以教师为主导，学生为主体的方式，大力推广辩论、演讲、情景模拟、角色扮演、案例研讨、小组讨论等教学方式，激发更多的学生参与课堂，

---

① 鲍江，赵强. 围绕立德树人加强"四史"教育 [J]. 高教论坛，2021（3）：45—47.

提升教学效果。让学生讲解自己做的PPT、播放自己拍摄的微电影、表演情景剧、进行爱国诗歌朗诵、演讲辩论等，让学生在"动起来"的过程中学起来。

三是要充分利用网络信息新媒体，利用好网络平台，打造线上线下混合式教学。目前的大学生一般都是"00后"，高度依赖新媒体获取知识和信息，思政课教师要积极适应当代大学生的这种新状况、新特点，把新媒体手段深度融入思政课教学过程中。在思政课堂上通过学习App进行点名、提问、参与问题讨论，能够激发学生参与课堂教学的热情；利用"微课"整合教学视频，可以增加学生学习兴趣，提高课堂效率；通过"慕课"这种大规模在线开放课程，能够极大地提高思政课的影响力和覆盖面。

四是利用新媒体手段创新教学方式，可以使互动式教学、议题式教学、参与式教学等更有效地发挥作用。随着互联网技术的迅猛发展和移动终端设备的应用普及，"人人都有麦克风""人人都是传播者"的网络化时代改变了信息传播和接收方式，大学生受众的主观能动性激发起来、获得感增强后，会从传播受众变成传播者，他们将自觉地对"四史"故事、党史精神进行多次传播，达到四史学习教育深入人心的目标。

（五）传播效果维度：开设选择性必修课程，借助全媒体的传播优势增强教学实效性

根据2020年12月中共中央宣传部、教育部《关于印发〈新时代学校思想政治理论课改革创新实施方案〉的通知》要求，各院校结合本校实际，统筹校内通识类课程，围绕马克思主义经典著作、中国共产党党史、新中国建国史、改革开放史、社会主义发展史、中华优秀传统文化、中国革命文化、社会主义先进文化、宪法法律等内容，开设选择性必修课程，确保学生至少从"四史"中选修1门课程。思政课教师要积极开设"四史"选修课，或积极研究，将"四史"内容融入思政课教学，或将"四史"与"形势政策教育"和"毛泽东思想和中国特色社会主义理论体系概论"课程有效衔接，将"四史"教育与现有课程融为一体，更加突出党史国情教育，增强学生的理论自信、制度自信、文化自信和道路自信。同时，做好"习近平新时代中国特色社会主义思想"研

究，开好专题教学，增加实际教学的时长，有条件的可根据学生需要开设这门课程。① 为了增强传播效果，高校思政课教师可以借助全媒体的传播优势，提高发掘、鉴别、选择和应用网络"四史"素材的能力，善于在网络话题中筛选学生的兴趣关注点，用学生们容易接受的方式传递知识和信息，积极接收学生的反馈并对课程内容加以优化和提升。②

五、五 W 模式下高校"四史"融入思政课教学之保障

（一）思想认识保障

高校党政领导班子要站在中华民族伟大复兴的政治高度，深刻认识"四史"学习教育的重大现实意义和深远的历史意义，在思想上高度重视党史学习教育工作，统筹协调好党史学习教育与招生、教学、就业等工作，走在教育改革创新的前列，更主动高效地服务区域经济社会发展，更好地满足新时代人民对美好生活的需求。学校师生也要充分认识到党史学习教育融入思政课重要作用和意义，与学校同向同行。

（二）评估考核体系保障

"四史"学习教育在高校零零散散地一直在进行，但没有一套统一权威可操作的评价考核体系，这势必影响到其可持续性。因此，要从"四史"学习教育融入思政课的目标、内容、方法、效果等维度建立一套统一权威可操作的评价考核体系，"以评促学"，"以考促学"，通过专项评估与综合评估、阶段性评估与总结性评估、定性评估与定量评估、静态评估与动态评估、自我评估与他者评估相结合，③ 将评估结果作为考核依据，确保教育工作的成效。

（三）激励与问责机制保障

在市场经济环境中，人离开了利益，制度的压力就极其有限。④ "四史"学

---

① 张青，张波. 全媒体视域下高校意识形态安全面临的现实挑战及实践进路 [J]. 学校党建与思想教育，2020（13）：29—32.

② 丁建国，焦小炜."互联网 +"背景下全媒体提升高校思想政治教育实效性的途径研究 [J]. 工业技术与职业教育，2021（3）：82—85.

③ 徐建飞. 习近平新时代中国特色社会主义思想"三进"的评估体系研究 [J]. 渭南师范学院学报，2018，33（22）：34—35.

④ 刘宗洪. 党内政治生活的时代意蕴及实践路径 [J]. 中共中央党校学报，2017，21（4）：104.

习教育工作也是如此。仅靠从上而下传导压力来推进是不可能长久的。反之，如果利益激励及时且切合师生需求，推动党史学习教育常态化工作就会成为一种自觉。故而，应建立经费保障制度，设立"四史"学习教育工作专项经费；要将"四史"学习教育作为校长、书记开学第一课的主题，开展示范课、公开课活动，落实思政课教师岗位津贴和课时补助，努力提高思政课教师地位，让他们有"尊严感"和"自豪感"。① 如此，广大思政课教师就会更自觉自信地讲好思政课，自觉自信地进行"四史"学习教育，舒心从教，终身从教。此外，要成立"四史"学习教育工作领导小组，精准制订具体实施方案，层层签订责任书，将责任落实到人头，每年都要展示工作成果，对先进典型进行专项表彰奖励，对敷衍消极者进行追责问责。

---

① 张莉，陆海霞. 高职院校思政课教师队伍建设的问题与对策 [J]. 思想政治工作研究，2018（5）：35.

"四史"教育融入高校思政课教学的基本模式

闫石[*]

  党的十八大以来，以习近平同志为核心的党中央不断提高对"四史"教育的重视程度，接连发表了一系列重要讲话，也作出了一系列重要部署。2020 年 1 月，习近平总书记在"不忘初心、牢记使命"主题教育总结大会上发表讲话，并提出要"学习党史、新中国史、改革开放史、社会主义发展史"（以下简称"四史"）。同年 4 月，教育部等八部门联合印发的《关于加快构建高校思想政治工作体系等意见》中将"四史"教育作为"加强政治引领"的重要内容。2021 年 2 月，习近平总书记在党史学习教育动员大会上深刻阐述了开展党史学习教育的重大意义和工作要求，对新形势下开展好党史学习教育指明了方向。高校除了为国家和社会培养人才的才，还需要培养人才的德，即当代高校大学生要同时具备符合国家和社会需求的才与德。大学生作为国家的希望、民族的未来、新时代的担当，必须树立坚定且正确的国家观、历史观和价值观。"四史"教育因其深刻且鲜明的教育意义，在当代大学生树立正确的国家观、历史观和价值观方面起到至关重要的作用。

  现如今，高校深入开展"四史"教育融入思政课教学，不仅是贯彻落实习近平新时代中国特色社会主义思想的现实需要，同时也是落实立德树人根本任务的必然要求。高校教师在思政课上进行"四史"教育的过程中，要深刻认识"四史"教育融入思政课教学的重要意义，正视开展"四史"教育融入思政课教学中存在的现实困境和薄弱环节，积极探索有效的"四史"融入思政教学的教学模式。

---

* 闫石，罗定职业技术学院马克思学院教师，硕士，主要从事思想政治教育研究。

一、"四史"教育融入思政课教学的重要意义

自高校设立思政课以来，中国共产党始终高度关注高校大学生的"四史"教育，同时也非常关注"四史"教育在思政课教学过程中的实现。高校思政课中的"四史"教育一直是关键的教学部分，是培养担任民族复兴之大任与明确时代前进之大势的新时代英雄的根本保证。"四史"教育融入高校思政课教学，顺应历史传承，满足现实诉求，符合教学需要，具有重要的理论和实际意义。①

第一，"四史"中不只是包含一般的历史知识，还蕴含着马克思主义中国化的理论成果，具备宽广的历史视野和历史角度。通过在高校思政课教学中融入"四史"教育，可以增强当代大学生中国特色社会主义道路、理论、制度、文化自信。"四史"不乏不同历史时期中党和国家所面临的重大现实问题，其中更是记录了党和国家在不同历史阶段根据当时的时代背景提出的具有中国特色的解决方案。历史是过去的现在，而现在就是未来的历史，"四史"教育融入高校思政课教学就是要让广大的大学生重视历史的学习、了解历史的真相、借鉴历史的经验，为过去缅怀，为未来奋斗。

第二，"四史"不单包含历史事件的记录，还蕴含着丰富而深刻的人生哲理，对于大学生的思想道德修养的提高以及正确的人生观和价值观的形成都具有巨大的正面意义。高校思政课的首要目标是提高作为祖国未来的建设者和接班人的大学生对中国特色社会主义道路的认同感及其道德水平，而"四史"中蕴含的高尚的人生信念和人生哲理把中国共产党人的崇高理想和中国特色社会主义道路的美好前景展现得淋漓尽致，因此，"四史"教育可以有效地激发大学生的爱国爱党情怀与建设中国特色社会主义的志愿。将"四史"教育融入高校思政课教学，不仅是为了让大学生更方便、更详细地了解历史和学习历史，更重要的是要让大学生以"四史"学习为契机，以达到自我成长的目的，从而更快更好地成长为符合新时代社会发展要求的德才兼备的建设者与探索者。

第三，"四史"教育融入高校思政课教学有助于大学生更好地认清历史主线、了解历史规律，进而树立正确的历史观，从而能够抵制住历史虚无主义的

---

① 彭陈."四史"教育融入高校思想政治理论课教学的现实意义与实践路径［J］.聊城大学学报（社会科学版）.2021（5）：123—128.

侵蚀。自中国共产党成立以来的一百年间，中国共产党带领中国人民推翻三座大山建立新中国、实行改革开放、推行社会主义现代化建设、全面建成小康社会并迈着坚定不移的步伐朝着建设社会主义现代化强国的目标奋勇前进，其中一个非常重要的原因就是党和人民一直牢记历史、牢记来时的路，更是以一种持之以恒的精神状态从"四史"中汲取智慧和力量。所以，"四史"是当代大学生思想政治教育的重要资源与凭证。

高校将"四史"教育融入思政课教学中，可以发挥其重要的教育意义，让大学生懂得在中国至暗的时代下中国人是如何在苦苦茫然中找到了马克思主义，是如何建立的中国共产党，又是如何在艰难实践中找到正确的社会主义方向，如何寻觅到中国特色社会主义道路，如何取得今日今时这伟大的历史成就。这些问题的答案都可以通过学习"四史"了解认识到，这也是"四史"融入高校思政课的重大意义所在。

二、"四史"教育融入思政课教学的薄弱环节

现实来看，"四史"教育融入思政课教学过程中仍然存在教师的专业素养参差不齐、相应的"四史"知识欠缺等问题，但是造成"四史"融入思政课教学很大的一个薄弱环节是高校教师在"四史"融入思政课教学过程中教学方法不当。鉴于此，客观分析"四史"融入思政课教学的薄弱环节与现实不足，制定"四史"融入思政课教学的教育模式，既是时代新人顺势成长、发展成才的题中之义，亦是为党和国家伟大事业源源不断输送人才的国之大计。

（一）讲授显得泛泛而谈

部分思政课教师在教学过程中只是呆板的念课件、泛泛的"讲道理"，而没有关注学生爱不爱听、想不想听。教师不仅要注重历史知识的讲授，从中汲取理论智慧和精神能量，更应该讲透"四史"所蕴含的历史智慧和发展规律，不能单纯地"摆事实，讲道理"，应该回应学生关心的历史困惑和现实问题，帮助学生树立起正确的、全面的、科学的历史观。

（二）理论与实践脱节

部分思政课教师过度注重理论解析，缺乏实践应用，教学特点不够突出，而"四史"又要求教师准确把握好"史"与"论"的关系，这对于教师在思政

课上的"四史"教学造成了极大的困难，也使得学生对思政课中的"四史"教育产生一定的困惑——历史教育和树立正确党史观，对于现实生活到底具有什么样的指导意义和借鉴参考呢？

（三）学生缺乏感同身受

在教学过程中，部分思政课教师对于所列举的历史人物及其事例往往大而无当，没有经过认真的推敲和加工，未能从整体的大历史观来分析历史事件和评价历史人物，未能将历史事件有效关照现实生活，使得学生们难以有效理解"四史"中的历史事件和历史人物。

（四）学生参与度低

当前的思政课堂大多数还是遵循传统的教师面授方式，仍然侧重于教师的"讲"和学生的"听"。这种教学方式已然跟不上学生跳跃的思维和瞬息万变的时代特征。部分教师故步自封，缺乏先进的教学手段，在内容导入上无法吸引学生注意，教育理念也日益落后于现代社会的需求，教育思想与素质教育的标准不相吻合，教学方法与新时代大学生的成长需求不相适应。

三、"四史"教育融入思政课教学的教学模式

（一）采取"讲故事"而非"讲道理"的教学模式

当代大学生成长于中国经济腾飞的时代，大多数学生从小生活条件优越，很少有机会体会到生活的艰辛。很多大学生本能地不喜欢教师给他们"讲道理"，但"讲故事"则是大学生喜闻乐见的形式。习近平总书记强调指出，"不能拿着文件宣读，没有生命、干巴巴的。"[①] 思政课是一门有温度的课、有情怀的课，讲道理不能太抽象，必须要依靠生动的故事来对道理进行阐释。教师要因地制宜，讲好历史故事，将道理予以故事中传播出去，以达到让学生们在思政课上认真学习"四史"的目的。对于课程中涉及较为宽泛和笼统的知识点，可以通过各类专题式的讲座进一步深度讲解，把"四史"知识点讲深刻、讲透彻。比如，学校可以定期组织"四史"方面的资深专家、教授进行深度解读，

---

① "'大思政课'我们要善用之"——微镜头·习近平总书记两会"下团组"·两会现场观察［N］.人民日报，2021-03-07（01）.

也可以邀请老党员干部、老军人以及经历过历史重要事件的人员进行"现身说法"，讲中国共产党的故事、中华人民共和国的故事、改革开放的故事、新时代的故事以促进学生在历史知识与历史事件等方面的思想情感共鸣，增加学生们的历史情怀，让学生们感受中国共产党光辉而伟大的历程，对大学生进行革命传统教育。此外，教师还可以深入挖掘校史、校训、校歌中的红色教育资源，作为课堂教育教学的有效补充。同时，教师可以邀请身边的优秀党员讲自己的故事，让学生们学习身边的先进事迹，汲取力量，明确自身责任。最重要的是，教师在"讲故事"的时候一定要讲清楚历史的来龙去脉，要有理论提升，要有规律性认识，也要有价值引领。"四史"为思政课的温度和情怀提供了源源不断的历史养料。无论是党史、新中国史，还是改革开放史、社会主义发展史，都有着许多蕴藏着深刻内涵、崇高精神的生动事例。我们要善于将其化而用之，从而教育引导学生。习近平总书记强调："会讲故事、讲好故事十分重要，思政课就要讲好中华民族的故事、中国共产党的故事、中华人民共和国的故事、中国特色社会主义的故事、改革开放的故事，特别是要讲好新时代的故事。"① 需要注意的是，讲故事不是讲段子，讲故事要有精神、有内涵、有品位，不能为了一味地迎合学生、调节气氛而走向庸俗化和低级趣味。总之，无论是通过讲故事、讲历史还是讲理论的方式讲思政课，都要体现思政课的政治引导功能。

（二）采取实践教授和课堂教授相结合的教学模式

习近平总书记指出，思政课要坚持"理论性与实践性"的统一。将"四史"融入思政课教学，实践教学必不可少。课堂内"四史"知识的理论学习固然重要，教室外"四史"的实践教学同样发挥着巨大的价值引领作用，因而亟待推动思政小课堂和社会大课堂的结合。只有理论与实践相互呼应，才能使学生真正理解"四史"的理论内涵与时代价值，也有利于大学生将"四史"知识升华为理想信念。教师可以结合本土红色资源开展实践教学，开展形式多样的"行走课堂"活动，组织大学生到身边的红色根据地调研参观体会革命成功的来之不易，引导学生感受红色资源蕴含的革命精神，加深学生的历史印象。教师可以结合重大节日举办主题鲜明的实践活动，如结合"七一""十一"等节日开展爱国主义演讲、诗词朗诵等活动，使学生在活动中重温经典、致敬历史，

---

① 习近平. 思政课是落实立德树人根本任务的关键课程［J］. 新长征，2021（03）：4—13.

感受优良的历史传统，加强国家认同，强化对党的情感。教师还可以组织学生翻阅高校所在地区的历史档案，宣传从当地走出来的革命先烈的英勇事迹，拉近同学同英雄人物的距离，激发爱党爱国的热情。

（三）采取"共情"的教学模式

一段历史的形成无法脱离所处时代的背景而单独成立，正如马克思所言："人们自己创造自己的历史，但是他们并不是随心所欲地创造，并不是在他们自己选定的条件下创造，而是在直接碰到的、既定的、从过去承继下来的条件下创造。"① 忽略了当时的历史条件去学习历史就会对历史做出不符合事实的评价，就会犯形式主义错误而误解甚至诘难前人做出的决定。因此，学习历史一定要当时的历史条件下去感受。所以，我们在思政课中学习"四史"的时候要引导学生充分考虑历史性，感知历史情境，提升历史的共情，需要考虑当时的历史情境以达到"共情"的心理去感受、去理解、去评判。

（四）采取"学生参与，教师引导"的教学模式

现在的高校大学生的自主意识强烈，创造思维活跃，而且会通过多种渠道积极地展示自我。大部分学生不但关注时事政治，还很希望把自己的观点、想法、主张与他人同享。因此，在思政课中学习"四史"，需要以学生为中心，提高学生在课堂上的参与度，提高学生在课堂上发言或演讲的积极性和自发性。在其中，教师则起到一个积极引导的作用。教师需要依据当代大学生的特点与特长，大开演讲之门，采取互动式教学，构建学生踊跃参与、教师积极引导之教学模式。比如引导学生们制作"四史"中的重大事件的演讲稿并在课堂上进行演讲和讨论，让学生了解自己家乡改革前后的历史性变化并通过幻灯片来展示等等。教师通过引导学生们参与课程教学，让他们更深刻地理解"四史"的内容与重要性，并让他们明白在每一个重要历史时刻中历史选择的必然性。通过学生们自己的参与学习和教师的积极引导，通过学生们自己对历史的认识与理解，通过学生们的亲身感受，达到"四史"教育的目的，实现将"四史"的学习真正融入思政课教学的效果。

---

① 马克思恩格斯选集（第1卷）[M]. 北京：人民出版社，1995：585.

"四史"教育融入思政课教学新路向

韩晓晗*

2021年2月，习近平总书记在党史学习教育动员大会上指出，"要在全社会广泛开展党史、新中国史、改革开放史、社会主义发展史宣传教育，普及党史知识，推动党史学习教育深入群众、深入基层、深入人心"，"抓好青少年学习教育，让红色基因、革命薪火代代传承"。这为推进"四史"教育融入高校思政课教学指明了方向，也为落实立德树人根本任务、培养具有正确历史观和时代担当精神的时代新人提出了具体要求。

一、学习"四史"对思政课教学的意义

（一）实现教育的根本任务，把握"四史"教育的育人属性

人无德不立，国无德不兴。教育的根本任务就是立德树人。党的十九届四中全会决定提出加强党史、新中国史、改革开放史的教育。2020年以来，习近平总书记在一系列的重要讲话当中，将社会主义发展史融入其中，将"三史"拓展为"四史"。十九届五中全会又进一步将"四史"教育写入"十四五"规划建议。学校要把开展"四史"教育作为一项重要的政治任务来抓，让初心薪火永相传，让使命勇担永在肩。

2014年5月4日，习近平在北京大学考察时指出，"青年的价值取向决定了未来整个社会的价值取向，而青年又处在价值观形成和确立的时期。抓好这一时期，价值观养成十分重要。这就像穿衣服扣扣子一样，如果第一粒扣子错了，

* 韩晓晗，罗定职业技术学院马克思主义学院讲师，硕士，主要从事思想政治教育研究。

剩余的扣子都会错,人生的扣子从一开始就要扣好。"① 教育的本质是培养人,需要把立德树人作为教育的根本任务。立德树人回答的是新时代要培养什么人、为谁培养人的问题,是中国特色社会主义教育的理论精髓。思政课正是落实立德树人根本任务的关键课程,是对大学生进行马克思主义理论系统教育的主渠道。思政课教学要抓住青少年价值观形成和确定的关键时期,引导青少年扣好人生第一粒扣子,知史爱党,知史爱国,立志听党话、跟党走。

(二)树立正确历史观,把握"四史"教育的政治性

以史鉴今,资政育人,从党的历史中汲取智慧和力量,是中国共产党的优良传统。党的百年历史,是中国共产党和中华民族的宝贵精神财富。中国共产党从成立之初,就善于从历史经验中汲取理论创新的养料。用党史教育全党,成为统一思想、端正党风、继承传统、开拓前进的重要方式。抗日战争时期,毛泽东同志曾指出,"现在大家在研究党的历史,这个研究是必须的。如果不把党的历史搞清楚,不把党的历史上所走的路搞清楚,便不能把事情办得更好。"② 党史教育贯穿了整个民主革命时期、社会主义建设时期和改革开放时期。党领导下的大学教育,也形成了重视党史教育的优良传统。党的十八大以来,党中央更加重视从党和国家的历史宝库中提取智慧,并提出中华民族伟大复兴中国梦的科学理念,强调历史是最好的教科书,认为学习党史国史,是坚持和发展中国特色社会主义、把党和国家各项事业继续推向前进的必修课。这将党史、国史、改革开放史和社会主义发展史的学习与研究提高到了建设中国特色社会主义的战略高度,为"四史"教学研究指明了方向、明确了目标、提供了遵循。

但是,"四史"教育绝不是一般的历史教学,而是以历史为基础的政治教育,要强调它的政治性。"四史"主要讲的是中国共产党成立以来团结带领人民抵御外来侵略、争取民族独立、实现人民解放和民族伟大复兴的历史,是反映我们党的政治奋斗历程和中华民族政治选择历程的历史,具有鲜明的政治属性。所以高校的"四史"教育教学,首先就要把握其政治性,必须坚持正确的政治

① 习近平. 在北京大学考察时讲话 [R]. 2014-05-04.

② 毛泽东. 如何研究中共党史 [A]. 毛泽东文集(第2卷) [C]. 北京:人民出版社,1993:399.

方向，通过历史教育来引导学生深刻认识现代中国的发展脉络，深刻认识中国为什么选择马克思主义、为什么选择中国共产党、为什么选择中国特色社会主义道路的内在逻辑，引导学生建立对我们国家政治制度、社会制度的历史认同和政治认同。历史观是世界观、人生观、价值观的重要基础。只有端正历史观，我们才能够抵御国内外肆意的断章取义和捕风捉影的诋毁。面对一些对"四史"的不良解读和错误认知，特别是那些自称价值中立的民间研究者有意误导，一些青年学生受错误思想的影响，不愿认同主流的历史观，也有一些大学生在认识上将马克思主义的历史观和"四史"完全割裂开来。在这种情况下，大力加强对高校学生的"四史"教育，是维护高校意识形态安全和思想政治稳定的重要工作。高校"四史"教育作为带有鲜明的价值取向的历史课，不仅需要讲好好党史、国史、改革开放史和社会主义发展史的历史知识，更要围绕学生关注的热点问题加以解惑，帮助学生树立崇高理想，为国家发展和民族伟大复兴培养更多拥护中国共产党领导和社会主义制度，立志为中国特色社会主义奋斗终生的有用之才。

（三）增强使命意识，把握"四史"教育时代性

"一代青年有一代青年的历史际遇。我们的国家正在走向繁荣富强，我们的民族正在走向伟大复兴，我们的人民正在走向更加幸福美好的生活。当代中国青年要有所作为，就必须投身人民的伟大奋斗。"① 我们的青年学生有幸处于我们国家最好的时代，肩负着实现中华民族伟大复兴的历史使命。"四史"教育，就是要引导学生明确自己的历史使命，更好地把握新时代中国发展的大势，树立自己的使命意识，自觉地把自己的志向和国家民族的命运紧密贯通起来，实现个人成才和中华民族伟大复兴的有机结合。

二、将"四史"教育融入思政课教学

（一）马克思主义理论结合"四史"教育融入思政教学

马克思主义理论学科是支撑思政课教学的核心学科，必须筑牢理论根基。马克思主义是科学的理论、人民的理论、实践的理论、发展的理论，具有与时

---

① 习近平. 致全国青联十二届全委会和全国学联二十六大的贺信［R］. 2015-07-24.

俱进的理论品质。伟大的实践催生伟大理论，伟大的理论指导伟大实践。中国特色社会主义理论就是在当代中国改革开放和社会主义现代化建设伟大实践基础上形成和发展的。

中国共产党一直有把马克思主义理论教育与历史教育相结合的传统。1941年5月，毛泽东同志在延安党的干部会议上作的《改造我们的学习》的报告当中，着重阐述了学习马克思列宁主义必须与学习历史相结合的问题。党的十一届三中全会以后，邓小平同志也强调，在思想理论教育中必须要联系历史学习马克思列宁主义理论和毛泽东思想，学习马克思、列宁和毛泽东同志的著作必须联系中国革命的历史进行。习近平总书记更是非常重视学习历史，他反复强调学习马克思主义理论必须要与学习历史相结合。通过学习历史，不断深化对人类社会发展规律、社会主义建设规律和共产党执政规律的认识，不断丰富自己的历史知识，这样才能使自己的眼界和胸襟开阔，认识能力和精神境界提高。历史是最好的教科书。学习党史国史，是坚持和发展中国特色社会主义、把党和国家各项事业继续推向前进的必修课。这门功课不仅必修，而且必须修好。

坚持学习马克思主义理论与学习历史相结合，是中国共产党思想政治理论教育的传统，也是高校思政课建设的传统。思政老师通过学习"四史"，深刻把握经典马克思主义理论到中国化马克思主义的理论发展进程，深刻把握中国共产党不同时期的发展阶段和特征，深刻把握中国特色社会主义历史逻辑、理论逻辑、实践逻辑，进一步坚定"四个自信"，能够理直气壮上好新时代思政课，引导学生弄清楚中国共产党为什么能、马克思主义为什么行、中国特色社会主义为什么好等道理，坚定不移地听党话、跟党走，同时引导学生理解在新发展阶段必须保持战略定力，发扬斗争精神，为实现中华民族伟大复兴而努力奋斗。

（二）中国故事、红色故事融入思政教学

党的十八大以来，习近平总书记多次强调要讲好中国故事。高校思政课就是要讲好中华民族的故事、中国共产党的故事、中华人民共和国的故事、改革开放的故事，特别要讲好新时代的中国故事、传播好中国声音。其中，最重要的是讲好红色故事，用鲜活的红色案例打动学生，实现红色文化资源与思政课教学的有机融合。这将有利于利用红色文化擦亮立德树人的鲜亮底色，让红色基因和红色经典代代相传。

思政课老师讲好红色故事，就是要讲好历史人物故事，要讲好历史精神故事。历史人物可以为思政课提供鲜活的历史面孔，为理论教学注入新鲜血液，增添课堂的感染性，引起同学的情感认同，提高思政课的实效性。"四史"的内容也蕴含了丰富的历史精神，包括开天辟地、敢为人先的红船精神，不怕牺牲、艰苦奋斗的长征精神，吃苦在前、享受在后的西柏坡精神，顽强拼搏、奋力创新的航天精神，举国同心、舍生忘死的抗疫精神等等。将"四史"中的历史精神引入高校思政课堂，就是将精神血脉根植在学生的思想灵魂当中，使大学生在历史精神的滋养下，培养爱国主义精神，坚定跟党走的志向和坚持马克思主义的信仰。

把红色资源利用好、把红色基因传承好、把红色传统发扬好，是"四史"学习教育的重要任务。"四史"红色故事可以促使大学生知史爱党、知史爱国，不断强化爱党爱国的思想自觉和行动自觉，为培养信仰如山、信念如铁、信心如磐、勇担使命的建设者和社会主义接班人贡献力量。红色故事是加强"四史"教育的重要切入点。推进"四史"红色故事走进思政课，实现入脑入心，是立德树人任务的需要，也是时代发展的需要。

（三）"四史"教育的时代价值融入思政课

"历史、现实、未来是相通的，历史是过去的现实，现实是未来的历史。"①这是习近平总书记在十八届中央政治局第二次集体学习会上的重要讲话。党史见证了中国共产党从幼稚走向成熟的历史实践；新中国史展现了中国共产党领导下推进新中国建设的历史实践；改革开放史体现了社会主义制度自我完善和发展的历史实践；社会主义发展史体现了社会主义制度具有长足发展的优势。当然，学习历史的目的不仅仅是为了了解过去，更是为反观现实和发展未来提供源源不断的精神动力和历史启示。因此，在"四史"融入高校思政教育的过程中，要充分关注实践层面的现实价值。

"四史"在内容上各有侧重，但本质都是中国共产党在革命、建设、改革的伟大实践中为中国人民谋幸福、为中华民族谋复兴、为世界谋大同的历史。讲"四史"，就是要讲清历史的担当和现实的使命，有效地回答中国共产党为什么能、马克思主义为什么行、中国特色社会主义为什么好的一系列问题。"四史"

---

① 习近平. 十八届中央政治局第二次集体学习会上讲话 ［R］. 2012-12-31.

教育可以帮助青年树立正确的历史观。将"四史"教育融入高校思政课,既是新时代办好高校思政课的应有之义,又是对习近平总书记关于办好思政课战略规划的有效回应。"四史"教育融入高校思政课教学,要让青年大学生具有正确历史观,具有自觉抵制历史虚无主义思潮和应对意识形态多样多变的能力,具有坚定对中国特色社会主义道路自信、理论自信、制度自信、文化自信的能力;要让学生能够学会运用历史思维分析现状、认清局势、把握未来,厚植爱国情怀、拓展历史事业、培养历史情怀。

价值性和知识性相统一视域下"四史"融入"思想道德与法治"课路径构建

莫思敏*

欲知大道，必先为史。习近平总书记在党史学习动员大会上的重要讲话中强调，"要在全社会广泛开展党史、新中国史、改革开放史、社会主义发展史宣传教育，普及党史知识"，"做到学史明理、学史增信、学史崇德、学史力行"。① 为了进一步深入贯彻落实习近平总书记关于加强"四史"教育的重要指示精神，《新时代学校思想政治理论课改革创新实施方案》明确指出"了解'四史'是高校思政课的教学目标之一。"② 高校思政课要落实立德树人根本任务，对"四史"教育就不能流于形式，具体而言就是要结合"价值性和知识性相统一"③ 的科学指导，将"四史"教育融入高校各门思想政治理论课教学过程中。"思想道德与法治"课是大一新生入学后开设的第一门思想政治理论课，为"四史"的学习教育提供了道德的土壤，对塑造学生正确价值观、提升大学生的综合素质有重要的影响。本文结合在实际教学过程与自身的收获体会，拟从价值性和知识性相统一的角度探讨如何科学建构"四史"教育融入"思想道

---

* 莫思敏，罗定职业技术学院，马克思主义学院教师，研究方向为思想政治教育。

① 习近平在党史学习教育动员大会上强调：学党史悟思想办实事开新局 以优异成绩迎接建党一百周年 [N]. 人民日报, 2021-02-21 (01).

② 中共中央宣传部教育部关于印发《新时代学校思想政治理论课改革创新实施方案》的通知 [EB/OL]. 中华人民共和国教育部网站, http：//www. moe. gov. cn/srcsite/A26/jcj_kcjcgh/202012/t20201231_508361. html, 2020-12-31.

③ 习近平主持召开学校思想政治理论课教师座谈会强调：用新时代中国特色社会主义思想铸魂育人贯彻党的教育方针落实立德树人根本任务 [N]. 人民日报, 2019-03-19 (1).

德与法治"课的路径，以提高"四史"教育的学习效果。

一、"四史"教育融入"思想道德与法治"课的价值性和知识性相统一要求

"思想道德与法治"课教学有价值性和知识性两个基本的属性，在知识传授中包含价值引导，是"四史"教育融入"思想道德与法治"课坚持价值性与知识性相统一的具体内涵。

（一）"四史"教育融入"思想道德与法治"课的知识性

2021年版"思想道德与法治"的修订是"以习近平新时代中国特色社会主义思想为指导，充分体现习近平总书记关于培养担当民族复兴大任时代新人的系列重要论述精神，有机融入党的百年奋斗历程中相关重要育人元素"①。如此可见，"四史"和"思想道德与法治"的教育不仅具有相融的内容，也有一致的目标。"思想道德与法治"课的知识性，体现为大学生通过学习课程内容掌握科学知识，形成理性认知，增强实践能力。从整体内容来看，课程主要包含了绪论和六章内容，又可以大概划分为两个部分：思想道德修养部分和法治部分。同时，每个章节的内容又有内在的逻辑关系，相辅相成，共同构成了"思想道德与法治"课程的知识系统。知识性是开展教学活动的基本属性，也是发挥价值性的基础和前提：一方面，"思想道德与法治"课不仅传授政治知识、道德知识和法律知识，而且帮助学生掌握知识形成背后的思维方式，引导学生在参加具体实践活动中积极思考更深层含义；另一方面，"思想道德与法治"课不仅要帮助学生将知识学懂弄透，而且要发自内心认同基础知识背后的价值观念，并学会独立思考、自主辨析。没有价值性的知识传授容易失去方向，难以真正帮助学生成长成才，因此，"四史"教育融入"思想道德与法治"课，要将价值性和知识性统一起来。

（二）"四史"教育融入"思想道德与法治"课的价值性

价值是人们在长期实践中对客观存在的认识和经验知识的积累而形成的，但是人们的社会实践不尽相同，价值观也存在着相应的差异。因而，价值的形

---

① 沈壮海.《思想道德与法治（2021年版）》修订说明和教学建议［J］. 思想理论教育导刊，2021（9）：23—26.

成会受到客观因素的影响，价值性之中包含着知识性。学者在对新修订的2021年版"思想道德与法治"教材使用建议中提出，授课教师要"充分理解习近平新时代中国特色社会主义思想，习近平关于青年人生成长、理想信念、中国精神、社会主义核心价值观、道德建设、法治建设的重要论述，以之为教学展开的根本遵循，彰显本课程教学的思想和价值引领性"①。在"思想道德与法治"课教学中，如果没有了对学生价值观的塑造，将容易变成"灌输式""填鸭式"的纯知识传播活动，失去课程本身的内在价值，因此，授课教师要注重对青年大学生的价值引领，提升大学生践行价值观的动力。"四史"教育融入"思想道德与法治"课，就是使学生通过课程学习深刻把握中国特色社会主义的发展历程，从中汲取成长成才的智慧和力量，做到知史爱党、知史爱国，担当中华民族伟大复兴大任。

（三）"四史"教育融入"思想道德与法治"课的价值性和知识性相统一的要求

列宁认为，马克思主义把"严格的和高度的科学性（它是社会科学的最新成就）同革命性结合起来"②。马克思主义最显著的特征是科学性和革命性。马克思主义的科学性表现为理论内容具有客观真理性，而它的革命性则表现在实践性和理论批判精神。从内涵分析，列宁所说的科学性和革命性，实际上就是知识性和价值性。首先在"四史"教育融入"思想道德与法治"课的教学中，要始终贯彻价值性和知识性相统一的原则，才能真正地帮助学生领会和掌握马克思主义基本原理。其次，思想政治教育基本规律可以表述为"推进社会全面进步、实现人的全面发展的规律"。"四史"教育融入"思想道德与法治"课，需要遵循思想政治教育基本规律，坚持马克思主义的指导地位，回答好"培养什么人，为谁培养人"的问题，切实注重培养学生正确的价值认知。但是，大学生价值观的形成是基于对客观事物及外部世界关系的科学认识，而价值观念是建立在这些科学认识基础之上的，所以价值观的形成离不开科学认识。最后，确保"思想道德与法治"课的教学质量，需要"四史"教育融入"思想道德与

---

① 沈壮海.《思想道德与法治（2021年版）》修订说明和教学建议［J］.思想理论教育导刊，2021（9）：23—26.

② 毛泽东著作选读，下册［M］.北京：人民出版社，1986：839.

法治"课时坚持价值性和知识性相统一。"思想道德与法治"课存在部分大学生不愿意学的问题，这主要是因为学生没有感悟到课程对自身的意义，对课程的价值性贯彻不够。学生只有在理解中切实感受思想课程的价值和对自身发展的意义，才会增强其学习的动力，确保"思想道德与法治"课有一个理想的教学效果。

二、"四史"教育融入"思想道德与法治"课的路径选择

"四史"教育融入"思想道德与法治"课，是对"历史是最好的教科书"的回应。在实施中贯彻价值性和知识性相统一原则，涉及教学过程中的诸多方面。

（一）教学目标：有知识传授也要价值观引导

教学目标是教学活动的起点，需要立足于学生现有的心理和认知发展水平，对学生未来所达到的水平做一种设想。教学目标对教学目的的影响，是通过作用于教学设计和教学过程而产生，因而"四史"教育融入"思想道德与法治"课要实现价值性与知识性相统一，其前提是确定好教学目标。

一方面，教学目标要明确突出其价值性，即在知识传授时要蕴含价值引导和能力培养。"思想道德与法治"教学目标要结合课程目标来制定，教师需要理解和熟悉本课程目标，即针对大学生开展马克思主义的人生观、价值观、道德观、法治观教育，帮助大学生提升思想道德素质和法治素养，成长为自觉担当民族复兴大任的时代新人。在具体的教学目标中要融入"四史"的育人功能。"四史"教育中揭示了历史发展的脉络和规律，可帮助大学生树立正确的历史观，坚定中国特色社会主义的"四个自信"，并学会用历史思维分析国情现状，谋划未来。"四史"具有政治性，可帮助学生坚定政治立场和方向，厚植爱国情怀。

另一方面，教学目标要符合课程本身的特点和学生的实际情况。"思想道德与法治"课是一门融思想性、政治性、科学性、理论性、实践性于一体的思想政治理论课，这就需要在教学目标中突出党的教育方针和坚持社会主义的教育方向，强调马克思列宁主义、毛泽东思想、邓小平理论、"三个代表"重要思想、科学发展观、习近平新时代中国特色社会主义思想对大学生头脑的武装。

另外，"思想道德与法治"课的教学目标还需要结合学生的实际需要，贴近学生的生活实际，帮助学生解决生活中的难题，比如：恋爱婚姻问题、心理健康问题、大学生活的适应问题、职业生涯规划问题等，只有这样学生才会真正将教学内容内化于心、外化于行。

（二）教学内容：精选史料也要论从史出

"四史"教育融入"思想道德与法治"课要实现价值性与知识性相统一，关键在于处理好教学内容。教学内容首先要注重知识的传授，在此基础上实现价值引导的目的。在教学内容的选择上要处理好以下三个问题：

第一，教师要处理好"史"和"论"的关系。"四史"教育融入"思想道德与法治"课要坚持"史论结合、论从史出"，增强学生对教学结论的认同感。"四史"教育蕴含了丰富的教学资源，鲜活多样的历史事实和历史故事最能打动学生的内心，为此，教师应该要特别注重对"四史"教育素材的运用，做到论从史出。坚持"史论结合、论从史出"并不是强调掌握了多少知识内容和史料，而在于学生通过对"四史"教育材料分析得出结论的过程。通过运用知识、分析材料、得出结论，既培养了学生的理性和思想性，也增强了学生对教师所传递的价值观的认同。

第二，教师要处理好学生已有知识与授课内容重复的问题。教师在教学内容的设计上，需要对中学教材的相关内容和学生的掌握情况进行具体的了解，在对重复的教学内容进行取舍的基础上灵活处理，重点的细节内容要讲到"点子上"，并挖掘其背后的价值意义。只有结合学生的具体情况进行授课内容设计，学生才能更好地理解、吸收教学内容。

第三，教师要处理好"四史"教育贯穿"思想道德与法治"课与有所侧重的关系。"四史"资源内容十分广泛，但与"思想道德与法治"课的教学内容并非一一对应的关系。在有限的课堂时间里要将"四史"教育融入"思想道德与法治"课就要对内容进行科学的取舍。"取"反映了"思想道德与法治"课教学相关内容的历史发展过程的、为教学相关内容提供事实支撑的"四史"素材。"舍"去一些难以与教学内容联系契合的"支流"，增强"四史"融入"思想道德与法治"课的可行性。

（三）教学方法：教学有法也要创新方式

随着社会的发展，学生对"思想道德与法治"课的要求也发生重要变化，因此，教师应该根据实际，积极探索多样化的教学方法，激发学生的学习动力。本文以高职院校学生的实际为例，高职院校学生理论基础相对较差，但是动手实践能力较强，比如信息搜索能力。相比于纯粹的理论讲授，他们更喜欢参与式、体验式的课堂。因此，教师在教学中要选用合适的教学方式，提升学生的学习兴趣。

第一，采用多元化的教学方法。"教学有法，但无定法，贵在得法"，教学方式注重契合教学内容和学生实际。具体来说，就是在理论讲授法的基础上，设计契合教学内容的教学方式，实行启发式教学法、项目教学法、模拟教学法、情境体验法等。此外，学生的自学也是一种重要的教学方式，教师可以向学生推荐一些相关的书籍、影视作品等。

第二，举行多样的实践教学。"思想道德与法治"课程具有实践性的特点，学生通过亲身参与提高自身的素养。"思想道德与法治"课注重培养学生理论联系实际的能力，引导学生将正确的理论知识转化为内在的价值观认同和自觉的道德行为。在结合教学内容的基础上，组织学生参观名人故居、红色基地、历史名胜，让学生置身于"四史"教育内容涉及的人文环境中，增强正确价值观的可信度、说服力和感染力。另外，学生可以通过参与绘画历史、竞赛、小视频制作、宣传栏制作等实践方式，让"四史"教育融入"思想道德与法治"课所传递的价值观深入到学生的行动上。

第三，创新教学方式。近年来，线上线下相结合的教学模式被更多的教师使用。这种教学方式不仅集合线上优势，实现资源的共享，而且拉近了师生之间的距离。通过线上平台，解决了公共课师生共同参与研讨困难的问题，有利于教师及时了解学生的思想实际问题，在教学中做到有的放矢。另外，还有720度全景展示、VR技术、虚拟仿真、数字化平台、教学App等新媒体新技术也为"思想道德与法治"课带来新的教学模式，学生也更愿意接受新的教学方式，增强他们对所传递价值观的真正理解和自觉接受。

（四）学习机制：平时考查也要全面考核

要发挥对学生的教育作用，就要坚守课堂教学这个主阵地，并以学生为中心，以教师队伍为关键，构建"四史"教育融入"思想道德与法治"课各个要素相互作用的运行方式，包括建立组织合作机制、征集机制和考评机制。

第一，建立学生"思想道德与法治"课学习活动的组织机制。教师可以指导学生组建一个"思想道德与法治"课小组，方便师生的交流互动，一方面方便了教师对学生开展各种学习活动的指导，另一方面带动全体同学共同学习。

第二，建立学生对课程学习疑难和学习素材的征集机制。学生本身就是"思想道德与法治"课教学重要资源，要充分调动学生的学习积极性。只有及时发现学生的真实想法，针对性和实效性才能在"思想道德与法治"课中得以体现。课程学习小组内部可以每一周开展征集活动，提交给教师进行归纳处理，再呈现到课堂上。教学中，教师可以从不同角度、不同方面解释实际征集到的资料，向学生传递正确的价值观。

第三，优化考核评价机制。考核评价影响学生的学习选择。教师在对学生进行考核和评价要体现全面性，即包括知识掌握、思想道德素质和法治素养的提升。而在考核方式上要贯彻价值性与知识性相统一的原则，全面的考核内容和有所侧重相结合，重点突出学生对知识的理解运用和具体的实践。授课教师要实施全过程、多形式的考核方式，突出平时成绩，促进学生参与课堂提问、线上线下讨论、社会实践的热情，从而促进学生端正学习态度，形成正确价值观。

"四史"融入高校"思想道德与法治"课的路径

李洪瑞*

习近平总书记在 2020 年 1 月 "不忘初心、牢记使命" 主题教育总结大会上的重要讲话指出："要把学习贯彻党的创新理论作为思想武装的重中之重，同学习马克思主义基本原理贯通起来，同学习党史、新中国史、改革开放史、社会主义发展史结合起来。"① 同年 4 月，教育部等八部门联合印发《关于加快构建高校思想政治工作体系的意见》，也将加强"四史"教育作为"加强政治引领"的重要内容。中共中央办公厅、国务院办公厅印发的《关于深化新时代学校思想政治理论课改革创新的若干意见》，进一步要求"各高校要重点围绕习近平新时代中国特色社会主义思想、党史、国史、改革开放史、社会主义发展史、宪法法律、中华优秀传统文化等设定课程模块，开设系列选择性必修课程"②。"四史"融入思政课是思政改革创新的重要任务。更名为"思想道德与法治"（以下简称"德法课"）的 2021 版思修教材，在承继 2018 版教材的基础上又有了新的补充和完善。这门旨在培养大学生马克思主义人生观、价值观、道德观、法治观以及理想信念、中国精神的思政课，已经将"四史"知识和思想融入进来，但囿于共性与特性的问题，德法课也无法幸免于历史虚无主义的诘难，且在德法课与"四史"的衔接中，依然存在自然融合与板块偏重的诸多矛盾。

＊ 李洪瑞，广东工商职业技术大学马克思主义学院教师。

① 习近平. 在"不忘初心、牢记使命"主题教育总结大会上的讲话［R］. 2020-01-09.

② 中共中央办公厅、国务院办公厅，深化新时代学校思想政治理论课改革创新的若干意见［Z］. 2019-08-15.

一、"思想道德与法治"课教育中历史观教育的现实困境

来源于拉丁文的"虚无主义"一词，为亚柯比于1799年首次使用，后经屠格涅夫传播而流传开来。伴随着西方资本主义的殖民侵略与势力扩张，历史虚无主义逐渐向世界各民族渗透、扩散。梳理历史虚无主义的历史，大抵可以溯源到赫鲁晓夫当政的苏联时期。他对斯大林思想的全盘否定，加上"在不放弃武力、保持强大武力威慑的前提下，通过武力以外的其他手段，使社会主义国家悄然地演变为资本主义国家，从而实现资本主义的一统天下"的和平演变①，苏联学界对马列主义的怀疑开始泛起。东欧剧变后，这种思潮蔓延到中国。

进入20世纪90年代，一方面是东欧剧变、苏联解体，使世界社会主义运动陷入低潮，另一方面则是资本主义阵营的不断扩张，这使得历史终结论、社会主义失败论、马克思主义过时论、共产主义渺茫论等错误思潮大行其道。当前，四十多年改革开放后的中国在不断发展的同时也伴随着更多矛盾，一些"四个自信"不强的人面对西方相对更为成熟的经济发展模式，投去对其爱屋及乌的文化崇拜目光。

这样的错误倾向和思潮并非没有理论上的铺垫。早在20世纪70年代兴起的后现代主义，就提出"怀疑一切"的口号，表现在史学观上就是认为历史文本受到史学家主观解读的影响，因而值得怀疑。尔后衍生出的新历史主义更有明显的批判性和颠覆性。等到这二者传入我国，却被历史虚无主义者偷梁换柱、重新包装。相较而言，后现代主义认为历史文本的解读者受限于知识、经验、思维模式和思考能力对文本的演绎，本身就有主观性，这种主观和客观存在差距；新历史主义则更是强调从意识形态等角度解读历史文本；历史虚无主义则是不经考察武断怀疑、解构历史。历史虚无主义并不是要否定所有的历史，而是以历史唯心主义为理论基础，从特定的政治目的和主观臆想出发，以支流否定主流，以片面否定全面，以个别否定整体，以主观推理否定客观规律与客观事实，有选择、有重点地否定某一阶段或几个阶段的历史虚无主义。可以看到，前两者注意对史料的鉴别，避免主观偏见，对学术具有积极意义；后者不仅有

---

① 崔华前. 多样化社会思潮对大学生思想行为的影响及其引领路径研究 [M]. 武汉大学出版社，2019：139.

内容上的欺骗性，也因为披上学术的外衣更兼具形式上的迷惑性。德法课对理想信念、以爱国主义为核心的民族精神等中国精神的教育，对"爱国、爱党、爱社会主义的统一"等价值观的传递等，都需要结合党史、新中国史、改革开放史、社会主义发展史中的革命英烈、英雄人物、历史事件等。然而，历史虚无主义被解构后的历史人物形象、历史史实，则削弱了这些内容的解释力。

此外，如何有效衔接德法课的内容、如何多平台交互及多主体联动，仍是一个需要考量的重点。第一，"和合"思想的传承，理想信念教育、人类命运共同体的理念，是德法课的重要教学内容。然而，在德法课中，缺乏社会主义发展史尤其是世界社会主义发展的内容。这不仅仅是对大格局观、大历史观教育的缺失，也当然无法实现对历史虚无主义的破除。第二，虽然《高校思想政治工作质量提升工程实施纲要》强调要大力推动依托高新技术开发区、大学科技园、城市社区、农村乡镇、工矿企业、爱国主义教育场所等，建立多种形式的社会实践、创业实习基地等①，但现实中，思政实践教学依然无法高效整合社会资源。如何高效使用包括历史博物馆、党史馆、红色革命旅游基地等文化平台及现代化的网络平台及丰富多彩的历史情景剧等活动平台，仍然是一个需要关注的问题。第三，由于思政教师的本身供应匮乏和高校思政教师需求量增大，部分新入职教师缺少"四史"学习的背景，即便是从事多年思政教育的教师也限于专业和研究方向而缺少系统学习"四史"的机会。在日常思政工作中，2017年颁布的《普通高等学校辅导员队伍建设规定》界定了辅导员的主业是"思想理论教育和价值引领"，但过多行政性事务的处理必然挤占辅导员思想政治教育的精力，并且，辅导员本身的职业追求和晋升路径，也使得辅导员较少时间和精力投放到对思想政治教育理论和实践的研究。

二、"四史"融入"思想道德与法治"课的价值旨归

毫无疑问，唯其学习历史才能驱魅历史虚无主义，只有在"四史"润物无声地融入思政课，才能做出正确历史判断，才能具有形成正确历史观的基础。缺少基本历史知识的输入，只能是被别的什么主义蒙蔽双眼、牵着鼻子走，自然也就谈上成为有理想、有道德、有文化、有纪律、堪当民族复兴重任的时代

---

① 中共教育部党组. 高校思想政治工作质量提升工程实施纲要［Z］. 2017-12-05.

新人。

作为德法课重要内容的理想信念教育，如果只有理论教材的灌输而没有现实实例的参考，就会使得这样的教育难以落地。为了将德法课的教育落细、落小、落实，需要更为形象的典型故事和人物传说。除了时代楷模，无疑社会主义发展史等"四史"内容提供了这样的丰富资源。不管是青年马克思在《青年在选择职业时的考虑》中"人们只有为同时代人的完美、为他们的幸福而工作，才能使自己也达到完美"的情怀，还是周恩来的"为中华崛起而读书"的理想抱负，都在表达个人理想与社会理想的辩证关系，这些故事的阐述将使得理想信念叙述更有说服力。只有在党史、新中国史中挖掘爱国主义的典范，才能厚植爱国主义传统；不联系改革开放史，就讲不好以改革创新为核心的时代精神。① 而"四史"当中不断涌现的中国精神，也为民族精神和时代精神的阐释注入更多的解释素材和证明力量。"四史"当中的严明的纪律传统对理解法治精神、法治思维也做了很好的诠释。

三、"四史"融入"思想道德与法治"课的可行路径

首先，授课教师与历史虚无主义狭路相逢，要敢于亮剑。和平演变的可怕之处在于其悄无声息的隐蔽性。矛盾的处理在于首先意识到矛盾，问题的解决首要在于发现了问题。对历史虚无主义的正面解剖应当是思政教学中破除历史虚无主义时的基本心态。无论是对历史虚无主义之历史的梳理，还是对历史虚无主义之背后逻辑理路的虚伪性、迷惑性的揭示，都应当思路清晰、一针见血。这样的历史流变的叙事，应当既包括形式上从后现代主义到新历史主义再到进入中国之后被"虚无"化之后的历史虚无主义的历史梳理，也应当包括内容上从对斯大林彻底否定到20世纪90年代东欧剧变伴生的思潮再到时下中国历史虚无主义表现的历史。历史虚无主义本质上针对的是马克思主义的唯物史观，去除杂草最好的办法之一就是在原来的杂草地上厚植庄稼，庄稼良好的耐受性、顽强的生命力和向阳性将会无限挤占杂草的生存空间——通过对马克思主义历史观的坚持和"四史"的不断融入，最终达到去伪存真、去虚就实的目标。

---

① 宋俭、廖玉洁. 将"四史"教育融入高校思想政治理论课教学体系的思考［J］. 思想理论教育，2020（7）：24—29.

在思政课讲授"四史"知识的内容上，一方面社会主义发展史相关内容要增大体量，更加有机地融合进德法课的教学中。"四史"融入的方法，要遵循有机融合和独立融合相结合的方式，即既要有在德法课各个章节的润物无声、潜移默化的融合，也要有就相关内容展开的专题式"四史"思政。教育心理学的研究认为，零散的知识难以宏观地把握全局，也难以形成稳固的记忆，为了实现对"四史"知识从短期记忆到中期记忆进而到长期记忆的升华、形成大格局大视野的马克思主义历史观，需要进行以时间线索或事件线索的、更为流线型的专题课程甚至专题讲座的形式去增进"四史"在德法课教育中的融合。

"四史"教育不单是历史教育，同时也是实践教育。毛泽东同志指出："指导一个伟大的革命运动的政党，如果没有革命理论，没有历史知识，没有对于实际运动的深刻的了解，要取得胜利是不可能的。"① 因而，实现对"四史"的实践教育，需要充分利用三个平台，即文化平台、网络平台和活动平台。在第二课堂的开展中，结合当地的红色资源、历史典藏，如社会当中的博物馆、革命历史纪念场所、红色景区等，再如校内的校史馆、学校党史馆等，在潜移默化中启智润心，在轻松愉悦的氛围中驱逐历史虚无主义的迷雾，寓教于乐。在网络时代之下，警惕网络中不良思想对青年学生的人生价值观、理想想念侵蚀的同时，指导青年学生合理、有效、有序地使用网络资源，更加注重网络中历史文化资源、红色资源的挖掘和阐释，除了"学习强国"平台、慕课等视频网络资源，还可以结合公众号及自媒体等方式融入"四史"，用这些喜闻乐见的方式在思想道德方面、在法治思维方面培根铸魂。最后是活动平台，纸上得来终觉浅，亲身体验带来的经历感对"四史"中人物与事件等的理解大有裨益。通过青年学生自己组织的口述历史、历史情景剧等方式，代入式理解革命先辈的共产主义理想、天下为公的情怀等。以往的历史情景剧实践表明，要演绎好一个人物，必须首要得钻研、研究好一个人物，人物的生平、性格、喜好、交往关系、心理、价值观等等，这些细节的了解免不了相应史料的搜集，这种自觉自为的方式激发了大学生的探索主动性，也正是在这种主动性中启迪了对"四史"中历史人物和历史事件的理解。

值得明确的是，"四史"教育的最终目标并非为学史而学史，而是通过学习

---

① 毛泽东选集（第二卷）[M]．人民出版社，1995：532—533．

"四史"把握三大规律，在"四史"中了解当今的世界形势、中国的本土资源和现实状况，以此在更为宏观的全局视野解读当代中国，了解马克思主义同中国实际相结合的历史，看清历史虚无主义的虚伪性和迷惑性。学习"四史"知识，旨在知识学习的基础上结合社会主义核心价值观和逻辑推理形成正确的全局的历史观，在这样的历史观下更加坚定地为中国梦而奋斗。因此，历史只是我们的镜子，我们最终还是要以史为鉴，从历史中吸取教训和经验，最终回到现实中来，这就是我们要坚持的"四史"教育的时代性。在这个目标的指引下，德法课教师要研读马克思主义的理论著作，深入学习习近平新时代中国特色社会主义思想，以此坚定对马克思主义的信仰。

德法课教师应当兼顾两种知识的学习，一种是"四史"知识为主体的事实性知识，正如习近平总书记所说，"思政课教师的历史视野中，要有 5000 多年中华文明史，要有 500 多年世界社会主义史，要有中国人民近代以来 170 多年斗争史，要有中国共产党 100 年的奋斗史，要有中华人民共和国 70 年的发展史，要有改革开放 40 多年的实践史，要有新时代中国特色社会主义取得的历史性成就、发生的历史性变革，通过生动、深入、具体的纵横比较，把一些道理讲明白、讲清楚"①。另一种是事实性知识基础上的理论性知识。"四史"是史学、政治学、哲学、教育学等的综合，必不可少的跨学科意识需要教师习得历史知识的同时学习历史背后的理论思潮，明白这些思潮的哲学本质。拥有了知识和理论武器的基础上，能力的综合、多元化教学方法的交互运用必不可少。除了传统的讲授法，要发扬马克思主义理论思辨的优势，在来回往复的讨论中穷根溯源，明白历史的理论机理，所谓史论结合；要在不断的头脑风暴中坚定中国特色社会主义的理想信念，确立马克思主义的人生观、价值观、道德观、法治观，继承优良传统、弘扬中国精神，最后成为立大志、明大德、成大才、担大任、堪当民族复兴重任的时代新人。

---

① 习近平. 思政课是落实立德树人根本任务的关键课程 [J]. 新长征，2021（3）：4—13.

第二章
党史教育融入思政课教学

▼

▼

党史学习教育与地方高校思政课深度融合

郭小婷[*]

郭小婷[*]

习近平总书记在党史学习教育动员大会上明确提出了党史学习教育的目标要求：学史明理、学史增信、学史重德、学史力行。① 党史学习教育本身是思想政治教育的有机组成部分，而思政课也是地方高校党史学习教育的主渠道，党史学习教育与思政课事实上是内容融通、目标共筑的。围绕思政课中有关章节融合党史进行教学设计，讲好党史故事，讲清讲透其中蕴含的道理学理哲理，引导广大学生加深对党的历史的理解和把握，明确马克思主义的科学性，尤其明白习近平新时代中国特色社会主义思想的真理性，明白"中国共产党为什么能？马克思主义为什么行？中国特色社会主义为什么好？"之理，就能增强学生的历史认同感，增强对马克思主义的信仰、对共产主义的信念、对实现中华民族伟大复兴的信心，能进一步强化"四个自信"目标引领，使之达到知、情、意、信、行的统一，实现党史学习教育与高校思政课教育的同向同行、同频共振，落实立德树人的根本任务，提升思想政治教育的实效性。

一、遵循课程特点，实行差异化融合

目前广东省普通高校开设的思想政治理论课主要有 6 门："思想道德与法治""中国近现代史纲要""马克思主义基本原理概论""毛泽东思想和中国特色社会主义理论体系概论""形势与政策""马克思主义中国化进程与青年学生使命担当"。

---

* 郭小婷，广东东软学院马克思主义学院副教授，研究方向为思想政治教育。
① 习近平. 在党史学习教育动员大会上的讲话 ［R］. 2020-4-1.

其中，广东省精品思政课程"马克思主义中国化进程与青年学生使命担当"正如其名字一样，以马克思主义中国化的历史进程为主线，旨在帮助学生认识不同时代青年的使命担当，激励青年担负起时代赋予的责任。可以看出，课程完全体现出青年学生党史学习教育的目的。

"毛泽东思想和中国特色社会主义理论体系概论"课程的主线是马克思主义中国化的历史进程，主题是马克思主义中国化的最新理论成果。百年党史与"毛泽东思想和中国特色社会主义理论体系概论"课的核心都是马克思主义中国化，他们在时间跨度上和历史逻辑上是完全一致的，在内容上也是天然一体的，因此，"毛泽东思想和中国特色社会主义理论体系概论"课程只需要以史为支撑、以论为侧重，把握好史与论的关系和尺度。

讲百年党史中人和事比较多的当属"中国近现代史纲要"。这门课程中最具有核心意义的内容就是第四章到第十章的百年党史，占据了整本教材2/3以上的篇幅。百年党史是理解中国近现代史发展规律的一条主线。中国共产党的成立、发展、壮大，直接改变了中国近现代历史的基本走向。因此，"中国近现代史纲要"课程可以通过创设情境，充分挖掘党史中的重大事件和典型人物对学生进行党史学习教育，引导学生从党的百年奋斗历程中感悟理想信仰的力量，以史为鉴，运用唯物史观提升明辨历史的能力，担负起新时代青年学生的使命担当。

"形势与政策"课程，内容一般会涉及近期比较热点的国际、国内时事。建党一百周年，党史相关内容无疑为首选和重要内容。

党史学习教育与高校思政课的融合主要是党史与"思想道德与法治"和"马克思主义基本原理概论"两门课程的融合。这两门课都没有直接讲授党史，但是却可以通过融入党史相关内容提升课程品位，丰富课程内容。以"思想道德与法治"课程为例，在绪论这一章讲时代新人，可以结合党史中的青年英杰故事，坚定青年学生的前进信心，激励学生立大志、明大德、成大才、担大任；在第一章讲人生观，可以结合百年党史中典型人物的人生选择，比如一大13位代表从相同起点走向不同人生道路的迥异人生；在第二章讲理想信念，可以结合革命理想高于天和党的初心使命，使学生学史增信；在第三章讲中国精神，可以融合中国共产党的精神谱系中任意一条；在第四章讲社会主义核心价值观，可以融合中国共产党人始终以人民为中心的价值导向；在第五章讲道德，可以融合中国革命道德的形成；在第六章讲法治，可以融合中国共产党从成立至今从严治党相关内容。

而在"马克思主义基本原理概论"课程中，并不是所有章节都可以融入党史，故在探索党史融入"马克思主义基本原理"课程时，应谨慎选择融入章节和环节，切勿为了融入而融入，导致教学效果大打折扣。例如在第二章实践与认识及其发展规律中，可以结合1978年关于真理标准大讨论的故事以及1955年底至1956年春毛泽东等中央领导人进行大量周密而系统的调查研究和国务院34个部委关于工业生产和经济工作的汇报，逐渐形成对中国社会主义建设的一系列看法，讲授一切从实际出发、实事求是是党的优良传统和作风；又如在第六章社会主义的发展及其规律中，可以将中国共产党的奋斗史置于国际共产主义的发展史中，通过多样化的课堂组织形式、各种党史视频材料和图片的引入，调动学生积极参与课堂当中，呈现中国共产党在实践中探索实现社会主义的历程，提升课堂教学效果。

二、针对学生需求，采取精准化融合

"互联网+"时代，知识的获取越来越容易，但知识选择、价值判断和为谁服务的问题，却变得越来越突出。开展党史学习教育的核心目的是用党的奋斗历程和伟大成就来鼓舞斗志、明确方向，用党的光荣传统和优良作风来坚定信念、凝聚力量，用党的实践创造和历史经验来启迪智慧、砥砺品格。① 用党史教育学生是高校思政课教学的重要途径。面对市场经济、互联网和经济全球化的新时代大学生，他们表达欲望和竞争意识强，接受方式倾向于形象化表达，但是认知与行为存在一定程度脱节。针对学生的这些特点和发展需求，挖掘和找准党史和学生认知的"共鸣点"，增强教学设计的多样性，精准满足学生学习需求。

例如，"思想道德与法治"课程第一章第二节和第三节的"正确的人生观"和"创造有意义的人生"部分，先找准党史素材与教学内容的契合点，提出问题："史上最牛创业团队"中当初肩并肩站在一起的人，从相同的起点却走向不同的人生道路，原因何在呢？学生回答可能涉及人生追求、人生态度、人生价

---

① 习近平. 在党史学习教育动员大会上的讲话［R］. 2020-4-1.

值等，从而聚焦章节内容，接着秉持"学生中心、问题导向、故事启发"的理念，以现实中学生困惑的问题"新时代大学生如何选择自己的人生之路"为导向，通过精心设计的四个递进的问题（"大学生应确立怎样的人生追求？""大学生应保持怎样的人生态度？""大学生如何实现人生价值？""新时代大学生如何成就出彩人生？"）导引教学，在教学中充分融入十三位中共一大代表的典型人生故事，以生动鲜活的人物案例，剖析其不同人生经历产生的原因。充分运用启发式、案例式和线上线下混合式教学方法，设计三"问"三"思"的教学实施过程，即通过混合式教学平台的运用，使学生通过课前慕课学习、提问，启发思考；课中互动学习，带着疑问引导思考；课后实践学习、追问，深入思索。整个教学在行云流水般的一大代表人生故事的牵引下沿着答疑解惑的认知路径层层递进，符合学生的认知特点，既消除了课堂既有结论与知识探寻之间的隔阂，又打通了课程与学生之间的对话路径。生动鲜活的一大代表人生故事凝聚了正能量，调动了学生主动参与课堂的积极性，激起了学生内心深处的情感共鸣，提升了学生认同感和获得感，润物细无声地引导学生与历史同向、与祖国同行、与人民同在，成就自己出彩人生。

三、活用地方特色，形成特色化融合

习近平总书记在考察孔子研究院时指出，"让收藏在禁宫里的文物、陈列在广阔大地上的遗产、书写在古籍里的文字都活起来。"党的十八大以来，习近平总书记多次强调要把红色资源利用好、把红色传统发扬好、把红色基因传承好。思政课教师要通过对党史资源的开发利用，以案例教学的方式让学生置身于具体的情景当中，还原历史现场，廓清历史迷雾，揭示历史真实面目；在此基础上与时俱进、勇于创新，"以古人之规矩，开自己之生面"，坚持创造性转化、创新性发展，使党史案例成为课堂教学的重要资源，在教学转化中"活起来"；要积极调动学生的情感能量，引发学生的感同身受，从而更好地发挥以史为鉴、资政育人的作用，提高学生运用科学的历史观和方法论分析和评价历史问题、辨别历史是非和社会发展方向的能力。

以佛山为例：作为中共广东党组织最早开展活动的地区，以及广东党组织的创建者、领导者谭平山、冯菊坡、罗登贤等革命先辈的故乡，佛山拥有丰富的红色文化资源，佛山红色历史呈现鲜明的地方特征。百年佛山风风雨雨、潮

起潮落，生生不息，靠的是佛山先烈们对祖国和人民忠心耿耿，以及不怕困难、不畏艰险、舍生忘死、英勇无畏的英雄气概，"怕死、怕坐牢就不要革命，我赴汤蹈火，万死不辞。""头可断，肢可折，革命精神不可灭。壮士头颅为党落，好汉身躯为群裂。"在中国人民抗日战争及解放战争史中以粤中纵队为代表的革命力量前仆后继、浴血奋战、艰苦斗争，以摧枯拉朽之势歼灭敌对势力，发挥了中流砥柱的作用，体现出强大的精神力量。佛山革命遗址大普查显示，佛山目前已挖掘革命遗址遗迹481处，编纂了《佛山市革命遗址大通揽》，绘制了红色革命遗址分布图，并全面实施红色革命文化研究工程、红色革命遗址普查工程、红色革命遗址修缮保护工程、红色革命遗址连片打造工程、红色教育基地建设提升工程、红色文化旅游开发工程、革命题材文艺精品创作工程、红色革命文化传播工程等九大工程……要把这些沉淀在佛山百年历史中、古迹遗迹里的红色记忆，把佛山红色文化传统、红色资源背后的思想、力量，隐藏在红色活动的主体——佛山红色人物持续不间断的价值、品格和精神追求挖掘出来，与思政课有机融合。通过对这些典型人物脉络的梳理，透过一个一个具体的人，一个一个有血有肉、有情感、有爱恨、有梦想，也有内心的冲突和挣扎的典型人物的故事：谭平山、邓培、陈铁军、罗登贤、廖锦涛……使学生在情感上得到共鸣，让学生从自己脚下这片土地上的光辉足迹中由衷感受佛山革命先辈忠诚爱国的革命精神、百折不挠的奋斗精神、敢为人先的创新精神、团结务实的合作精神，进而提升情感和价值认同。

四、激发教师动力，促进主动化融合

讲好党史故事，传播好党的声音，是高校思政课教师的基本要求。习近平总书记指出："历史是最好的教科书。对我们共产党人来说，中国革命历史是最好的营养剂。多重温这些伟大历史，心中就会增加很多正能量。"纵观近百年，从新民主主义革命，到社会主义革命和建设、改革开放和社会主义现代化建设新时期，再到中国特色社会主义新时代，一批又一批、一代又一代的中国共产党人为了国家的独立、繁荣与富强，呕心沥血、抛头颅、洒热血，孜孜不倦地探索着、追求着、奋斗着，历史长河映衬出他们对国家、对民族深沉的感情，历史的天空闪耀着他们璀璨的光芒。他们传承着优质的红色基因，历经革命斗争的淬炼、社会主义建设的优化生长、改革开放的洗礼，在革命的历史积淀和

创造性的实践锤炼熏陶下，固化成革命文化、革命精神、革命作风、革命道德等优良传统，成为了中国共产党、人民军队、人民群众广泛认同和践行的红色传统，呈现出思想资源、文化资源、物态资源，内在体现了共产党人红色生命体生动鲜活的基因传承。百年党史是对大学生进行理想信念教育、艰苦奋斗精神教育的宝贵财富，是取之不尽、用之不竭的宝库与富矿。

习近平总书记在学校思想政治理论课教师座谈会上强调，"办好思想政治理论课关键在教师，关键在发挥教师的积极性、主动性、创造性。"地方高校思政课育人实效性是通过教师的教学设计、教学投入和课堂的表达呈现的，是思想、理论和情感的综合体现。党史学习教育与思政课深度融合，发挥积极作用，既需要教师对党史有全面的把握，又需要教师有选择适合典型的能力，还需要教师对受众有比较细致的了解，能把讲故事与讲道理有机糅合，做出富有新意的探索，激活学生的思想和智慧。只有激发教师的动力，促进教师主动积累党史素材，才能很好地利用历史变焦镜头。透过思想透视镜、时代反光镜，可以实现党史学习教育与思政课程内容的有机结合。思政课教师要做到需要时信手拈来、脱口而出、浑然一体，而不是搜肠刮肚地找一些案例，生硬地夹到教学内容中。做到能自然而然地选择不同的视角创新教学设计，使思政课内容更加引人入胜，思想更加深入人心，更好地增强课程的吸引力。

当然，党史带有极强的政治性、意识形态的属性，并且本身也存在一些有争议、悬疑的人或事，因此高校思政课教学中引用党史上的人事物不能是随心所欲的，而是掌握好历史研究和教育宣传的原则与方法，站在政治的高度去把握课堂。希望本文的探索有助于党史学习教育与高校思政课的融合。

地方高校党史学习教育的针对性与实效性*

韩中谊　张璇　黎倬妍**

习近平总书记在党史学习教育动员大会上指出，"党史学习教育要注重方式方法创新。要发扬马克思主义优良学风，坚持分类指导，明确学习要求、学习任务，推进内容、形式、方法的创新，不断增强针对性和实效性。"① 习近平总书记在清华大学考察时强调，"广大青年要爱国爱民，从党史学习中激发信仰、获得启发、汲取力量，不断坚定'四个自信'，不断增强做中国人的志气、骨气、底气，树立为祖国为人民永久奋斗、赤诚奉献的坚定理想。"② 在习近平总书记重要讲话精神的指导下，高校党史学习教育正如火如荼展开。如何坚持学习教育与研究总结相得益彰，认识高校党史学习教育的价值意义，探究地方高校开展党史学习教育的基本原则与具体做法，是当前地方高校思想政治教育工作者面临的时代课题，值得深入探讨。

＊ 基金项目：2021 年度广东省教育科学规划课题（党史学习教育专项）"依托'学习强国'学习平台提升地方高校党史学习教育的针对性与实效性研究"（主持人：韩中谊，项目编号：DSYJ060）；广东省高等教育教学研究和改革项目"运用地方资源增强广东高校思政课亲和力和针对性研究"（主持人：韩中谊，项目批准号：粤教高函〔2020〕20 号）。

＊＊ 韩中谊，哲学博士，佛山科学技术学院马克思主义学院副教授、硕士生导师、教研部主任，研究方向为马克思主义中国化、思想政治教育。
张璇，佛山科学技术学院学科教育（思政）硕士研究生，研究方向为中学生思想政治教育研究。
黎倬妍，佛山科学技术学院马克思主义学院学科教育（思政）硕士研究生，研究方向为中学生思想政治教育研究。

① 习近平. 在党史学习教育动员大会上的讲话［N］. 人民日报，2021-04-01（01）.

② 习近平. 坚持中国特色世界一流大学建设目标方向 为服务国家富强民族复兴人民幸福贡献力量［N］. 人民日报. 2021-04-10（01）.

一、坚持学习教育与研究总结相得益彰

高校党史学习教育是一个历久弥新的论域。之所以说"新"，是因为中央以庆祝中国共产党成立100周年为契机举办最新主题教育活动。习近平总书记在党史学习教育动员大会的讲话、在中国共产党成立100周年庆祝大会上的讲话，以及中办印发的《关于在全党开展党史学习教育的通知》《关于庆祝中国共产党成立100周年组织开展"永远跟党走"群众性主题宣传教育活动的通知》《关于在全社会开展党史、新中国史、改革开放史、社会主义发展史宣传教育的通知》，《共青团中央关于在全团开展"学党史、强信念、跟党走"学习教育的通知》等相关重要文件，是今年党史学习教育的根本遵循，需要我们潜心投入、扎实开展、真督实导、务求实效、守正创新、知行合一，研究党的百年奋斗史及其光辉成就、历史经验、伟大精神、深刻道理，领会开展党史学习教育的重大意义、重点任务和工作要求，努力创先争优、以史鉴今、资政育人。

之所以是"历久"，在于我们党一直有开展主题教育活动的丰富经验和重视党史学习教育的优良传统，① 高校在历次主题教育活动中都积极落实推进并积累了一点经验；在于高校已经专门开设"四史"教育课程，有意识地通过课程来开展专题式的党史学习教育；在于高校思政课教学一直把党领导人民从革命、建设到革命的奋斗历程、马克思主义基本原理和马克思主义中国化理论成果作为核心内容；在于高校思想政治工作一直把爱党爱国教育、理想信念教育、革命与时代精神教育、社会主义核心价值观教育、道德修养教育等作为重要旨归。如上每一个研究领域、方向、专题都取得了极其丰富的成果，为探索高校党史学习教育规律特点和举措方法提供了重要支撑。

综合来看，在全党全国上下喜迎建党百年华诞的喜庆氛围中，学术界和理论界对党史学习教育展现出极高的研究热情。相关研究在阐述习近平总书记在党史动员大会讲话精神、建党百年庆祝大会上的重要讲话精神和研读党史系列教材上取得丰硕成果，给党史学习教育的深入研究把准了政治方向，提供了根本遵循。百年党史学习教育的辉煌历程和经验启示，以及党史学习教育的内容、

---

① 丁俊萍，赵翀. 中国共产党百年党史学习教育的历程和经验［J］. 思想理论教育. 2021（05）：37—34.

形式、方法创新的相关理论研究，为各地各部门开展党史学习教育和推进实践创新提供了理论指引。在高校思想政治教育（含思政课）针对性、亲和力、实效性研究经过深厚积累并取得扎实成果的基础上，在新近探索"四史"教育取得较大理论进展并跟思政课教学改革深入融合取得一定实践经验的背景下，高校理论研究者紧跟今年时政焦点和理论热点问题，在推进前述基础理论研究的同时，也对高校党史学习教育的重要意义、内涵建设、形式方法创新展开了探讨。

但另一方面，由于党史学习教育活动仍在开展，各地各部门包括各高校的实践探索仍在不断推进和深化，其中的实践探索经验需要相互借鉴、取长补短、提炼总结，需要持续推进理论联系实际的深入研究。而在高校层面，更待探索高校党史学习教育的一般规律和自身特点，高质量、创新性、细化落实党史学习教育的要求和任务。

二、准确把握地方高校党史学习教育的价值意义

相对于过去的党史学习教育活动，本次的党史学习教育活动以建党百年为契机，系统全面总结我党历史经验和精神谱系，历史意义更加突显；这是在"两个一百年"奋斗目标历史交汇期举办的主题教育活动，要汲取百年党史智慧和力量，为全面建设社会主义现代化、实现中华民族伟大复兴而继续奋斗，现实意义更加巨大。并且，从理论层面而言，党史学习教育的理论意义也非常巨大。建党百年来，中华民族迎来了从站起来、富起来到强起来的伟大飞跃，中国特色社会主义也在伟大实践中不断发展完善，迎来了中华民族伟大复兴的光明前景。然而，在意识形态领域，西方敌对势力炮制的"普世价值论""中国威胁论""中国崩溃论""社会主义失败论"等错误论断时常粉墨登场，历史虚无主义等错误历史观依然混淆视听，中国理论对社会现实的解释力和中国话语的传播力依然有待加强。在建党百年的喜庆时刻，我们依然要大力加强马克思主义基础理论研究阐释，学习领悟习近平新时代中国特色社会主义思想，研究阐释中国共产党的伟大建党精神和百年精神谱系，全面展示红色旧址、红色文物、英雄人物、革命故事，广泛宣传中国共产党推进革命、建设、改革的历史成就和历史贡献。

一些学者指出，从高校工作层面来看，党史学习教育是应对复杂多变的国

际形势和风险挑战的必然要求，是培养担当民族复兴大任时代新人的战略需要，是深化思想政治理论课教学守正创新的现实举措。① 从学生层面来看，党史学习教育是大学生坚定理想信念的基本要素、传承红色基因的关键支撑、抵制错误思潮的重要保障。② 笔者进而认为，地方高校以建党百年为契机开展党史学习教育，可以归入意识形态工作的范畴。其价值意义不仅限于高校思想政治教育层面。

一是有助于提升广大师生的政治素养，维护地方高校意识形态安全。地方高校党史学习教育，应该从意识形态工作的宏观环境出发，坚持意识形态灌输理论，用柔性的方式向高校广大师生灌输党史知识、人物故事、伟大精神、创新理论，形成正确的历史观、政治观、世界观、人生观、价值观，用党的理论创新成果武装头脑，用党的历史成就和历史贡献增强信仰，用党的历史经验启迪智慧，用党的伟大精神涵养品德，用历史发展大势凝聚发展共识。以党史学习教育为契机，有利于高校师生尤其是思政课教师传承红色基因，强化政治认同，坚定信仰信念，坚持和发展新时代中国特色社会主义、推进马克思主义中国化理论创新创造；有助于坚定"四个自信"，自觉抵制西方意识形态渗透，自觉维护高校意识形态安全；有助于高校教师在回眸历史中把握新发展阶段，牢记立德树人根本任务，坚定铸魂育人目标，强化责任担当意识，为培养社会主义现代化事业的建设者和接班人不懈奋斗；有助于广大师生肩负历史使命，坚定前进信心，立大志、明大德、成大才、担大任，努力成为堪当民族复兴重任的时代新人。

二是有利于探究党史学习教育的一般规律和高校特点。高校党史学习教育，既要不折不扣落实中央党史宣传教育的部署安排，掌握针对不同群体、层次、范围开展党史学习教育的一般规律与各自显著特征；又要理论联系地方高校和广大师生的具体实际，激发高校师生的学习动机和参与热情，细化落实学习要求和任务，探讨针对党内与党外、领导干部与广大师生、党员与团员、党员与群众、教师与学生开展党史学习教育内容的内容方法侧重与教育路径，结合地

---

① 潘玉腾，彭陈. 党史学习教育融入高校立德树人的逻辑理路 [J]. 国家教育行政学院学报. 2021 (03)：9—15.

② 叶福林. 新时代强化大学生党史学习教育的若干思考 [J]. 思想理论教育. 2021 (03)：83—87.

方丰富党史资源和多种载体推进内容、形式、方法创新。这将有助于结合时代特征探究开展党史学习教育的普遍规律，又有助于结合高等教育教学的一般规律，彰显结合高校实际和师生特点的特殊性，阐明高校党史学习教育的自身规律。

三是有利于培育高校师生爱乡爱国爱党意识，增强党史学习教育的亲和力和针对性。以地方红色资源、仁人志士、发展成就、实践经验为素材，能够拉近百年党史、思想理论与自身生活环境的距离，调动生活经验加强体验式理解，增强党史学习教育的亲和力，也能够帮助高校师生了解近现代以来的地方历史，增强爱乡爱国爱党意识。例如笔者所在的广东高校，结合广东党史开展地方高校党史学习教育，能够让学生了解广东拥有延续年代最长、序列最完整、种类最齐全的革命资源，了解广东对中国革命、建设与改革所作出的独特贡献，了解敢为人先、务实进取、开放兼容、敬业奉献的广东精神，激发广东师生的自豪感，增强自觉学习广东党史的意识，在爱乡中更爱国爱党。

四是有利于从党史学习教育中汲取智慧和力量，推进高校办实事开新局。一方面，注重结合地方高校实际、联系地方高校师生特点，开展有实效的党史学习教育，将有助于激发师生从马克思主义中国化的历程中吸取智慧，探索地方高校结合自身特点实现差异化发展、特色发展、跨越式发展的可能路径，用发展的眼光去解决发展中遇到的广大师生反映的突出问题，助力地方高校以党史学习开阔眼界，以党建带动学校全面工作，开创发展新局。另一方面，结合地方党史强化学习，有助于师生发现符合学校定位的研究论题，使师生从地方史的角度切入全国性问题，提高教师申报课题和学生参赛获奖的概率，推进学校"新文科"建设迈上新台阶。

三、地方高校开展党史学习教育的基本原则

一是把握建党百年党史学习教育的显著特点，高度重视高校党史学习教育。在建党百年的喜庆时刻开展党史学习教育，一是如前文所述，其历史意义、现实意义和理论意义更加巨大，二是党史学习教育涉及对象范围广、分类指导强，要求在全党全军全团全社会、在各地区各部门各单位结合自身实际，根据针对群体的不同和工作性质的差异，分类指导、因地制宜、因材施教。三是学习内容精彩丰富、活动形式灵活新颖，鼓励针对不同群体，结合具体实际，推进学

习内容、形式、方法的创新，使党史学习教育坚持了统一性与多样性相统一、主导性与主体性相统一。四是宣传宣讲力度大、社会反响好，不仅在党内团内坚持个人自学与组织生活相结合、理论学习和实践教育相结合、以史为鉴与开拓新局相结合，而且也非常注重发挥我们党的舆论宣传优势，坚持走群众路线，使党内党史学习教育向党外、社会延伸，从党员干部带头到人民群众自觉自主学习、广泛有序参与，营造"党的盛典、人民的节日"浓厚社会氛围。鉴于此，高校要准确把握建党百年党史学习教育的显著特点，高度重视、领会精神、精心组织，以强烈的政治责任感抓好本次党史学习教育。

二是结合师生需求，出台高校党史学习教育实施方案。高校是高层次人才的集中地，高校教师具有较高的思想觉悟和科学文化素质，大学生也是思维活跃、素质良好、精力充沛的群体。我们要挖掘高校在科研、宣讲、自学等方面的显著优势，增强高质量完成高校党史学习教育任务的信心。我们要利用高校思政课教学、思想政治教育工作中所了解的学生心理需求、个性特点、学习模式，积极组织和开展内容丰富、形式多样、喜闻乐见的党史学习教育活动。我们要做好调查研究，结合广大教职工科研、教学、管理、服务工作开展学习教育，防止学习和工作"两张皮"、官僚主义、形式主义等可能的潜在问题。在此基础上，我们要联系习近平总书记有关党史学习教育的重要讲话精神和中央发出的相关文件精神，细化落实本次党史学习教育的要求和任务，制定和出台切合本地本校实际的党史学习教育方案，努力圆满完成建党百年背景下的党史学习教育。

三是明确目标要求，做好集中学习和规定动作。党史学习教育有统一的目标要求和主题内容，地方高校党史学习教育也不例外。地方高校党史学习教育和宣传教育活动，目标要求就是以党史学习教育为契机，围绕习近平新时代中国特色社会主义思想在学懂弄通做实上下功夫，巩固党的指导思想，增强政治认同，学以致用，身体力行，建功立业，不断增强社会主义意识形态凝聚力和引领力，为确保"十四五"开好局、起好步，为全面建设社会主义现代化国家、夺取新时代中国特色社会主义伟大胜利、实现中华民族伟大复兴的中国梦而继续奋斗、贡献力量。

地方高校党史学习教育和宣传教育活动，主要内容就是要把党史学习与资政育人结合起来，阐释中国理论和讲好中国故事结合起来，统一思想和凝聚力量结合起来，理论自觉和行动自觉结合起来，以史为鉴与开拓新局结合起来。具体来说，党史学习宣传教育，就是要深入学习领会习近平总书记在党史学习教育动员大会讲话、庆祝建党百年大会讲话精神，研习《论中国共产党历史》等权威党史读本的核心要义；引导高校师生学习、认识、把握党的重大事件、人物、知识、故事，深刻认识中国共产党为国家和民族作出的伟大贡献，总结提炼党的历史经验，准确把握历史发展规律和大势，以史鉴今、资政育人；弄清楚中国共产党为什么能、中国特色社会主义为什么好，归根到底是因为马克思主义行等基本道理；学习马克思主义中国化重大理论成果，感悟思想伟力，自觉地以习近平新时代中国特色社会主义思想武装头脑，进一步增强"四个意识"、坚定"四个自信"、做到"两个维护"；引导广大师生明确党的性质宗旨，感悟党的初心使命，坚定理想信念；引导广大师生学习红色人物事迹，弘扬伟大建党精神，体认党的精神谱系，传承党的红色基因；从中在党史学习和思想理论感悟中汲取智慧和力量，转化为理论联系实际、学以致用、身体力行、敬业干事、奉献社会、攻坚克难、开拓奋进、续创辉煌的强大动力。

四是用好地方资源，探究自主学习和自选动作。援引地方资源增强党史学习教育的针对性和亲和力，是本次党史学习教育的又一亮点。以广东高校为例，广东地处改革开放的前沿地带，也是意识形态斗争的前沿地带。西方敌对势力一直借助广东毗邻港澳的地缘格局，"颜色革命"的企图一直死心不改。加上广东高校风气较为多元、开放和包容，较易被不法人员利用进行错误思潮的传播。因此，广东高校意识形态安全的责任重大、使命光荣、任务艰巨。但与此同时，正如习近平总书记对广东的重要批示那样，广东在构建推动经济高质量发展的体制机制、建设现代化经济体系、形成全面开放新格局、营造共建共治共享社会治理格局上走在全国前列；同时广东在广东深化改革开放、推动高质量发展、提高发展平衡性和协调性、加强党的领导和党的建设等方面也应该在新时代做出更大的新作为。回顾广东百年党史，有着精彩的广东故事、鲜活的广东实践、丰富的广东经验、出色的广东特色可供挖掘和诠释，能够为党史学习教育提供来自地方的鲜活素材。广东素有敢为人先、开拓创新、勇担使命的光荣传统，在克服困难和解决问题中高质量完成了历次主题教育活动。广东高校开展主题教育活动的探索经验，能够为本次党史学习教育提供宝贵借鉴，能够为意识形态话语的守正创新提供强大的内生动力。

四、联系实际，分类指导，综合推进地方高校党史学习教育

在把握地方高校党史学习教育的价值意义与基本原则的基础上，各地各高校可以结合自身实际，针对不同群体，积极探索并创新具体做法。

一是面向党员师生尤其是领导干部和学生骨干等重点群体，深入开展党史学习教育。相对于其他组织、普通社会成员而言，中共党员尤其是党员领导干部学习党史和思想理论的广度和深度都是最高的，政治站位和政治认同的程度应是最强的。高校党政班子、各部处和二级学院领导、团委学生会干部，是高校党史学习教育的重点群体，要发扬我们党在政治、思想、组织、作风等层面的独特优势，推进内容、形式、方法的创新。此外，还要重点突出，要坚持走群众路线，坚持以人民为中心的发展理念，为广大师生员工谋幸福办实事。

从更加结合高校实际的情况来说，一是在组织党员师生自学时，可以结合广东百年党史的丰富资源，联系习近平总书记对广东系列重要讲话和重要指示批示精神，坚持真学、细学、深学，坚持边学习边思考、边学习边总结。二是将个人自学和专题学习、专题培训、组织生活相结合，采取理论学习中心组学习、读书班等形式，在高校领导班子、教学管理二级单位、党支部层面开展学习研讨；利用党校培训、广东红色场馆参观体验、网络线上培训等形式，针对领导干部、教师骨干、管理骨干、学生骨干、普通党员开展多形式培训；开好专题组织生活会和民主生活会，进行党性剖析，开展批评和自我批评，梳理检视问题，明确努力方向和改进措施。三是发挥高校的人才优势，将学习、宣传、研究有机统一起来。组织申报各级党史学习教育研究专项课题，设立校级研究课题，组织召开党建与思政工作会议及相关座谈会、研讨会，举办主题征文、知识竞赛、鼓励文艺创作和组织评比等，同时遴选组建校级、院级讲师团、青马讲师团、学生宣讲团等，面向不同群体开展专题党史宣讲。四是坚持把学习成效转化为行动自觉，开展"我为群众办实事"实践活动，妥善解决好广大师生员工的现实利益问题，推进学校各项事业的改革发展。五是坚持学党史与开新局相结合，汲取百年党史的智慧和力量，探索符合本校特点和实际，实现差异化发展、特色发展、跨越式发展的路径，以党建带动学校全面工作，开创发展新局。

二是面向大学生团员这一规模最大群体，开展"学党史、强信念、跟党走"

学习教育。在全团开展"学党史、强信念、跟党走"学习教育，是共青团作为党缔造和领导的青年政治组织，履行党的助手和后备军作用的体现。大学生团员群体，在高校中是数量最为庞大、思维最为活跃、精力最为充沛的群体。针对大学生团员进行党史学习教育，要按照团中央"学党史、强信念、跟党走"学习教育的具体内容和形式方法进行，把握青少年群体的特点和习惯，在学习教育、组织生活、实践活动、举办系列庆祝活动层面展开。

各地各校要结合地方高校、地方共青团工作和团员青年实际，探索更多的自主学习和自选动作。以广东为例，要通过"灯塔工程——广东青少年学习践行习近平新时代中国特色社会主义思想行动"等途径组织专题学习；组织"团干讲党团课""青年讲师团""灯塔宣讲团"开展专题宣讲；开展"学史力行带好头 我为同学办实事"主题实践活动、"赓续红色精神血脉"大中专学生志愿者暑期文化科技卫生"三下乡"社会实践活动、"青年传承红色基因志愿宣讲行动"和"红色文化宣讲"专项志愿活动；培育"党史进校园"系列精品文艺节目，开展大学生红色主题文艺展演，举办"学党史、强信念、跟党走"灯塔学习会，开展"十佳微团课"评选展示等系列庆祝活动等。

三是面向校内师生开展"永远跟党走"群众性主题宣传教育活动，营造浓郁校园氛围。开展"永远跟党走"群众性主题宣传教育活动，重在发挥舆论宣传优势，做实群众宣传工作，由党内党史学习教育向党外、社会延伸，营造"党的盛典、人民的节日"浓厚社会氛围。具体到高校层面，就是要做好党、团（共青团）学习教育，做实学校宣传思想工作，繁荣校园文化活动，采用广大师生喜欢听、听得进的语言，建设师生爱参与、能参与的平台，营造百年建党庆典的浓厚校园氛围。具体来说，按照全党党史学习教育的要求，延续全团开展"学党史、强信念、跟党走"学习教育的要求，坚持党团组织办好实事、党员干部和团干部带头示范；做好校内宣传工作，使党史学习教育由党内向民主党派、广大教职工延伸，由党、团向全体学生延伸；繁荣校园文化活动，将主题宣传教育活动引向深入，营造更加浓郁的党史学习教育氛围。

四是面向校内师生开展以党史为重点的"四史"宣传教育，强化自觉自主学习，实现广泛有序参与。在今年党史学习教育的新形势下，要发挥思想政治理论课的主渠道作用，把"四史"内容融入思政课教育教学体系；要围绕课程思政和校园文化活动，拓展"四史"学习教育路径；要精心组织实践教学，强化"四史"学习。我们还要在"永远跟党走"群众性主题宣传教育活动的基础上，联系广大师生的日常生活，依托宣传工作推进广大师生自觉自主学习，用宣传思想工作带动广东师生的广泛有序参与，发挥广大师生的主体性、主动性、积极性、创造性，进一步取得学习教育的成效。

党史教育融入高校思政课教学的探索

吴新奇*

2021 年是中国共产党成立 100 周年。为了从党的百年伟大奋斗历程中汲取继续前进的智慧和力量，深入学习贯彻习近平新时代中国特色社会主义思想，巩固深化"不忘初心、牢记使命"主题教育成果，激励全党全国各族人民满怀信心迈进全面建设社会主义现代化国家新征程，中共中央印发《关于在全党开展党史学习教育的通知》，决定在全党开展党史学习教育。随后中央党史学习教育领导小组下发了《关于印发〈党史学习教育实施工作方案〉的通知》。各高校思政课如何结合思政课教学将党史教育与高校思政课教育相融合，是当前高校思政课教学亟须探究的课题。本文以佛山科学技术学院为例，对高校思政课如何落实各级政府关于党史教育实施方案做一探索，冀期对其他高校马克思主义学院开展党史学习教育有所借鉴。

一、党史教育融入高校思政课教学的目的和意义

高校思政课是立德树人的关键课程，肩负着以习近平新时代中国特色社会主义思想铸魂育人、培育担当民族复兴大任的时代新人的使命任务。通过党史教育，有助于引导广大青年学生听党话、跟党走，充分发挥思想政治理论课主渠道作用，有效提升大学生的政治认同、思想认同、情感认同；有助于提高大学生政治判断力、政治领悟力、政治执行力，反对历史虚无主义，抵制歪曲和丑化党的历史的错误倾向；有助于坚定大学生对马克思主义的信仰、对中国特

---

* 吴新奇，佛山科学技术学院马克思主义学院副院长、副教授，主要从事思想政治教育研究。

色社会主义的信念。因此，高校党史教育对培养大学生坚定"四个自信"、为实现中华民族伟大复兴的中国梦作出更大贡献，具有重大的意义。

二、党史内容融入思政课教学的实施路径

如何推进党史教育内容融入高校思政课教学，我校马克思主义学院做了如下探索。

1. 修订新的教学大纲

结合 2021 年新版思政课教材和学校人才培养方案 2022 年修订本，要求各个教研部主任依据最新教材，结合党史进课程要求，修订新的教学大纲。新的教学大纲在教学内容、教学目标、毕业生核心素养方面均要求融入党史教育内容、目的与要求。以"毛泽东思想和中国特色社会主义理论体系概论"（下文简称"概论"）为例，新修订的"概论"课 2021 年教学大纲，在课程主要内容上增加了"本课程充分呈现了中国共产党不断推进马克思主义中国化、不断推进理论创新、进行理论创造的历史，充分反映中国共产党不断推进马克思主义基本原理与中国具体实际相结合、同中华优秀传统文化相结合的历史进程和基本经验，充分反映实现全面建设社会主义现代化强国、中华民族伟大复兴中国梦的战略部署"。在教学目的上增加了"有助于大学生对中国共产党在新时代坚持的基本理论、基本路线、基本方略的来龙去脉有更加深入的理解，有助于学生系统把握马克思主义中国化理论成果，掌握基本理论、培养理论思维、坚持理论联系实际"。在"本课程支撑的毕业要求（核心能力）"方面，增加了"紧密联系党史、新中国史、改革开放史、社会主义发展史，自觉投身于中国特色社会主义伟大实践，为实现中华民族伟大复兴做出应有的贡献"。

2. 修订教学日历

教学大纲修订好后，我们要求各教研部在制定教学日历上要将党史教育具体体现在教学内容、教学手段的设计与教学实践上。例如在教学内容方面，我们在"概论"课"导论"里增加了一节"中国共产党百年奋斗的鲜明主题与四个伟大成就"，在讲授"马克思主义中国化"的提出及其内涵时，注意阐明百年党史是一部不断推进马克思主义中国化、不断推进理论创新、进行理论创造的历史。在第九讲"坚持和发展中国特色社会主义的总任务"内容里，在讲完"中国梦""两步走"战略的之后，增加了"以史为鉴、开创未来，牢记'九个

必须'——在新的征程上更加坚定、更加自觉地牢记初心使命、开创美好未来"这一内容。在教学方式方面，在讲授"中国近现代史纲要"时，结合课本相关章节，我们让学生讨论"为什么说中国共产党的诞生是开天辟地的大事变""为什么说中华人民共和国的成立是改天换地的大事件""实行改革开放和社会主义现代化建设给中国带来了怎样翻天覆地的变化""中国特色社会主义进入新时代将实现怎样惊天动地的强国大业"，从中让学生感悟中国共产党百年历史中"四个伟大成就"。

3. 将党史教育融入实践教学

根据《教育部关于印发〈新时代高校思想政治理论课教学工作基本要求〉的通知》（教社科〔2018〕2号），以及教育部、中宣部下发的《新时代学校思想政治理论课改革创新实施方案》（教材〔2020〕6号），结合党史教育要求与我校实际，我们修订了"思想政治理论课实践教学大纲"，将党史教育融入思政课实践教学中。为保证实践内容不重复，在社会实践目的与内容设置上，要求各门课程有自己的实践特色。如"纲要"课程实践教学目的重在让学生更为直观体验近代中国遭受帝国主义侵略和我国人民反抗侵略的英勇斗争、现代我国人民革命斗争和社会主义现代化建设的良好精神风貌，深刻认识红色政权来之不易、新中国来之不易、中国特色社会主义来之不易这"三个来之不易"；总结中国共产党带领人民谋求复兴的艰辛历程，加深对教学内容的认知，完成从书本到现实、从理论到实践的跨越，接受精神的洗礼，培养具有创新意识的高素质人才；理解"四个选择"的必要性和正确性，增强"四个自信"，坚定不移地坚持和发展中国特色社会主义。"思想道德与法治"课实践教学目的重点是"促动自身积极投身社会，深入人民群众之中，认识当代中国特色社会主义社会道德的构成要素和发展方向，把握和弘扬社会主义核心价值体系的丰富内涵；在实践中提升法治思维，深刻理解习近平法治思想的核心要义；开拓学术视野，培养个体辩证唯物思维、道德判断与选择的能力；锻炼大学生理论联系实际、在服务中学习，提高实际动手能力，践行志愿服务精神"。"概论"课的实践教学则是"引导学生围绕地方党史资源展开社会调研和理论探究，挖掘地方党史素材讲好中国故事，弘扬中国精神，体现调研所在地党员群众探索马克思主义基本原理与中国具体实际相结合、同中华优秀传统文化相结合的大胆尝试与宝贵经验；运用新时代地方实践素材，展现各地党员群众、青年学生用习近平新时代中国特色社会主义思想武装头脑、指导实践、推动工作的图景，引导学生积极参与社会调研、理论研讨、志愿服务，运用中国智慧，探索中国方案，积极投身全面建设社会主义现代化强国、中华民族伟大复兴中国梦的伟大事业"。

4. 建设党史教育精品课程

目前我校马院各门思政课都已经建立网络教学平台，可以将"四史"教育相关资料上传。结合佛山市精品思政课程大赛，我们录制了部分党史精品课程，用于思政课网络教学。另外，"中国近现代史纲要""思想道德修养与法律基础"（现名为"道德与法治"）两门课程在2020年被省教育厅评为省级一流课程。通过省一流课程建设，带动学院课程建设上台阶。此外，学院的三位领导带头录制了党史慕课，通过佛山科学技术学院"强国号"上传，供广大师生学习。

5. 主办党史融入思政课教育经验交流研讨会

我们利用广东省思政课区域协同创新中心（佛山科学技术学院）的平台优势，开展党史论文征集和优秀论文评选，邀请中山大学等高校专家教授和协同中心各高校领导介绍党史学习教育经验，总结交流党史融入思政课教学的做法，展示党史教育优秀课件。

6. 开展"百年党史"系列活动

我校马克思主义学院与校团委、学工部、宣传部等部门合作，在全校师生开展百年党史学习主题征文活动。在"中国近现代史纲要"课程中开展百年党史知识竞赛活动。发动广大思政课教师参与广东省教育厅主办的党史教育优秀课例展示，2021年马院有1位教师获得一等奖，2位老师获得三等奖。学校有2个学生团队分别获得大学生讲党史活动一等奖和二等奖。

7. 参与"三下乡"红色专项活动

马克思主义学院部分教师作为"三下乡"指导老师，利用"三下乡"社会活动，带领学生追寻红色足迹，走进广东红色革命遗址、红色纪念馆参观学习，开展现场教学，搜集红色教育图片、视频资料，拍摄红色之旅微视频。如2021年部分老师带领学生到潮汕地区参观大南山革命根据地旧址、南昌起义军事指挥部流沙会议旧址、左联烈士故居，汕头红色交通站、中共南三花工委地开展参观与调研活动，感受先烈革命精神，到中小学校、图书馆等场所，向青少年开展红色文化宣讲活动。

8. 建设一支素质高、授课效果好的党史教育队伍

学院通过号召教师申报党史课题、集体备课、参加学术研讨、经验交流、党史大赛等，提高思政课教师的学术理论素质。近年来，我校马院有 1 位教师获得教育部思政专项（地方党史资源融入思政课教育方向），2 位教师获得广东省哲学社会科学党史方面的课题，3 位教师获得党史教育方面的省教育科学课题，1 位教师获得省高校思政课教学展示一等奖，2 位老师获得三等奖。2021 年 10 月有 3 位老师参加了佛山市高校思政课十强大赛，获得一等奖 1 个，二等奖 2 个。

三、党史内容融入思政课教学的具体做法

系统梳理思政课中关于"四史"特别是党史内容，把习近平关于党史的重要论述融入其中，把我们党践行使命的历史、理论创新的历史、自我革命加强自身建设的历史融入其中，做到深入浅出、讲明讲透、入脑入心。找准思政课与党史教育的切入点和联系，引导青年学生知史爱党、知史爱国。具体各门必修课思政课程做法与思路如下：

1. "中国近现代史纲要"课做法与思路

在"中国近现代史纲要"课程中，党史融入思政教学需要基于历史和发展的视角，遵循实现中华民族伟大复兴的历史脉络，阐明党的发展历程。我们要从中国近现代的社会性质、社会矛盾和社会任务的角度出发，讲清楚为何中国共产党的诞生是开天辟地的大事变；从新民主主义革命的道路、目标、任务等角度，讲清楚为何中华人民共和国的成立是改天换地的大事件；从改革开放深刻改变党、国家、人民面貌的角度，讲清楚实行改革开放和社会主义现代化建设给中国带来了怎样翻天覆地的变化；从党的十八大以来我国发展取得的历史性成就、发生的历史性变革的角度，讲清楚中国特色社会主义进入新时代将实现怎样惊天动地的强国大业。通过积极引导，学生能够感受到我们国家在党的领导下走过了"雄关漫道真如铁"的昨天，正经历着"人间正道是沧桑"的今天，憧憬向往着"直挂云帆济沧海"的明天。这门课程的党史教育重点是阐明"中国共产党为什么能"的问题。

2. "思想道德修养与法治"课的做法与思路

在"思想道德修养与法治"课程中，我们基于思想教育与道德观教育的视角，通过挖掘党史中蕴含着的共产党人精神谱系，让学生弘扬以爱国主义为核

心的民族精神和以改革创新为核心的民族精神，传承好红色文化，继承好红色基因。通过展示中国共产党人在百年奋斗历程中用血与泪锻造的红船精神、延安精神、抗战精神、西柏坡精神，抗美援朝精神、"两弹一星"精神、抗洪精神、抗震救灾精神、抗疫精神、脱贫攻坚精神等，引导教育学生坚定理想信念、弘扬中国精神，践行社会主义核心价值观，在生活与实践中明大德守公德严私德，感悟共产党人的精神谱系是推动我们事业发展的力量源泉。

3. "毛泽东思想与中国特色社会主义理论体系概论"做法与思路

在"毛泽东思想与中国特色社会主义理论体系概论"课程中，我们基于中国特色社会主义伟大实践的视角，主要从党的发展历程出发，重点阐释中国特色社会主义道路、中国特色社会主义理论体系和中国特色社会主义制度的形成发展，认真分析和总结党在不同历史时期进行艰辛探索所取得的宝贵经验；紧扣习近平新时代中国特色社会主义思想，以大历史观的视野把握我国是如何迎来了从站起来、富起来到强起来的伟大历史飞跃及其深远意义；进而让学生深刻懂得中国共产党的领导是中国特色社会主义最本质的特征，是中国特色社会主义的最大优势，是我国的最高政治领导力量。通过这门课程的学习，要阐明"中国特色社会主义为什么好"的问题。

4. "马克思主义基本原理"课做法与思路

在"马克思主义基本原理"课程中，我们基于辩证唯物主义和历史唯物主义的哲学视野，运用唯物史观、政治经济学和科学社会主义理论，阐释共产党执政规律、社会主义建设规律和人类社会的发展规律。党的事业的发展离不开科学理论的指导。要通过辩证唯物主义的基本原理，讲清楚马克思主义理论具有科学性和真理性，是指导党的事业不断取得进步的科学真理；通过历史唯物主义的基本原理，讲清楚推动社会发展的根本动力在于人民，坚持以人民为中心的思想具有深厚的哲学意蕴；通过科学社会主义一般原则，讲清楚中国特色社会主义的开创是历史逻辑、理论逻辑和实践逻辑的统一，明确我国社会发展的原则和方向。通过这门课程的学习，要阐明"马克思主义为什么行"的问题。

5. "形势与政策"课的做法与思路

"形势与政策"课程在每个学期四个专题讲授中，一般都有一个专题是讲党史的。比方2021年春季的党史专题为"从百年党史看中国共产党为什么能"，2021年秋季则结合习近平总书记在建党100周年的重要讲话内容，讲授"奋斗百年路，起航新征程"，呈现中国共产党百年历史中取得的"四个伟大成就"。

党史融入"概论"课程教学的新思路*

韩中谊**

党史融入"毛泽东思想和中国特色社会主义理论体系概论"课教学，基于三个背景：一是党史学习教育活动如火如荼开展，习近平总书记在党史学习教育动员大会、建党百年庆祝大会上的讲话，需要认真学习领会并融入思政课教学之中；二是"概论"课教材进行了最新修订，十九届四中、五中全会精神等内容写入教材，习近平总书记的最新重要论述包括关于党史的重要论述写入教材；三是"概论"教学目标、教学内容、教学形式与党史学习教育有内在的契合。鉴于此，党史融入包括"概论"课在内的思政课程体系有其必要性和可能性。以党史为重点的"四史"应当融入"概论"课程的教学目标、教学内容、教学形式，提升"概论"课教学的实效性。

一、以党史为重点的"四史"融入"概论"课程的教学目标

"概论"课程的目的和任务，在教材中有明晰的概述。就是通过学习使大学生对马克思主义中国化进程中形成的理论成果有更加准确的把握；对中国共产党领导人民进行的革命、建设、改革的历史进程、历史变革、历史成就有更加深刻的认识；对中国共产党在新时代坚持的基本理论、基本路线、基本方略有更加透彻的理解；对运用马克思主义立场、观点和方法认识问题、分析问题和

* 基金项目：2021年度广东省教育科学规划课题（党史学习教育专项）"依托'学习强国'学习平台提升地方高校党史学习教育的针对性与实效性研究"（主持人：韩中谊，项目编号：DSYJ060）；广东省高等教育教学研究和改革项目"运用地方资源增强广东高校思政课亲和力和针对性研究"（主持人：韩中谊，项目批准号：粤教高函〔2020〕20号）。

** 韩中谊，佛山科学技术学院马克思主义学院副教授、博士，主要从事思想政治教育研究。

解决问题能力的提升有更加切实的帮助。学习本课程，要求学生系统把握马克思主义中国化理论成果，掌握基本理论、培养理论思维、坚持理论联系实际。

根据习近平总书记讲话精神，党史学习教育的目标要求是学史明理、学史增信、学史崇德、学史力行，突出任务是学党史、悟思想、办实事、开新局，其重要目的是用党的奋斗历程和伟大成就鼓舞斗志、明确方向；用党的光荣传统和优良作风坚定信念、凝聚力量；用党的实践创造和历史经验启迪智慧、砥砺品格。

"概论"课程应该发挥党史以史鉴今、资政育人的作用。以党史为重点的"四史"融入"概论"课程，一是有助于大学生对中国共产党领导人民进行的革命、建设、改革的历史进程、历史变革、历史成就有更加深刻的认识；二是有助于大学生对中国共产党在新时代坚持的基本理论、基本路线、基本方略的来龙去脉有更加深入的理解；三是有助于大学生理解马克思主义中国化进程中形成的理论成果的来之不易，更加深刻认识中国化马克思主义既一脉相承又与时俱进的理论品质，更加认同并积极参与推进理论创新、进行理论创造；四是有助于大学生在汲取百年党史的智慧与力量，鼓舞斗志、坚定信念、凝聚力量、启迪智慧、砥砺品格，明确新时代中国特色社会主义的光明前景、奋斗方向、目标任务；五是有助于大学生紧密联系党史、新中国史、改革开放史、社会主义发展史，紧密结合全面建设社会主义现代化国家的实际，紧密联系自己的思想实际，把理论与实践、理想与现实、主观与客观、知与行有机统一起来，自觉投身于中国特色社会主义伟大实践，为实现中华民族伟大复兴作出应有的贡献。

二、以党史为重点的"四史"融入"概论"课程的教学内容

"概论"教材在导论中指出，课程以马克思主义中国化为主线，集中阐述马克思主义中国化理论成果的形成过程、主要内容、精神实质、历史地位和指导意义，充分反映中国共产党不断推进马克思主义基本原理与中国具体实际相结合、同中华优秀传统文化相结合的历史进程和基本经验；以马克思主义中国化最新成果为重点，全面把握中国特色社会主义进入新时代，系统阐释习近平新时代中国特色社会主义思想的主要内容和历史地位，充分反映实现全面建设社会主义现代化强国、中华民族伟大复兴中国梦的战略部署。

习近平总书记在党史学习教育动员大会上指出，党史学习教育的重点，一是进一步感悟思想伟力，增强用党的创新理论武装全党的政治自觉；二是进一

步把握历史规律和大势，始终掌握党和国家事业发展的历史主动；三是进一步深化对党的性质宗旨的认识，始终保持马克思主义政党的鲜明本色；四是进一步总结党的历史经验，不断提高应对风险挑战的能力水平；五是进一步发扬革命精神，始终保持艰苦奋斗的昂扬精神；六是进一步增强党的团结和集中统一，确保全党步调一致向前进。

根据两者在内容上的契合性，"概论"课程应该运用好丰富的党史资源，在具体的教学章节中嵌入党史内容。

导论"马克思主义中国化的历史进程与理论成果"，开宗明义讲述"中国共产党百年奋斗的鲜明主题与四个伟大成就"，教学中要有针对性地融入以党史教育为重点的"四史"教育，讲好重大历史事件、重要历史人物、重大历史时间节点、重大历史问题、重大历史规律等问题，让学生了解中国共产党的斗争史与奋斗史，在理解党的初心使命中增强对党的情感和价值认同。接着讲解"马克思主义中国化"的提出及其内涵，其中也要兼谈"百年党史是一部不断推进马克思主义中国化、不断推进理论创新、进行理论创造的历史"。

运用党史资源讲好思想理论的形成背景。每一种科学理论都产生于特定的年代，并与当时的历史事实紧密相连。党史可以作为时代背景贯穿于概论课的理论讲授中，如把党的一大到六大的历史进行穿插讲解毛泽东思想形成的背景，如将改革开放前后的转折和对比讲授邓小平理论的形成背景。通过党史学习帮助学生理解的演进脉络，加深学生对理论科学性、实践性和前瞻性的认识。

第八讲第一节"习近平新时代中国特色社会主义思想创立的社会历史条件"，首先讲述"把握历史发展规律和大势，始终掌握党和国家事业发展的历史主动"，从党史中吸收智慧，作为分析时代的重要方法论，进而阐述习近平新时代中国特色社会主义思想创立的国内外背景。

第九讲"坚持和发展中国特色社会主义的总任务"中，通过不同年代各种英雄人物的事迹介绍，引导学生理解"实现中华民族伟大复兴是近代以来中华民族最伟大的梦想"，理解中国梦是如何落实到每一个人身上，激发学生为实现中国梦奋发拼搏的决心。在讲完"中国梦""两步走"战略的之后，增加《以史为鉴、开创未来，牢记"九个必须"——在新的征程上更加坚定、更加自觉地牢记初心使命、开创美好未来》的内容，为更好地讲解后续内容"建成社会主义现代化国家的战略导向"做基础。

第十讲第三节"建设社会主义文化强国"，增加一个内容"弘扬伟大建党精神，领悟中国共产党人的精神谱系"。还可将党的历史与培育社会主义核心价值观、坚定马克思主义信仰有机地结合起来，引导学生树立正确的世界观、人生观、价值观。

第十二讲第一节"坚持总体国家安全观"第三点"着力防范化解重大风险"中，兼谈总结党的历史经验，不断提高应对风险挑战的能力水平。

第十四讲第一节"实现中华民族伟大复兴关键在党"，增加一点内容"深化对党的性质宗旨的认识，始终保持马克思主义政党的鲜明本色"。

结束语"坚定'四个自信'，担当民族复兴大任"，围绕习近平总书记在建党百年庆祝大会的讲话，引导大学生领悟习近平总书记对青年的殷切期望，积极响应党中央号召。

三、以党史为重点的"四史"融入"概论"课程的教学形式

党史融入"概论"课的重要支撑是提升教师素质。正像习近平总书记所言，"办好思想政治理论课，关键在教师，关键在发挥教师的积极性、主动性、创造性。"党史教育融入思政课堂不仅是一场学理性的思考，更要化为思政课教学的实践。作为一名思政课老师，党史知识是必不可少的一项知识储备，要增强自身的专业能力和专业水平，要能在思政课上将党史教育知识信手拈来，自然融入思政课堂，增强思政课的魅力，让学生能在日常教学中感受到党奋斗百年、进步百年的光辉历史。

从融入路径来说，党史要融入"概论"课的课堂教学、实践教学和网络教学之中。

一是融入课堂教学。融入课堂教学，就是如前面所示，嵌入到具体的教学章节中，并在视频教学、课堂分享、课堂作业、课堂讨论、辩论、演讲等教学形式中用好党史资源，并使之与"概论"课程保持一致，用党史资源促进学生对"概论"课程内容的知识理解与价值认同。思政课教师要善于通过穿插党史故事、师生互动、课堂点拨、历史情景再现等方法，将中共党史知识融入"概论"课教学中，这样可使"概论"课的理论知识通俗易懂，激发大学生学习"概论"课的主观能动性，增强大学生拥护中国共产党领导的信心。

从更具体的切入来说，党史融入"概论"课教学，一是要善于做好文本解

读。我们要结合"概论"课课本内容谈及的历史人物，以主流党史文献为蓝本，将相关人物的工作、生活情境进行符合课程需要的还原，以便于学生更好、更全面地理解相应阶段的顶层设计与具体实施所面临的现实问题、所要解决的实际困难；通过史论结合的形式，将各阶段党的指导思想进行深化、活化、现代化的解读，借由课题内容的生动性，达到基于文本又超越文本的课程效果。二是将党的重大历史事件融入各思想理论形成的背景条件和意义中，让学生更清晰地看待历史的必然性与时代的特殊性，加强学生对党和人民在各时期面临不同问题以及对社会矛盾发展变化的深刻认识，同时准确理解党通过不断实践、认识解决问题的方法，增强其政治认同和价值认同。三是基于史实的人物、事件的还原与刻画，包括刻画人物情感、工作和生活，还原特定人物事件的具体过程等，通过一定的载体凸显人物的理想信念与价值取舍，既能拉近学生与历史人物的情感距离，增强学生学习党史、概论的兴趣，又能增强概论课理论教育与政治教育的共融性。

二是融入实践教学。理论与实践犹如"两条腿走路"，思政课教学应注重实践教学。党史学习融入思政课教学要走出教室，走进党史纪念馆、博物馆、档案馆、展览等教育基地，根据不同基地内容专题设计实地教学课程大纲，有意识有目的有针对地引导大学生身临其境感受党的历史，沉浸于实地场景之中体验思想理论的内涵意义；要引导学生以采访党员的方式，了解党给党员带来的影响，了解党员生活会和党员光荣先进事迹，更加具体展现党的光辉形象。"概论"课实践教学还要积极引导学生围绕时政热点、社会焦点、地方党史资源展开社会调研和理论探究，挖掘地方党史素材讲好中国故事，弘扬中国精神，体现调研所在地党员群众探索马克思主义基本原理与中国具体实际相结合、同中华优秀传统文化相结合的大胆尝试与宝贵经验，或者运用新时代地方实践素材，展现各地党员群众、青年学生用习近平新时代中国特色社会主义思想武装头脑、指导实践、推动工作的图景，引导学生积极参与社会调研、理论研讨、志愿服务，运用中国智慧，探索中国方案，积极投身全面建设社会主义现代化强国、中华民族伟大复兴中国梦的伟大事业。

三是融入网络教学。"概论"课按教育部要求积极推行网络辅助教学，将网络学习环节作为平时表现列入平时成绩。任课教师建设超星学习通"毛泽东思想和中国特色社会主义理论体系概论"网络课程，在相应教学章节中放上丰富的党史资源，供学生自主学习、深度学习、探究性学习，弥补课堂教学时间的限制，更好推展课程内容。

（本文根据佛山科学技术学院马克思主义学院马克思主义中国化教研部开展"以党史为重点的'四史'融入'概论'课教学"的教研活动纪要，由教研部主任韩中谊副教授整理形成。）

中国共产党初心使命融入中国梦
主题教育的教学设计*

徐学绥**

知史爱党，知史爱国。2021 年是中国共产党建党 100 周年，也是"十四五"开局之年、迈向社会主义现代化国家新征程的开启之年。学好党史必修课，具有十分重要的意义。历史是最好的"教科书"，百年党史中蕴含着丰富的智慧和力量。将党史教育融入思政课堂，把学习党史同学习马克思主义中国化理论成果结合起来，学深悟透习近平新时代中国特色社会主义思想，有利于推进落实立德树人根本任务，教育引导广大青年学生热爱和拥护中国共产党，听党话、跟党走，立志扎根人民、奉献国家，在全面建设社会主义现代化国家、实现中华民族伟大复兴的中国梦中贡献青春力量、成就个人梦想，书写无愧于时代的精彩人生。

一、教学内容

教学主题为中国共产党的初心使命与中国梦，教学时长为 1 学时，教学内容有三：以问题为导向，从历史角度分析"实现中华民族的伟大复兴是中华民族近代以来最伟大的梦想"；从理论角度分析"中国梦的本质""党的初心使命与中国梦的联系"；从现实角度思考"个人理想与中国梦的关系"。为实现党史教育与思政课教学互动融合，我们需要结合学生特点，在教学过程中遵循逻辑与历史相统一、历史与现实相联系、理论和实际相结合的原则，通过生动、具

＊ 基金项目：广东省高校思想政治理论课名师工作室专项资助（粤教思函〔2020〕5 号）。

＊＊ 徐学绥，肇庆医学高等专科学校思政部副教授，主要从事思想政治教育研究。

体的纵横比较，循循善诱、层层深化，实现"以理服人、以事感人、以情动人"，增强学生情感认同和理论自信，实现思想升华。

二、教学目标

1. 知识目标：认识中国梦和党的初心使命的历史联系，理解中国梦的本质。

2. 能力目标：能够正确把握中国梦和党的初心使命的联系，正确处理好个人理想与中国梦的关系。

3. 价值目标：树立正确党史观，明理增信，自觉担当起中华民族伟大复兴的责任与使命。

三、教学重点及难点

教学重点：党的初心使命是实现中国梦的不竭动力，中国梦和党的初心使命的内在统一。

教学难点：个人理想与中国梦的关系。

四、教学方法

以问题为导向，运用讲授法、案例教学法、音视频教学法、比较分析法、讨论法等方法，充分融入历史故事和文献资料，运用丰富的现实案例和数据材料，采用多媒体技术开展教学。

五、教学设计与实施

1. 话题引入：中国共产党 100 年前是为什么出发的呢？

【教师活动】2021 年是中国共产党成立 100 周年。引用习近平总书记瞻仰中共一大会址时的重要讲话："我们党的全部历史都是从中共一大开启的，我们走得再远都不能忘记来时路"，提出问题：中国共产党的初心和使命是什么？

【学生活动】回答问题：中国共产党的初心和使命是为中国人民谋幸福，为中华民族谋复兴。

设计意图：用话题引入，调动课堂气氛。从中国共产党的初心使命引出中华民族近代以来最伟大的梦想——实现中华民族伟大复兴，导入本课内容。

2. 党的初心使命和中国梦的历史联系

【教师活动】展示 2012 年习近平总书记参观《复兴之路》展览时提出中国梦概念的图片，讲述习近平总书记引用三句诗对中华民族的昨天、今天、明天进行生动叙说，生动诠释了近代以来中国人民寻梦、追梦、圆梦的历史进程。提出问题：为什么说实现中华民族伟大复兴是中华民族近代以来最伟大的梦想？

【学生活动】跟随老师讲解，了解中国梦概念的提出。

设计意图：为回顾中国的历史发展作铺垫，从历史角度分析党的初心使命和中国梦的联系。

【教师活动】播放短视频《全球前 15 的国家 GDP 排名 1500—2019》，提醒学生关注明清、民国、新中国成立、改革开放、21 世纪等几个时期的数据和排位变化，感观了解中国的历史发展过程。

【学生活动】观看视频，关注不同时期的数据和排位变化。

设计意图：从一个侧面动态反映中国从古代辉煌到近代衰落再到现代繁荣的历史过程，引发学生思考近代中国走向衰落的原因。

【教师活动】举例阐述光辉灿烂的古代中华文明，如中国是四大文明古国之一、"文景之治""开元盛世""康乾盛世"等辉煌文明、法国启蒙学者伏尔泰对 17~18 世纪中国的赞誉；阐述饱受屈辱苦难的近代中国，指出太平天国运动、洋务运动、戊戌变法、辛亥革命都未能完成救亡图存的历史使命和反帝反封建的历史任务；强调只有中国共产党团结带领中国人民才能走向民族复兴光明前景，阐述中国共产党自诞生之日起，就自觉担负起实现中华民族伟大复兴的使命，团结带领人民取得新民主主义革命的胜利、建立新中国、确立社会主义制度、推进改革开放和中国特色社会主义事业，从根本上改变了中国人民和中华民族的前途命运，使中华民族伟大复兴展现出前所未有的光明前景。

【学生活动】跟随老师回顾历史，回忆相关历史事件及人物，调动已有认知，重温近代中国革命的根本任务和中国共产党成立的重大意义。

设计意图：从历史角度阐明中华民族伟大复兴的中国梦贯穿了整个中国近现代历史，也贯穿了中国共产党百年发展历史。阐明中国共产党 100 年的发展史就是一部团结带领中国人民为实现中华民族伟大复兴而不断探索、接续奋斗的历史，增强学生对党的初心使命与中国梦的历史联系的理论认同。

3. 践行党的初心使命是实现中国梦的不竭动力

【教师活动】展开分析中华民族的昨天："雄关漫道真如铁"——"站起

来"，简述狼牙山五壮士、"八女投江"、杨靖宇、赵一曼等历史案例，指出无数革命先烈为了民族独立和人民解放，浴血奋战，前赴后继。播放短视频《百炼成钢·党史上的今天》抗日民族英雄杨靖宇牺牲的故事，提出问题"是什么，让他们如此视死如归；是什么，让他们这般宁死不屈？"——引用毛泽东同志1949年9月21日在中国人民政治协商会议第一届全体会议上的开幕词。

【学生活动】观看视频，思考并回答教师提问，感受中华民族历经磨难、玉汝于成的昨天。

设计意图：通过历史故事分享和引证分析，阐明中国共产党团结带领中国人民经过长期革命斗争和艰辛探索，实现了中华民族从"东亚病夫"到站起来的伟大飞跃。

【教师活动】简述中华民族的今天："人间正道是沧桑"——"富起来"，简要概括改革开放以来取得举世瞩目的伟大成就，引用2020年我国国内生产总值实现历史性突破的数据分析，讲述全国脱贫攻坚取得全面胜利的成果。

【学生活动】跟随教师讲解，认识中华民族翻天覆地、繁荣发展的今天。

设计意图：通过数据和实例分析论证，阐明中国共产党团结带领中国人民开创中国特色社会主义事业，进行改革开放，实现了中华民族从站起来到富起来的伟大飞跃。

【教师活动】展望中华民族的明天："长风破浪会有时"——"强起来"，强调中国特色社会主义进入新时代的新历史方位，引用习近平总书记讲话："现在，我们比历史上任何时期都更接近中华民族伟大复兴的目标，比历史上任何时期都更有信心、有能力实现这个目标。"

【学生活动】跟随教师讲解，展望中华民族实现伟大复兴的明天，树立信心。

设计意图：阐明中国共产党团结带领中国人民开辟了新时代中国特色社会主义新境界，使中华民族迎来了从富起来到强起来的伟大飞跃，调动情感，引发共鸣，让学生深刻领会中国共产党为人民谋幸福、为民族谋复兴的初心和使命，从而增强学生对党的初心使命是实现中国梦的强大精神力量的理论认同。

4. 党的初心使命和中国梦的内在统一

【教师活动】指出党的初心使命和中国梦是内在统一的，播放习近平总书记在第十二届全国人民代表大会第一次会议闭幕会讲话中论述中国梦的本质的原声录音。提问：习近平总书记是如何阐释中国梦本质的？

【学生活动】聆听录音，回答教师提问。

设计意图：从习近平总书记原声录音中找寻问题答案，增强理论教学的信服力，强调实现国家富强、民族振兴、人民幸福，既是中国梦的本质内涵，也是党的初心和使命的根本体现。

【教师活动】分析国家富强的内涵。回顾历史，分析洋务运动、维新运动、辛亥革命都没有使中国走上富强之路。阐明中华民族的强国梦是中国共产党带领中国人民在历经28年浴血奋战后才真正成为可能，在新时代迎来光明前景。

【学生活动】跟随教师回顾历史上的强国梦实践，对照现实，思考综合国力的内容和表现。

设计意图：通过历史与现实的比较分析，深化对强国梦的理解，须致力于增强综合国力，实现富强民主文明和谐美丽的社会主义现代化强国的奋斗目标。

【教师活动】分析民族振兴的内涵。列举孙中山、毛泽东、周恩来等历史人物的理想，强调民族振兴是青年的责任。列举青蒿素、动车、天眼、蛟龙、太空计划、三星堆考古新发现等文明成果，反映中华文明的进步和发展。

【学生活动】跟随老师一起感叹中华文明的博大精深，产生共鸣，建立自信，实现情感认同。

设计意图：列举历史人物的理想，说明民族振兴是有志青年的奋斗目标，列举文明发展成果，充分彰显中华文明的蓬勃生机和中华民族的振兴景象，帮助学生建立信心，相信在中国共产党的正确领导下，中国人民艰苦奋斗、团结拼搏、开拓进取，中华民族将再次处于世界领先的地位，再次以高昂的姿态屹立于世界民族之林。

【教师活动】分析人民幸福的内涵。首先引用《共产党宣言》《中国共产党章程》，强调不断增进人民福祉、实现人民幸福，是党的初心使命的集中体现与现实反映。讲述抗击新冠肺炎疫情的中国行动，坚持人民至上、生命至上的中国答卷，列举钟南山、刘薇、张定宇、张伯礼等人民英雄，分享本校毕业生支援武汉的抗疫事迹。

【学生活动】调动抗击疫情的共同记忆，感受身边榜样的精神力量。

设计意图：引用经典，以理服人；案例分析，以事感人；身边榜样，以情动人。让学生深刻认识中国共产党始终不忘初心、牢记使命，坚持人民利益高于一切，永远把人民对美好生活的向往作为奋斗目标。

【教师活动】组织讨论：作为医学生，你对中国未来的医疗健康事业有什么憧憬？你的梦想是什么？点评引导：实现个人梦想，离不开国家的发展和进步，离不开中国梦的助力。中国梦是中华民族团结奋斗的最大公约数。青年学生要把人生理想融入国家富强、民族振兴、人民幸福的伟业之中。

【学生活动】自由讨论，分享自己的想法，思考个人理想和中国梦的关系。

设计意图：通过讨论互动，启发学生思考，帮助学生正确认识和处理个人理想和中国梦的关系。

5. 教学小结

历史和现实充分证明，中国共产党始终不忘初心、牢记使命，为实现中华民族伟大复兴而不懈努力，并一以贯之体现到党的全部奋斗之中。中国共产党领导是实现中华民族伟大复兴的根本保证，必须坚持党的领导，以党的坚强领导和顽强奋斗，激励全体人民不断奋进，凝聚起同心共筑中国梦的磅礴力量。

当代青年学生是中华民族伟大复兴的参与者、建设者、见证者，富有活力和创造力。伟大梦想召唤每一位青年学生听党话跟党走，勇做时代的弄潮儿，在实现中国梦的生动实践中放飞青春梦想！

设计意图：激励学生立志听党话、跟党走，自觉肩负起中华民族伟大复兴的责任与使命，达到思想升华。

6. 布置作业

整理笔记，形成思维导图。完成课后练习，思考当代青年学生如何以实际行动实现中国梦，把中国梦内化于心并外化于行。

六、经验与反思

1. 坚持逻辑与历史相统一

恩格斯说："历史从哪里开始，思想进程也应当从哪里开始。"历史是已经过去的社会发展进程，是不以人的意志为转移的客观存在，逻辑是对历史发展过程的理论概括和总结。因此，充分认识近代以来中国人民寻梦、追梦、圆梦的历史进程，分析中国梦和党初心使命的历史渊源和发展历程，才能更好地把握中国梦的本质；深刻阐明中国共产党100年的发展史是一部为实现中华民族伟大复兴而不断探索、接续奋斗的历史，才能更好地理解党的初心使命和中国梦在历史、理论和实践上高度统一的逻辑关系。

2. 坚持历史与现实相联系

现实由历史而来，两者在时间上是连续的整体，互相联系。通过讲述从光辉灿烂的古代中国到饱受屈辱苦难的近代中国，再到蓬勃发展的当代中国的历史变化过程，阐述中国共产党从历史中得到经验和借鉴，不忘初心、牢记使命，团结带领中国人民实现了中华民族从"东亚病夫"到站起来、从站起来到富起来、从富起来到强起来的伟大飞跃。通过历史上抗日的民族英雄和现实中抗疫的人民英雄例证的前后呼应，反映了中国共产党人一脉相承、与时俱进的精神谱系，集中体现了百年来我们党始终坚守为人民谋幸福、为民族谋复兴的初心和使命。

3. 坚持理论和实际相结合

运用原著引证教学、案例教学和互动讨论教学等方法，坚持理论和实际相结合，由浅入深灌输理论知识。通过引用马克思主义经典作家著作的原文论述、习近平总书记的重要讲话等，做到以理服人。讲述杨靖宇牺牲故事、中医药发展、太空计划系列成就、三星堆考古新发现等，做到以事感人。深情分享支援武汉的优秀毕业生代表的抗疫事迹、用来自学生身边的榜样触动学生，做到以情动人。结合学生实际，设计互动问题，开展讨论，激励学生自觉增强中华民族伟大复兴的责任感与使命感。

中国共产党领导实现第一个百年奋斗目标的教学设计

巴昭军[*]

一、问题的提出

中国共产党是中国特色社会主义事业的领导核心，党的领导是中国特色社会主义最本质的特征和最大优势。从小康社会建设目标的提出，经历总体达到小康水平、全面建设小康社会到全面建成小康社会，是中国共产党领导"两个一百年"奋斗目标中第一个百年奋斗目标的庄严承诺和奋斗历程，标志着我们走过了社会主义现代化强国建设承上启下的重要阶段，顺应了我国经济社会新发展和广大人民群众的新期盼。这部分内容在"毛泽东思想和中国特色社会主义理论体系概论"中有着重要的教学地位，从频率上看共出现88次，是贯穿邓小平理论、"三个代表"重要思想、科学发展观、习近平新时代中国特色社会主义思想教学的重要线索，是讲好"四个全面"战略布局的重要内容，是深化学生对社会主义现代化强国建设战略理解的重要教学环节，非常适合开展专题式教学。

二、教材结构分析

本教学设计以"毛泽东思想和中国特色社会主义理论体系概论"课程为基础。

从小康社会目标提出到全面建成小康社会有关知识内容在教材中涉及较广，贯穿于邓小平理论、"三个代表"重要思想、科学发展观、习近平新时代中国特

---

* 巴昭军，广东工商职业技术大学马克思主义学院讲师，主要从事思想政治教育研究。

色社会主义思想之中。

（一）教材第五章"邓小平理论"

第二节"邓小平理论的基本问题和主要内容"第五部分"三步走"战略中，指出人民生活达到小康水平是第二步战略的重要内容。

（二）教材第六章"'三个代表'重要思想"

第一节"'三个代表'重要思想的形成"有关内容中，指出我们已经实现了现代化建设"三步走"战略前两步目标，进入了全面建设小康社会、加快推进社会主义现代化新的发展阶段。

在第二节"'三个代表'重要思想的核心观点和主要内容"中单列一目"全面建设小康社会"，阐述了全面建设小康社会提出的历史背景、奋斗目标、战略思考、重要意义等，并在后续内容中阐明"发展社会主义民主政治，建设社会主义政治文明，是全面建设小康社会的重要目标"。这一章较完整地论述了全面建设小康社会有关内容。

（三）教材第七章"科学发展观"

第一节"科学发展观的形成"有关内容中，指出总体达到小康水平是科学发展观形成的基本国情和新的阶段性特征之一，并明确指出"科学发展观是在新世纪新阶段全面建设小康社会进程中，在新的历史起点上推进中国特色社会主义事业过程中形成和发展起来的"。

在第二节"科学发展观的科学内涵和主要内容"中，指出科学发展观是"在全面建设小康社会进程中，认真研究和回答我国社会主义经济建设、政治建设、文化建设、社会建设、生态文明建设和党的建设面临的一系列重大问题"，"坚持可持续发展……是全面建设小康社会的必然要求。"

在第三节"科学发展观的历史地位"有关内容中，全面论述了科学发展观是"全面建设小康社会、加快推进社会主义现代化的根本指针"。

（四）"习近平新时代中国特色社会主义思想"教学章节

教材第八章"习近平新时代中国特色社会主义思想及其历史地位"第一节"习近平新时代中国特色社会主义思想创立的社会历史条件"中指出，"从实践主题看，新时代是决胜全面建成小康社会、进而全面建设社会主义现代化强国的时代。"

教材第九章"坚持和发展中国特色社会主义的总任务"第二节"建成社会主义现代化强国的战略安排"中，对全面建成小康社会目标的提出做了较全面的阐述，指出"在全面建成小康社会的基础上，提出全面建成社会主义现代化强国，是中国共产党对新时代中国特色社会主义发展做出的战略安排。"

教材第十一章"'四个全面'战略布局"第一节"全面建设社会主义现代化国家"中，详细论述了"从全面建成小康社会到全面建设社会主义现代化国家"这一内容。

至此，教材相关章节完整呈现了小康社会目标从提出到决胜全面建成小康社会取得决定性成就这一历史过程。将其作为专题化教学内容，在理论层面能够抓住主线，以点带面，呈现中国共产党领导第一个百年奋斗目标的光辉历程；在教学层面能够结合现实深入扩展，把社会主义现代化建设目标具体化，坚持理论和实践相统一，实现教材体系向教学体系的转化；在知识层面能够前后衔接，符合教育教学过程中学生的知识获取规律，变章节碎片化知识为体系化知识，呈现"四个全面"战略布局的内涵新变化。

三、教学设计的有关思考

（一）教学设计的目的

该教学设计的主要目的是完整呈现从小康社会目标提出、总体达到小康水平、经过全面建设小康社会承上启下的关键时期、决胜全面建成小康社会、向全面建设社会主义现代化国家转变的这一过程，让学生对"小康社会"有关知识形成整体的知识结构，深刻理解改革开放以来我国经济社会发展取得的重大成就，深刻感知中国共产党领导第一个百年奋斗目标的光辉历程，为开展"五位一体"总体布局、"四个全面"战略布局的教学工作打下良好基础。

（二）教学设计的主要立足点

1. 坚持以学生为中心。培养学生问题意识，在知识的组合中解决关键问题，① 发挥学生探究、研讨的主动性和积极性，增强学生对中国特色社会主义

---

① 张新刚. 高校思政课以"学生为中心，问题为导向"教学模式改革实践研究［J］. 教书育人，2021（21）：90—92.

道路艰辛探索的认知。

2. 坚持系统化、整体性原则。对原本分散的知识结构进行系统化组合，呈现"小康社会"有关知识提出、发展、决胜、实现的历史脉络，讲清楚克服了什么困难、形成了什么成果、产生了什么经验、取得了什么成就。①

3. 坚持思政课的教育性。要让学生深刻体会到全面建成小康社会是改革开放和社会主义现代化建设的重要内容，是中国共产党领导"两个一百年"奋斗目标的重要阶段，是实现第二个百年奋斗目标建设社会主义现代化强国的重要战略。

4. 情感共鸣。全面建成小康社会是中国共产党向人民、向历史做出的庄严承诺，是中国人民的共同期盼，是我国综合国力提升的重要标志，是全面深化改革取得的重大突破，是中国共产党推进民族复兴的重大决策，是适应我国发展实际做出的必然选择。

（三）教学实施的环节

1. 小康社会从提出到上升为国家战略

邓小平同志在 1979 年会见日本前首相大平正芳关于中国未来发展有关问题时提出了"小康"这个目标，后来，又在其他接见外宾的场合多次阐述他对于这一概念的理解以及对中国未来发展的规划。

1987 年 4 月，邓小平同志第一次提出了分"三步走"基本实现现代化的战略。同年 10 月，党的十三大把邓小平同志"三步走"的发展战略构想确定下来，明确提出：第一步，从 1981 年到 1990 年实现国民生产总值比 1980 年翻一番，解决人民的温饱问题；第二步，从 1991 年到 20 世纪末，使国民生产总值再翻一番，人民生活达到小康水平；第三步，到 21 世纪中叶，人均国民生产总值达到中等发达国家水平，人民生活比较富裕，基本实现现代化。

可以看出，从一提出，"小康"就是作为中国现代化建设战略的一部分。

2. 从小康社会目标的提出到全面建设小康社会

全面建设小康社会的奋斗目标，是立足于我国的基本国情提出的。到 20 世纪末，我们已经胜利实现了现代化建设"三步走"战略的第一步、第二步目标，

---

① 王鑫宏. 百年党史融入高校思政课教学的几个基本问题［J］. 河南科技学院学报，2021（10）：65—71.

人民生活总体上达到小康水平，但是，这个小康还是低水平的、不全面的、不平衡的，巩固和提高达到的小康水平，还需要进行长时期的艰苦奋斗。

江泽民同志提出21世纪头20年是全面建设小康社会的阶段，形成了"两个一百年"的奋斗目标。党的十五大报告初步勾画了实现第三步战略目标的蓝图：21世纪第一个十年实现国民生产总值比2000年翻一番，使人民的小康生活更加宽裕，形成比较完善的社会主义市场经济体制；再经过十年的努力，到建党一百年时，使国民经济更加发展，各项制度更加完善；到21世纪中叶新中国成立一百年时，基本实现现代化，建成富强民主文明的社会主义国家。十五届五中全会进一步提出，从新世纪开始，我国将进入全面建设小康社会、加快推进社会主义现代化的新的发展阶段。

全面建设小康社会，是实现现代化建设第三步战略目标必经的承上启下的发展阶段，也是完善社会主义市场经济体制和扩大对外开放的关键阶段。这是一个既体现时代精神，又具有中国特色，既实事求是、切实可行，又鼓舞人心、催人奋进的目标。这是一个能够充分体现社会主义制度优越性的目标。

胡锦涛同志立足我国经济社会发展实际，坚持科学发展，在全面建设小康社会进程中，认真研究和回答我国社会主义经济建设、政治建设、文化建设、社会建设、生态文明建设和党的建设面临的一系列重大问题，丰富和发展了中国特色社会主义理论体系。

党的十六大至党的十八大这十年间，以胡锦涛同志为总书记的党中央团结带领全党全国各族人民，高举中国特色社会主义伟大旗帜，坚持党的基本路线不动摇，深刻认识复杂多变的国际局势，准确把握我国发展的阶段性特征，紧紧抓住和用好我国发展的重要战略机遇期，不断深化改革开放、加快发展步伐，在前进道路上战胜一系列重大挑战，取得一系列新的历史性成就，为全面建成小康社会打下坚实基础，把中国特色社会主义推进到新的发展阶段。

3. 从全面建设小康社会到全面建成小康社会

随着改革开放的深入推进，人民生活实现了从温饱不足到小康富裕的伟大飞跃，我们比历史上任何时期都更接近、更有能力和信心实现中华民族伟大复兴的目标。明确坚持和发展中国特色社会主义的总任务，是实现社会主义现代化和中华民族伟大复兴，在全面建成小康社会的基础上，在21世纪中叶建成富强民主文明和谐美丽的社会主义现代化强国。

综合分析国际国内形势和我国发展条件，习近平总书记在党的十九大报告中指出，我们既要全面建成小康社会、实现第一个百年奋斗目标，又要乘势而上开启全面建设社会主义现代化国家新征程，向第二个百年奋斗目标进军。全面建设社会主义现代化的进程分两个阶段来安排。第一个阶段从 2020 年到 2035 年，在全面建成小康社会的基础上，再奋斗 15 年，基本实现社会主义现代化。第二个阶段从 2035 年到本世纪中叶，在基本实现现代化的基础上，再奋斗 15 年，把我国建成富强民主文明和谐美丽的社会主义现代化强国。这意味着我们党原来提出的"三步走"战略的第三步即基本实现现代化，将提前 15 年在 2035 年实现。

在全面建成小康社会的基础上，提出全面建成社会主义现代化强国，是中国共产党对新时代中国特色社会主义发展做出的战略安排。

全面建成小康社会是"两个一百年"奋斗目标的第一个百年奋斗目标，是党向人民、向历史做出的庄严承诺，是中国人民的共同期盼。党的十八大以来，以习近平同志为核心的党中央顺应我国经济社会新发展和广大人民群众新期盼，提出了全面建成小康社会新的目标要求，赋予了"小康"更高的标准、更丰富的内涵。全面建成小康社会，意味着经济高质量发展、人民生活水平和质量普遍提高、国民素质和社会文明程度显著提高、生态环境质量总体改善、各方面制度更加成熟更加定型。党的十九大报告提出，"从现在起到 2020 年，是全面建成小康社会决胜期"，在确保全面建成小康社会作为第一个百年奋斗目标如期实现基础上，"乘势而上开启全面建设社会主义现代化国家新征程，向第二个百年奋斗目标进军"，并提出了新时代"两步走"的战略安排。

全面建成小康社会，强调的不仅是"小康"，更重要、更难做到的是"全面"。"小康"讲的是发展水平，"全面"讲的是发展的平衡性、协调性、可持续性。全面小康，是"五位一体"全面进步的小康，要求经济、政治、文化、社会、生态文明建设全面推进。全面小康，是惠及全体人民的小康，全面小康的路上，一个都不能少。全面小康，是城乡区域共同发展的小康。农村特别是贫困地区，是全面小康最大的短板。打赢脱贫攻坚战，是全面建成小康社会的底线任务。

经过八年持续奋斗，到 2020 年底，现行标准下 9 899 万农村贫困人口全部脱贫，832 个贫困县全部摘帽，12.8 万个贫困村全部出列，区域性整体贫困得到解决，消除了绝对贫困，完成了全面建成小康社会最艰巨最繁重的任务，为实现全面建成小康社会目标任务做出了关键性贡献、打下了坚实基础。

脱贫攻坚取得了全面胜利，决胜全面建成小康社会取得决定性成就。党的十九届五中全会做出"全面建成小康社会胜利在望"的重要判断，将"全面建成小康社会"目标提升为"全面建设社会主义现代化国家"，确立全面建设社会主义现代化国家在"四个全面"战略布局中的引领地位。从"全面建成小康社会"到"全面建设社会主义现代化国家"，"四个全面"战略布局的内涵发生了新变化。

四、小结

从教学实践来看，这一专题设计有效地整合了"小康社会"有关知识结构，清晰地阐述了"小康社会"的发展脉络，有力地提高了学生的理解，强化了学生认同，展现了中国特色社会主义建设的伟大成就。

分享式教学在党史学习教育中的运用

刘政*

习近平总书记在庆祝中国共产党成立 100 周年大会上发表的重要讲话中指出："中国共产党为什么能，中国特色社会主义为什么好，归根到底是马克思主义行。过去一百年，中国共产党向人民、向历史交出了一份优异的答卷。现在，中国共产党团结带领中国人民又踏上了实现第二个百年奋斗目标新的赶考之路。中国共产党立志于中华民族千秋伟业，百年恰是风华正茂！回首过去，展望未来，有中国共产党的坚强领导，有全国各族人民的紧密团结，全面建成社会主义现代化强国的目标一定能够实现，中华民族伟大复兴的中国梦一定能够实现！"[1] 我们要深入学习并全面落实习近平总书记重要讲话精神，将党史学习教育有机地融入高校思想政治理论课（以下简称"思政课"）的教学工作中。这既是加强党的思想理论建设、坚持和发展中国特色社会主义建设的重要任务，又是广大青年学生了解百年党史、坚定理想信念、增强爱国主义、传承红色基因、弘扬民族精神、夯实使命担当的重要途径，更是新时代思政课肩负的重大使命。

高校思政课是对大学生进行思想政治教育的主阵地，是落实立德树人根本任务的主渠道。如何通过思政课提高学生学习党史的兴趣、掌握学习党史的方法、领悟学习党史的真谛，是本课程的关键和难点。思政课教师作为课程的主导，如何巧妙地将党史学习教育融入课堂更是重中之重。这部分的教学目标是

---

* 刘政，清远职业技术学院思想政治理论课教学部教师，哲学博士，主要从事思想政治教育研究。

[1] 习近平. 在庆祝中国共产党成立 100 周年大会上的讲话 [J]. 求是，2021 (14)。

要让学生发自内心地爱上思政课中的党史学习，这意味着他们不仅愿意上、愿意听，还要愿意讲。只有从根本上提高学习兴趣，增强学习效果和提升学习能力，才能更好地实现自我提升、自我发展和自我觉悟。

本文通过笔者在直销企业的工作经验和高校思政课教学经验相结合，以组织一堂有效的党史分享课为例，浅谈分享式教学在党史学习教育融入高校思政课的运用及看法。党史是我们的必修内容，思政课教师做好这门功课的教授和引导，让学生想学、学会和会学。党史共学习，旗帜共统一，思想共进步，使命共担当，让我们在实现第二个百年奋斗目标的新征程上，分享好中国共产党的故事，分享好新时代中国特色社会主义的历史成就，分享好全面建成社会主义现代化强国的目标，分享好中华民族伟大复兴的中国梦！

一、分享式教学的内涵与特点

"分享"，即是和别人分着享受。"分享式教学"是学生在与他人的交往过程中分享智慧、分享学习过程中的思考和经验，实现共同成长、享受认同与尊重的愉悦过程。这里的关注点在于学生是否产生了新的观念，是否与别人分享自己的思考，而不仅仅在于思考的对错。① 教师本身是分享者，通过展示和指导，培养学生学会使用"分享"的方法和掌握"分享"的技巧，成为分享者。顾名思义，这就需要师生面对面学习、交流、互动，分享彼此的问题、观点、情感、知识和经验，从而激励学生、建立信任、达成共识，实现共同进步、共同成长、共同发展。

"分享式教学"的基本特征：实践性、民主性、自主性和发展性。② 其中最为显著的是实践性，是以学生为主体、课堂分享活动为主线的实践教学过程。学生通过课前准备、课中展示、交流、讨论，教师鼓励学生不断分享，使之由被动学习转为主动学习的学习方式。重点是人人参与，积极讨论和交流，实现知识、经验、智慧共享。

通过开展"分享式教学"，一方面能让党史学习教育与高校思政课教学有机

---

① 杨强．任景业．寻找适合人的天性的教育方式——关于分享式教学的回答［J］．辽宁教育，2013（09）：33—37.

② 薛忠惠．分享式教学的内涵特征及实施策略［J］．辽宁教育，2015（08）：12—15.

结合起来，提高学生的学习效率和教师的教学效率；另一方面，这种教学方式的作用得以充分发挥，反过来也能大力推动党史学习教育在高校思政课教学中的高质量发展。

二、"分享式教学"在党史学习教育中的实施

首先要明确的是，"分享式教学"实施的主体是学生，课堂上以学生讲为主，教师补充为辅。学生按意愿分组（每组 4~6 人），组员自行分工合作，课前做好如何讲好这堂党史分享课的准备工作。教师则要做好课前指导，而课中只做补充，最后课后评价，重点要关注学生课前的有效自学、课中的交流分享、课后的感受反馈和小组学习的有效管理。

组织一堂有效的党史分享课，不单指教师给学生展示或讲解一堂党史学习教育案例，而是教师通过"分享式教学"的模式建立 N 支协作良好的团队，培养学生的主体意识、团队合作意识、知识共享意识，让学生想学、学会和会学。

其次明确的是主题，是围绕党史学习教育开展的一系列课堂活动。思政课教师要明确党史学习教育的目的、作用和意义，反对历史虚无主义，树立正确的党史观；要充分利用好红色资源，发挥好红色文化，阐释好红色故事。在符合主题方向的前提下，学生展示的形式自拟，可以是角色扮演、朗诵、歌唱、知识竞答等等，这里鼓励学生充分发挥各自的想象力和创新能力。

在美国学者埃德加·戴尔（Edgar Dale）1946 年提出的"学习金字塔"（Cone of Learning）理论中，学生将自己学习的知识分享和教授给他人，这种学习方式的学习内容平均留存率高达 90%。由该理论可见，要提高学生的学习效率与教学的实效性，我们要让学生进行主动学习，参与交流和分享。

古代教育中，先贤们早早地注重启发。在西方，有苏格拉底的"产婆术"。这是一个师问生答、多问多答的过程。教师把教育理论寓于一环扣一环的问题中，交由学生去讨论并辩论，最终逐步得出正确答案。实际上，先于苏格拉底，我们的孔子主张"不愤不启，不悱不发"，也是强调对学生进行启发前必须让其先对问题进行思考，然后在其有所体会或者苦思冥想止步瓶颈时给予适时的引导，帮助打开思路。

基于"分享式教学"的基本操作单元"问题——思考——分享"，党史分享课的流程分为"导入、展示、分享、总结"四个环节。

1. 导入

选择好的导入。一般安排在一堂课的开始，明确教学的目标，吸引学生的注意力，让其产生兴趣、疑问，调动学生参与课堂活动的积极性。学生需要在课前对课程主题进行自主学习，利用周围的现有"教材"，例如校刊推文、报刊时政、微信公众号、朋友圈、抖音等等，并结合国际国内热点新闻事件或者个人兴趣爱好，通过视频播放、互动游戏、角色扮演等形式，制定好教学的导入。

本专题讲授，要分享的是"农民运动大王——彭湃"，选择的导入视频是电视连续剧《彭湃》第17集中彭湃烧毁田契的片段。

2. 展示

根据导入所引导的方向，开始学习本堂课的内容和中心思想。这个环节的关键在于问题的设计，着重提倡非指令性的方式。比如："理解的助产士"——一个人可以帮助另外一个人去理解，却不能强迫他去理解——就好像助产士一样，她虽然可以帮人接生，却不能自己替别人生孩子。同样，在进行分享的过程中，学生也应该被看成"能力培养的助产士"，而不是只知道说教的教师。关键的提问要比平白的指示更为有效。① 好的问题，帮助学生进入学习和思考状态，通过有效的提问启发他人学习而不是一味地填鸭式灌输，让学生意识到自己才是学习的主体，而教师只是引导者和促进者。这里我们按照提问的针对性和目标性分为三步走：

第一步，先从最直观的问题开始。

问题：你看到什么？听到什么？想到什么？

例：刚才的视频让你感兴趣的是哪段？

看了刚才视频你想到什么？

有谁知道这个故事？

第二步，向中心思想靠拢，把答案变成问题。

问题：他是谁？他在干什么？他为什么这么干？

例：你知道的彭湃是怎样的？他有哪些经历？

彭湃为什么要火烧田契？他的目的是什么？

他还有哪些事迹？

---

① ［英］马克斯·兰茨伯格. 哈佛分享课［M］. 卞学光等译. 北京：红旗出版社，2017：9.

他为什么被称为"农民运动大王"？

他为农民解决了什么问题？

他牺牲时年仅 33 岁，他为什么选择这样的一生？

第三步，设计有趣的问题互动，引出反馈。

设计与主题相关的互动，比如看图猜谜、你说我猜等活动，为接下来要展开的深层次的讨论和交流提前热身，让学生处在放松的、愉悦的、有意愿的状态，使分享更有效。这么做也能解决传统教学中学生对提问与发言的不主动、不情愿、不敢说等问题。

问题：猜猜这个故事的背景？猜猜这个地方的美食？

例：彭湃家是汕尾市海丰县，有谁知道这里的美食吗？大家看看这些美食图片，你知道名字吗？

大家想不想看一看彭湃的故居是什么样的？（可以插播相关视频）

在这个世界上有两个红场，你知道是哪两个吗？

俄国的十月革命，建立了苏维埃政权，给中国送来了马克思列宁主义，那中国第一个苏维埃政权的诞生地是哪里？

彭湃建立的是中国第一个苏维埃政权，那一共有几个？

他这么干，他的家人支持他吗？

他的家人你知道谁？为什么继承了他的革命衣钵？

通过一系列的问题，学生开始思考、回答、交流与分享，学生从中自己学习了这个党史故事，并从中得到反馈。我们只有听了才会有判断、补充和疑问，也只有说了才能学会。通过"问题——思考——分享"的不断循环，我们也就会学了。

3. 分享

由问题的提出，让学生进行独立思考和小组讨论，并让学生交流和分享自己的看法，感受不同角度、不同视野、不同思维引发的观点之间的碰撞。

个人分享：个人对问题的回答；

问题：那关于彭湃，你怎么看，他的事迹，你怎样想？

例：彭湃是不是一个"富二代"，为什么这个"富二代"要选择加入中国共产党，投身于革命？

小组分享：即讨论的结果，也可以是小组之间的分享中的分享。

问题：关于彭湃哪些人跟他有关系？哪些人跟他很相似？

例：我们小组认为小组 A 说得好，把彭湃说是一个房地产大亨，烧毁的那些田契在今天价值不菲，今天的很多知名企业家也对社会做出了巨大贡献，都是为了实现中华民族伟大复兴的中国梦，是值得我们尊敬和学习的榜样。

他人分享：这里指除本班级外的学生和老师。

问题：还有没有更多关于他的故事？

例：我是 XX 班级的 XX 专业的学生，我认为小组 B 分享得好，彭湃是个了不起的农民运动革命家，他的儿子彭士禄也很了不起，是"中国核潜艇之父"。

教师多鼓励学生积极参与分享，拓展主题内容，并在分享中得到他人的认同和建议，获得自信心、成就感，从而激励新一轮的"问题——思考——分享"，一节课就是由若干个"问题——思考——分享"的单元组合而成。

4. 总结

做好对本节课分享的梳理，阐释完整的中心思想、理论知识点。因为是党史学习教育，所以一定要总结好"学什么""为什么学""怎么学"。学生在最后的总结过程中，教师要认真听，给予及时的补充并对重要的理论知识点加以强调。

问题：通过对彭湃革命精神的学习，你学到什么了？

例："大浪汹涛卷海丰，农民运动树先锋。心潮血涌听彭湃，国际歌声世界同。"

被毛泽东称为"农民运动大王"的彭湃是中国农民运动的开拓者、理论家和资深的实践家。他领导建立了中国第一个苏维埃政权——海陆丰苏维埃政权，是东江革命根据地的创建者。他撰写了我党历史上第一部关于农民运动的著作《海丰农民运动报告》。他是 100 位为新中国成立做出突出贡献的英雄模范人物之一，牺牲时年仅 33 岁。我们今天的幸福生活是无数革命先烈用自己的鲜血换来的，我们要"不忘初心，牢记使命"。历史是最好的教科书，我们要学史明理、学史增信、学史崇德、学史力行，为实现中华民族伟大复兴而奋斗。

最后教师对整个过程进行反思，根据课前的指导、课中的表现、课后的反应以及各小组的管理进行具体分析、总结。

三、"分享式教学"在党史学习教育中的思路创新

"分享"是直销事业成功的要诀。在直销系统中有一个广为应用并具有极高的成功率的经营法则——"ABC 法则"（A，Advisor，顾问、专家；B，Bridge，桥梁；C，Customer，客户），它被誉为直销界的黄金法则。这里面牵涉到一个至关重要的环节——邀约，它直接影响最终目的：成交（达成交易）。

假设我们大胆地把"邀约"运用到党史学习教育的"分享式教学"环节当中，那么，学生就是要在开课前主动邀请其他班级的学生来参加这次的党史分享课，当然，必须确保被邀请的同学在这个时间是空闲的。同时教师也可以邀请同专业或不同专业的老师来参加这次的党史分享课，也就是动员身边的人一起参加党史分享课。

在平时教学中，偶尔也会有其他班级学生来旁听自己课表外的思政课。当他们很有礼貌地向我提出"蹭课"请求时，我不仅答应而且还让他参与到课堂活动当中。我们的思政课是公共必修课，党史更是每个人都应该学的。大学里学生有很多自由的时间，也都有自己喜欢的老师，我们的课堂大门也是开放的。

同时在高校教学工作中，作为教师要开公开课，督导也要来巡课、听课。教师更应该主动去邀请其他教师来参与，丰富"分享"中"分享"，激发新的"问题——思考——分享"，进一步打开学生的思维和视野。

每堂课中除了可能有来自不同班级、年级、专业的学生，还可能有各个学科的老师。这让课堂充满新鲜感，增加课堂活跃度，进一步激发学生的学习兴趣。当然我们也会面临各种挑战，譬如不确定能被邀请到场的学生和老师的数量，或者如果来的人数过多，课室的容量能否满足等问题。因此，我们可以根据实际情况制定一个邀约方案，确定好党史分享课的时间后，使用邀约登记表，设定报名的开始日期和截止日期。并且，在党史分享课前提前做好统计以及准备相关的事宜，如课室的申请；预先制定突发情况应对方案，如小课室坐不下就换大课室，大课室坐不下就分两节课，两节课上不完就分两天上，总之，方法永远比问题多得多。

四、"分享式教学"在党史学习教育中的作用

1. 通过"分享式教学"改变高校思政课党史学习教育的现状。我们要针对课堂教学的实际问题，如课堂的时间受限、教师的精力有限、高校学生的能力局限，以及学生对于党史学习的不愿意、不主动、不感冒的心态等，努力改变学史难、学史乏、学史弱的现象。教师通过示范、指导和培训，培养学生的思维能力、团队合作能力、知识共享意识，让学生能够自发、自主并且高效地学习。

2. 通过"分享式教学"发挥高校思政课党史学习教育的重要作用。学生在"分享"中获得认同、尊重和成就感，尝到学习带来的满足和愉悦，不但有利于学生坚定理想信念，激发信仰，同时有利于学生增强爱国主义，凝聚力量，而且有利于学生树立正确史观，憧憬未来，夯实使命。

3. 通过"分享式教学"形成高校思政课党史学习教育的学习模式。以历史为指引，以实践为基础；领会党史学习教育的"重要性"，发掘党史学习教育的"趣味性"，领悟党史学习教育的"真理性"；让党史学习教育有效地进课堂、进宿舍、进社团、进头脑，形成党史学习教育的良性循环。

第三章
多元资源融入思政课教学

▼

▼

基于课程思政理念的新时代劳动教育课程构建

林瑞青　钟桂莹*

《关于全面加强新时代大中小学劳动教育的意见》明确指出，要把劳动教育纳入人才培养的全过程，贯穿于大中小学各个学段，强调全面构建体现时代特征的劳动教育体系。① 国家接连出台有关政策后，社会各界积极响应开展劳动教育实践与研究，总结出了诸多推进劳动教育的宝贵经验，同时，也认识到推动劳动教育需破除一些发展瓶颈，其中，劳动教育课程体系不够完善是限制劳动教育发展的重要因素。因此，如何构建新时代劳动教育课程体系亟须引起关注并加以纾解。思想政治理论课是落实立德树人根本任务的关键课程，与劳动教育共同面担负着培养时代新人的教育使命。近几年，"课程思政"与"思政课程"协同育人的模式发展趋势向好，已取得一定成效，"课程思政"的理论研究与实践探索经验，对系统化推进劳动教育课程育人颇具借鉴意义。

一、以课程思政构建劳动教育课程目标

（一）课程思政是实现协同育人的重要路径

"课程思政"是一种将思想政治教育有机融到课程教学的各个环节和不同方面，构建全员、全程、全课程育人格局的新时代教育理念，是实现思想政治教育与各类课程教学协同育人的重要路径。习近平总书记在全国高校思想政治工

---

* 林瑞青，佛山科学技术学院马克思主义学院教授，主要从事思想政治教育研究；钟桂莹，佛山科学技术学院马克思主义学院教育硕士学科教学（思政）研究生，主要从事中学生思想政治教育研究。

① 中共中央国务院关于全面加强新时代大中小学劳动教育的意见［Z］. 2020-3-20.

作会议上着重提出："其他各门课都要守好一段渠、种好责任田，使各类课程与思想政治理论课同向同行，形成协同效应。"①"课程思政"的教育理念源自高校思想政治教育课程改革的创造性探索，近年来，相关理论研究和实践探索已逐步从高校延展到中小学，该领域相关研究成果与经验较为丰硕，为探索劳动教育课程与其他学科课程的协同劳育提供了有益借鉴。

（二）学校课程是实施劳动教育的主要载体

学校是劳动教育的首要阵地，课程是劳动教育的主要承载体。学校只有从课程体系角度规范构建劳动教育落实的途径，才可以促使劳动教育规范化、序列化、日常化。② 劳动教育课程化是系统构建新时代劳动教育体系的内在要求，也是实现其常态化发展的关键路径。国家明确提出大中小学要设立劳动教育必修课程后，全国各地积极开展劳动教育实践，但在实际开展劳动教育的过程中，由于受到各种现实因素的影响，劳动教育课程的设置仍有较大的完善空间，不少学校的劳动教育课程浅尝辄止甚或形同虚设，实施效果差强人意。面对条件局限的情况，应以课程建设为总抓手，完善劳动教育课程顶层设计的同时，将劳动教育贯穿于所有课程之中，把学科课程作为渗透劳育的重要路径。

（三）课程思政与劳动教育课程的目标融合

课程思政的目标是德智体美劳五育并举，促进人的全面发展，强调将价值观引导、知识传授、能力培养三者融合，引导学生形成正确的世界观、人生观、价值观。劳动教育的总体目标分为三个维度：在思想认识维度上，要帮助学生理解和形成马克思主义科学劳动观，牢固树立正确的劳动观念；在情感态度维度上，要引导学生体会劳动价值，培育劳动精神；在能力习惯维度上，要培养学生具备基本劳动能力，形成良好的劳动习惯。课程思政与劳动教育的目标都具有鲜明的思想性，以培养德智体美劳全面发展的社会主义建设者和接班人为根本追求，二者在目标上存在契合之处。以课程思政的育人理念构建新时代劳动教育体系，有利于拓宽劳动教育的实施路径，推进劳动教育课程化，打造课

---

① 习近平在全国高校思想政治工作会议上强调：把思想政治工作贯穿教育教学全过程开创我国高等教育事业发展新局面 [N]. 人民日报，2016-12-09 (1).

② 浙江省教育厅教研室劳动教育调研组，方凌雁，张丰，等. 劳动教育的现状、问题和建议——浙江省中小学劳动教育调研报告 [J]. 浙江教学研究，2020 (3)：3—7.

程劳育新样态，同时劳动教育能够拓宽课程思政的实践路径，增强思想政治教育的实践性和吸引力，劳动教育与思政教育的融合发展对落实立德树人任务具有重要意义。

二、以思政元素丰富劳动教育课程内容

（一）强化劳动教育课程的思政属性

劳动教育课程是思政教育的应有之义，开展劳动教育应正确把握其思政属性。坚持弘扬爱国主义，坚持劳动教育的教育性和社会性是劳动教育课程思政属性的突出体现，也是落实立德树人的内在要求。

一是坚持弘扬爱国主义主旋律。劳动教育课程应厚植爱国主义情怀，坚持社会主义核心价值观，培养热爱祖国热爱劳动的社会主义接班人。通过学习劳模精神、劳动精神、工匠精神，让学生明白祖国的发展是每个劳动者拼搏和奋斗的结果，爱祖国与爱劳动是不可分割的，要以劳动热情涵养爱国情怀，秉持爱岗敬业、乐于奉献的精神，以劳动实践谱写爱国篇章。

二是坚持劳动教育的教育性。劳动教育既包含"劳动"又重在"教育"，强调劳动知识与技能的习得与劳动价值观教育相结合。劳动教育的主要内容包括日常生活劳动、生产劳动和服务性劳动中的知识、技能与价值观。[1] 开展劳动教育，不能只重视劳动理论知识的学习和劳动技能的掌握，更重要的是时刻将人生观、价值观、世界观的培养贯穿于劳动课程中，要加强培养正确的劳动价值观，实现劳动育人。

三是坚持劳动教育的社会性。社会性是思政教育的重要特性，主要表现为其过程与社会系统相互关联。劳动教育同样需要社会系统的密切配合，社会性是劳动教育的内在属性，劳动教育以社会为实践平台，引导学生走向社会、适应社会。社会性的特征要求在开展劳动教育活动时，考虑社会资源的开发与利用，鼓励家长、社会企业单位等主体参与到劳动教育中，形成家庭、学校、社会同心并力的协同育人格局。同时，劳动教育和思政教育都是促使个体理解社会、参与社会的社会化过程，强调劳动教育的社会性价值，促进个体社会性

---

[1] 大中小学劳动教育指导纲要（试行）［EB/OL］.（2020-07-15）［2020-08-19］. http：//www. moe. gov. cn/srcsite/A26/jcj_ kcjcgh/202007/t20200715_ 472808. html.

发展。

（二）挖掘劳动教育课程的思政元素

劳动教育课程蕴含丰富的思政教育元素，以劳动教育课程为载体有机融入思政教育，一方面可以增强思想政治教育的实效性，拓宽思政教育渠道，一方面又可以保证劳动教育落实落细，起到双重育人效果。

首先，要以马克思主义劳动观为指导。劳动教育课程首先要坚持以马克思主义劳动观为指导，强化劳动的价值认同。"劳动是整个人类生活的第一个基本条件，而且达到这样的程度，以致我们在某种意义上不得不说：劳动创造了人本身。"① 马克思关于劳动的观点指出：劳动创造了世界，劳动创造了历史，劳动还创造了人类自身。劳动教育课程应当引导学生正确理解劳动是人类发展和社会进步的根本动力，认真学习领会马克思主义劳动观的含义，感悟劳动创造人本身、价值、财富、美好生活的深刻道理，让学生在践行劳动中领会实践与奋斗的真谛，遏制与纠正一切不劳而获、好逸恶劳、追求暴富的错误思想。

其次，要深刻阐释劳动精神重要内涵。随着时代的发展，劳动精神的内涵不断得到丰富，这些宝贵的精神财富既是思政教育的鲜活素材，也是劳动教育实现育人铸魂的思想支撑，劳动教育课程需深刻阐释劳动精神、劳模精神、工匠精神的重要内涵，凸显立德树人的育人理念。劳动精神、劳模精神、工匠精神从不是抽象空洞的存在，而是具体的、实在的，要善于挖掘学生身边的素材，使劳动教育更"接地气"，例如让各行各业的劳动先锋模范走进劳动教育课堂、走近学生，有助于学生真正领会并认同其精神内涵，从中汲取强大的精神力量。

最后，新时代劳动教育要与时俱进。劳动教育课程要紧跟国家时事政策、社会热点事件，挖掘社会重大事件中典型劳动者的事迹，阐释好"劳动精神"的时代价值，使学生正确理解劳动的新意蕴。例如，在全球抗击新冠肺炎疫情之际，为保障人民的日常生活，无数各行各业的劳动者坚守在工作岗位上，用点滴力量构筑起阻击疫情的坚固防线。讲好抗疫劳动者的故事，是劳动教育与思政教育同频共振的重要表现。除此之外，劳动教育实践要特别关注当代劳动形态的最新发展，要适应科技发展和产业变革，针对劳动新形态，注重新兴技

---

① 马克思恩格斯选集：第三卷［M］.北京：人民出版社，2012：508.

术支撑和社会服务新变化。① 如疫情期间居家学习，各级学校积极推进"抗击疫情"时期的特殊思政课建设，抓住时机开展家庭劳动教育实践，组织学生通过影像、图片、文字等方式记录在家的劳动过程。

（三）坚持劳动教育课程的思政原则

思想政治教育的过程遵循科学性和思想性、层次性和针对性、理论性和实践性有机统一的规律，此规律同样适用于劳动教育课程的设计和实施。构建劳动教育课程体系应当以思想政治教育为引领，规范课程设置标准，明确劳动教育课程实施中应当遵循的原则，在遵循思想政治教育客观规律的基础上科学有序地开展劳动教育。

坚持科学性和思想性相结合的原则。劳动教育的课程内容强调理论知识的科学性，促使学生掌握通用劳动科学知识，深刻理解马克思主义劳动观和社会主义劳动关系。同时，重视寓价值观引导于知识传授之中，以正确的价值观引领学生树立正确劳动观念，传播崇尚劳动、尊重劳动者的思想意识。

坚持层次性和针对性相结合的原则。一方面，劳动教育课程设计应体现层次性，面对不同类型、不同学段的学生，应根据学生身心发展规律和具体学情设置不同的侧重点。另一方面，劳动教育课程要具备鲜明的针对性，面对性别、年龄、家庭背景、成长经历等都各不相同的学生，应综合考虑各种因素，灵活选择恰当的教学方法，因材施教。

坚持理论性与实践性相结合的原则。劳动教育课程关注理论知识对具体实践的指导，但绝不是一味地灌输理论，实践性是劳动教育的鲜明特征，要求劳动教育课程不能仅局限于教材，要走出课室开展综合实践，让学生在具体实践中获得积极的劳动体验，加深对劳动的理解，通过身体力行感受劳动和劳动者的不易，提高学生参与劳动的能力水平，将理论与实践统一于整个劳动教育过程。

三、以思政课程引领劳动教育课程实施
（一）充分挖掘思政课程中的劳动教育素材

《大中小学劳动教育指导纲要（试行）》（以下简称《纲要》）强调要在各

① 檀传宝. 加强劳动教育一定要贯彻与时俱进的原则［J］. 人民教育，2020（8）：13—14.

学科专业课程中有机渗透劳动教育。思政课作为一门思想性和综合性较强的课程，在全课程劳动育人中发挥着重要引领作用。应重视思政课程中关于马克思主义劳动观的原理阐释，关注有关勤劳、节俭、艰苦奋斗等中华民族优良传统的内容，挖掘时事热点中的典型事件和代表人物体现的劳动精神，充分利用思政教材中蕴含的劳动教育内容，如：高中思想政治课程统编版必修4《哲学与文化》第二单元第六课"价值的创造和实现"这一框题中有关"弘扬劳动精神，实现人生价值"的内容，阐述了劳动与人生价值实现的关系以及劳动的价值意蕴，教师在授课过程中首先要解释好"劳动是人的存在方式"的科学原理，再结合经典人物事迹引导学生理解"劳动创造价值""劳动创造美好生活"。

（二）融合劳动教育丰富思政课程教学形式

促进劳动教育与思想教育的有机融合，是推动思政课程改革的有益尝试，把劳动教育融入思政课堂中，打开了思政小课堂与社会大课堂相融合的新思路，既能增强思政课的亲和力和磁吸力，又能实现劳动教育的学科渗透。通过职业体验、角色扮演、社会调查等形式有重点地在思政课中组织劳动实践活动，将先进的劳动观念、正确的劳动态度和高尚的劳动品质寓于多样化的活动之中，以学生的亲身实践深化对劳动实践的体会，促进学生劳动素养在知情意行各个维度上的提升。如开展职业体验活动，让学生亲身接触和体验不同职业的工作，能够进一步加深对职业的认知和理解，对未来的职业选择起到一定的指导作用，同时也可以使学生从中感受劳动的魅力和劳动者的光荣与伟大。

（三）增强思政教师劳动育人的意识与能力

培养一支爱劳动、爱劳动教育、具备劳动教育专业知识和专业技能的教师队伍是实施劳动教育的核心支撑。① 在我国，劳动教育专任教师匮乏，学校劳动教育课程的实施缺乏专业化指导与系统化管理，导致劳动教育课程实效性难以落实。思政教师作为教学德育的主力军，应是以劳育德的引领者。思政教师在提高自身综合素养的基础上，要自觉增强劳动育人的主动性和积极性，提高在思政教学中渗透劳动教育的意识以及组织开展劳动教育实践的能力，善于抓住思政课中的劳动教育契机，如高中思想政治课程统编版选择性必修2《法律与

---

① 范涌峰. 新时代劳动教育课程的现实样态与逻辑路向［J］. 教育发展研究，2020（24）：28—35.

生活》第三单元的第七课"做个明白的劳动者",教师在讲授依法维护劳动者权益相关知识的同时,要注意引导学生树立职业平等观,自觉遵守劳动纪律与职业道德,关注学生劳动素养的生成。

四、以立德树人评价劳动教育课程实效

评价体系是开展劳动教育的"指挥棒",是坚持"五育并举"、落实立德树人根本任务的必然要求。构建科学合理的劳动教育课程评价体系,凸显评价的综合性、动态性、激励性、开放性,需要适度运用新时代劳动教育课程的评价方式,合理把握新时代劳动教育课程评价的内容,坚守课程评价的育人导向,发挥其反馈改进的重要功能。

(一)突出评价内容的综合性

劳动实践的形式多样性要求劳动教育课程评价内容需具备综合性。当前不少学校在评价劳动教育课程效果时单一地测评劳动知识的书面认识,如只学习与考试有关的涉及劳动的知识,抑或一味关注劳动技能的熟练程度,将劳动教育异化为体力劳动,造成劳动教育课程评价在内容指向上存在偏颇,影响劳动教育综合育人的实效。劳动教育课程评价应从多个维度展开,以劳动教育目标、内容要求为依据,可以从理论认知、情感态度、技能发展三个维度出发构建一个系统全面的评价体系,综合考量学生对劳动理论知识的理解、劳动价值观念的行为表现以及基本劳动技能的养成,形成对学生劳动素养水平的整体认识,促使学生综合完善劳动认知、增进劳动情感、养成劳动习惯、提高劳动能力、弘扬劳动精神。

(二)强调评价过程的动态性

劳动教育的与时俱进与学生个体的发展变化要求劳动教育课程评价过程具有动态性,应根据实践的具体情况与学生发展的现实要求灵活选择评价方式。目前,多数学校以定期评选"劳动之星""劳动标兵"等方式进行静态化的劳动教育评价,将参与劳动的频率、劳动技能动作的标准度等作为劳动教育课程的评价量化标准,这样的评价方式看似客观,实际上无法了解学生实际劳动的过程。因此,要强调动态性评价,如通过开展劳动成果展、设置劳动教育实践记录等形式进行评价。同时,还要注重与时俱进改进评价方式,《纲要》强调,

要利用大数据、云平台、物联网等现代技术，改进评价方式手段。① 通过发挥现代技术的优势，对学生劳动过程中的信息展开系统分析，生成定量分析结果与定性描述评价，促进评价更加高效更加科学，实现对劳动教育课程的动态监督。

（三）增强评价结果的激励性

劳动教育课程评价与其他课程评价的明显区别在于评价功能的侧重点不同，甄选不再是其评价的重点，而促进学生发展则是重中之重。树立学生劳动创造的自信心，是促使学生积极参与劳动、发展劳动能力的重要因素，因此劳动教育课程的评价结果尤为强调其激励性。激励性评价能够激发学生参与劳动教育实践的内在需求和动力，促使其养成自觉主动地参与劳动的良好行为习惯。在劳动教育课程中要适当给予学生激励性的口头表扬和鼓励，认可学生的劳动成果，使他们从中获得劳动的满足感、成就感以及荣誉感，有助于增强学生参与劳动的主体意识，更加热情地投入到劳动教育课程中，发挥其主观能动性在劳动实践中培养创新能力，提高创造性劳动能力。同时也要在劳动教育过程中给予学生耐心指导，对学生劳动结果提出有效建议，激励学生继续完善与发展。

（四）注重评价体系的开放性

劳动教育的社会性，要求劳动教育课程评价对多元主体开放，学生个人、同伴、教师、家长、社会企业单位等都是评价主体，共同参与劳动教育的课程评价。强调以学生发展为导向，重视学生的自我评价，如通过学生撰写劳动日志、心得体会等强化学生对劳动实践进行总结感悟。在此基础上，要辅之以他人评价为给学生提供适当的改进意，如教师指导、小组互评、家长意见等促进学生不断反思并加以改进。此外，还要根据评价主体对学生的了解程度，合理设计不同评价主体的评价指标，有针对性地制定适合各主体实施操作的评价细则。综合不同评价主体的反馈情况，客观系统地反映学生校内外劳动实践情况，观察学生劳动素养发展状况，科学全面地评价劳动教育课程的育人实效。

---

① 《大中小学劳动教育指导纲要（试行）》［EB/OL］.（2020-07-15）［2020-08-19］. http：//www. moe. gov. cn/srcsite/A26/jcj_ kcjcgh/202007/t20200715_ 472808. html.

《习近平总书记教育重要论述讲义》
融入课程思政的策略[*]

蒙裕[**]

习近平总书记关于教育的重要论述是习近平新时代中国特色社会主义思想的重要组成部分，是马克思主义教育理论中国化的最新成果，是新时代建设教育强国的根本指针，是探索中国特色社会主义伟大实践的重要举措。在全国高校思想政治工作会议、全国教育大会、学校思想政治理论课教师座谈会上，习近平总书记明确强调全国高校思想政治工作要继续推动全员、全程、全方位育人的"大思政"格局的形成，强化课程思政建设，确保各类课程与思想政治理论课同向同行，形成协同效应，全面提升中国特色社会主义高校的育人成效。对此，有必要科学分析当前高校在推进课程思政工作中存在的困难，探索将学好用好《习近平总书记教育重要论述讲义》（下称《讲义》），与高校课程思政相结合并保障高校课程思政有效推进的价值意义与策略方法。

一、厘清《讲义》与课程思政建设的关系

（一）《讲义》的内容概述及价值分析

《讲义》的内容丰富，涵盖教育的方方面面，阐明了新时代教育强国的建设

---

* 基金项目：2020 年度广东省普通高校创新团队项目（人文社科）"本科层次职业教育研究创新团队"（2020WCXTD026），主持人：和飞；2020 年度广东工商职业技术大学党建课题"《习近平总书记教育重要论述讲义》对高校思政课教学工作的价值研究"（2020LX009），主持人：蒙裕。

** 蒙裕，广东工商职业技术学院马克思主义学院讲师，软件工程硕士，特聘副研究员，形势与政策教研室主任，研究方向为思想政治教育。

要求，详细论述了习近平总书记教育重要论述的时代价值和核心要义。《讲义》通过"九个坚持"深刻论述了习近平总书记关于教育的重要指示，包括坚持党对教育事业的全面领导、坚持把立德树人作为根本任务、坚持优先发展教育事业等九大方面，有效回答了"如何培养人""为谁培养人"和"培养什么样的人"这三个教育的根本问题。①《讲义》所体现的价值有两方面，一是运用和贯彻马克思主义的立场观点方法，对习近平总书记关于教育的重要论述进行系统深入阐释，使习近平新时代中国特色社会主义思想深入教育系统，并有效转化成为武装教育系统广大干部师生的思想动力，激发教育者守好教育，推动被教育者遵守教育；二是《讲义》在很大程度上为全社会提供了一个学习和了解习近平总书记关于教育重要论述的重要契机和重要平台，为加快推进教育现代化、建设教育强国、办好人民满意的教育提供了重要的行动指南。

（二）高校课程思政的价值分析

高校课程思政，是探索将思想政治教育学科引入其他课程的创新实践。从内容上看，首先，课程思政是一种课程观，完全区别于一个纯粹的实体概念，需要对"显性思政"与"隐性思政"两者关系准确分辨的基础上加以理解，它的教育目并非专业课程和思政课程的简单相加，也不是作为独立个体与思政课程的并行施教；其次，课程思政经历了由"是什么"到"怎么做"，再到"做到怎么样"的变化发展过程，它科学合理地将高校思想政治教育元素融入课程教学和改革的各环节、各方面，实现"立德树人"润物无声。从价值上看，课程思政的目的在于把思想政治工作贯穿教育教学全过程，实现全程育人和全方位育人。其操作程序如下：一是对专业知识、技能进行深入的分析和理解，总结专业科学体系形成的过程和专业科学方法的建立；二是挖掘专业课程的教育价值，帮助学生建立正确的价值取向、科学观和世界观，彻底解决高校思想政治教育工作与其他课程之间长期存在的"两张皮"现象；三是丰富课程思政的实践内涵，充分掌握相关课程的思想政治教育资源，深挖课程当中所蕴含的思政元素，做到有效发挥课程的思想政治教育功能。2020 年，教育部在《高等学校课程思政建设指导纲要》中明确指出："课程思政要深入梳理专业课教学内

① 本刊编辑部. 学好用好《习近平总书记教育重要论述讲义》——专访东北师范大学党委书记杨晓慧教授［J］. 中国编辑，2020（8）：4—8.

容，结合不同课程特点、思维方法和价值理念，深入挖掘课程思政元素，有机融入课程教学。"至此，课程思政建设工作围绕全面提高人才培养能力这个核心点，在全国所有高校、所有学科专业全面推进。

（三）《讲义》与课程思政的关系及协同育人效应

首先，《讲义》与课程思政具有相同的教育目的。一方面，《讲义》收集整理了党的十八大以来习近平总书记关于教育的讲话、演讲、贺信、回信、指示、批示等重要文献资料。习近平总书记关于教育的重要论述，不但科学回答了基础教育改革发展的重大战略问题，而且有针对性地提出了一系列发展基础教育事业的政策举措，为基础教育的发展提供重要的实践参考。另一方面，课程思政是加快构建高校思想政治工作体系和推进教育教学改革的重要抓手。作为国家教育的重要战略举措，课程思政影响甚至决定着接班人问题，决定着国家长治久安，决定着民族复兴和国家崛起。在很大程度上，课程思政解决了过去高校专业课程与思政课程的"完全分家"问题，还让"思政课程"与"课程思政"形成完美结合，发挥每门课程的育人作用，提高高校人才培养质量。

其次，《讲义》与课程思政可以形成同向同行的协同育人效应。一方面，《讲义》全书注重以贴近读者学生的方式传播理论知识，不但全面论述了习近平总书记关于教育改革发展的新理念新思想新观点，而且能够有效激励教育系统避免"为学而学"的教育倾向，帮助教育系统科学有效地"学好用好"习近平新时代中国特色社会主义思想，做到学深悟透、融会贯通。让教师真正用习近平总书记关于教育的重要论述武装头脑，增强自身的职业责任感和使命感，为社会培养有担当的新时代青年。另一方面，课程思政以提升育人质量为目的，通过在专业课程中科学地嵌入思政元素，不但可以实现技术技能培养与思想价值引领的有机统一，而且可以明确专业课程所具有的立德树人根本任务，真正培养"重知识、更重能力、尤重品德"的高素质技能人才，培育担当中华民族伟大复兴使命的社会主义建设者和接班人。因此，《讲义》与高校课程思政都指向"教育"同心圆，同向同行，形成协同育人效应，从而帮助高校实现为党育人、为国育才的教育初心；帮助教师坚定个人的职业理想，培养担当民族复兴大任的时代新人；帮助大学生塑造正确的世界观、人生观、价值观。它们相辅相成、协同并进，发挥教育的最大价值，共同构建全员全程全方位育人大格局。

二、高校课程思政推进过程中存在的问题

（一）对推进高校课程思政存在认知偏差

由于高校思想政治教育工作与其他课程之间的"两张皮"现象由来已久，让部分高校课程思政的推进形成两种态度倾向。① 一是持否定态度。有人认为课程思政就是一个"实体概念"，是课程发展改革形势下的一门新课程，应当做单独教学安排，与其他课程不应该有太大的关联；有的认为课程思政只是思想政治教育课的"升级版"，是新时代背景下思政课孕育的"新生产物"，应由思政教师统一承担；有的甚至对课程思政存在抵触情绪，认为它是高校额外增加的一种"教育负担"，不但增加了教师的教学工作量，而且干扰专业课程的正常教学计划。二是部分肯定，有的虽然表示赞同，但是却认为推进课程思政是一项专业性很强的工作，应当先让专业的思政老师去做，思政教师应当先制定好推进方案、推进计划、推进办法，而专业课教师始终处于"等、靠、要"状态。

（二）对推进高校课程思政的重视度不够

由于缺乏正确的教育理念，有的教师对高校课程思政推进工作不够重视，为了不耽误专业课的备课教学和应对相关工作检查，常常将思政内容以"嵌入式""粘贴式"等方式加入课堂，对工作要求做到"上有政策，下有对策"。他们要么提前简单整理好一些相关思政素材，在授课期间生搬硬套，随意嵌入；要么给课堂留出多余时间，讨论一下国家政策或时事热点，只当国家思政方针的"传声筒"。② 这种在课堂上随性发挥的不重视课程思政教学的行为，不但未能达到课程思政真正的教育目的，反而打乱了专业课教学计划和扰乱课堂秩序。

（三）高校课程思政融入专业教学的效果欠佳

随着国家明确指出"立德树人成效是检验高校一切工作的根本标准"，全国高校都迅速加强了课程思政的推进力度，"课程思政"也逐渐受到了教师们的关注和认可。然而，从"课程思政"概念被提出，到今天在全国各地全面铺开，

---

① 蒲清平，何丽玲.高校课程思政改革的趋势、堵点、痛点、难点与应对策略［J］.新疆师范大学学报，2021（5）：237—246.
② 杨勇，商译彤.高职院校"课程思政"体系建构的价值、取向与路径［J］.陕西理工大学学报，2020（5）：71—76.

课程思政如何有效融入专业教学全过程，始终是学界非常关注的一个重要问题。尽管部分教师对"课程思政"的概念有了基本的认识，将课程思政与思政课程对立的观念也越来越少了，但是如何实现思政元素在专业课程中的有效融入却成了新问题，就是专业教师在课程思政的推进过程中，对在专业课程中如何挖掘出合适的思政元素显得无计可施，即使勉强找到了一些课程的思政元素，但在教学过程中插入的时机和位置却不恰当。要么直接转变成"专业课+思政课"教学；要么仅仅是"蜻蜓点水"，刚刚挑起学生的思想味蕾，便已切换教学频道。

（四）对高校课程思政效果评价标准有待完善

落实立德树人根本任务，必须将价值塑造、知识传授和能力培养三者融为一体，不可割裂。然而，课程思政推进效果的科学评价却是一个相对困难的问题。由于教学单位责任主体不明确、教师主体思想认识不到位和师生接受知识能力的差异等现实问题，使得高校课程思政会呈现出不同的教学效果。因而，要拟出一个科学、合理、可行、可控的评价和监督标准，面临极大的困难。特别面对不同专业课程，思政元素的匹配度、量化度和挖掘难度都不尽相同，即使挖掘出相应的思政元素，如何区分它的优劣，既要对碎片化、零散化的思政元素进行有效整合和逻辑构建，又要兼顾好专业教学与课程思政教学的教学效果，并非易事。加上课程思政并非一门新课程，它需要与专业课交融在一起，主要通过在完全熟知各类专业课的基础上去挖掘思政元素，对教师的思政敏感度要求比较高，考验了教师对"智育"教育和"德育"教育的掌握能力。"智育"主要体现在专业知识、专业技能方面，往往可以通过问答、测试等方式进行科学的评价和检验。"德育"则更多的是学生精神需求方面，包括对学生世界观、人生观和价值观的影响，以及对学生思想道德、职业理想的改变等等，侧重于对学生思想意识的启发和引导，难以用统一的评价标准去衡量。所以，在全面推进专业课程思政建设理论研究和教学实践过程中，探索创新课程思政建设方法路径，构建全面覆盖、类型丰富、层次递进和相互支撑的课程思政体系，是提升课程思政推进效果的重要保证。

三、《讲义》融入高校课程思政的价值分析

（一）有助于厚植育人情怀，提升教育价值

《讲义》全面阐释了习近平新时代中国特色社会主义思想，并将重要论述的核心要义、科学内涵、精神实质等用"九个坚持"系统展现出来，内容丰富、图文并茂，既有深度，也有温度，生动地诠释了习近平总书记对高校教师的殷切期待，也体现了习近平总书记对教育的至深情怀。① 因此，《讲义》融入高校课程思政，就是让使命呼唤担当，不断推动教育向前发展，为高校及社会营造出关心教育、重视教育、支持教育的良好氛围；也是让温情唤醒教育初心，推动教师积极工作、无私奉献，不断将自己热爱教育事业的温度和情感倾注到每一位学生身上，提升教育的真正价值。

（二）有助于增强理论指导，保证推进效果

课程思政在具体的推进过程中，在追求良好教育效果时往往需要解决几个突出问题。一是推进方式如何改良；二是过程评价如何强化；三是结果评价的标准能否健全。这些问题都在不同程度上给课程思政的有效推进形成了干扰。课程思政往往需要追求科学性、可行性、指导性和实践性，也就是说，对课程思政的评价将最终回归到对教育评价的本身，即是否具有教育的意义。《讲义》用习近平新时代中国特色社会主义思想的权威方式，为教育的目标和效果提供了重要的理论指导，增强了理论可读性和说服力。同时，它以设置"习语""释义"栏目的方式，专门为读者释疑解惑，增强了理论指导性；另外，文中还通过创新使用二维码链接权威媒体的方式提供相应的视音频资源，增强了读者视听体验感。《讲义》通过运用和贯穿马克思主义的立场、观点和方法，从根本上为课程思政提供了重要的教育指导，与课程思政相互促进，共同构建协同育人共同体。

（三）有助于挖掘思政元素，提升教学质量

课程思政推进过程中，能否科学挖掘到恰当的思政元素，是考验教学能力和保障教学效果的关键。对于每门课程，它自身内在的逻辑体系，需要有效解读教材，反复推敲，才能找准切入点，挖掘到最合适的思政元素，并以最恰当的方式融入课程教学当中去，实现有效的课程育人。② 《讲义》以系统、全面、

---

① 朱之文. 深入学习习近平总书记关于教育的重要论述，助力新时代基础教育高质量发展 [J]. 中国教育学刊，2020（9）：1—3.

② 张铨洲，第天骄. 课程思政的价值意蕴及引导策略 [J]. 金华职业技术学院学报，2019（1）：63—66.

准确的方式展示了习近平总书记关于教育重要论述的重要观点和内容，形式创新、生动活泼、入脑入心。它能够帮助教师认清教育的本源，以正确的教育理念审视自己的专业和所授课程，推动教师用专业优势拓展课程深度和课程广度，找准课程思政的重要学科逻辑和实践逻辑。另外，《讲义》本身就是思政元素的"宝库"，可以为课程思政教师提供大量权威、科学、可行的思政元素资源。所以说，学好用好《讲义》，可以帮助教师有效落实课程思政，提升课程教学质量。

（四）有助于增强育人意识，坚定职业自信

坚持教书和育人相统一，关乎国家前途和民族命运。当一名合格教师，不能只做一个"教书匠"，还应该注重对学生的"三观"引领。课程思政，从概念上就已经对教师明确了教育的重点，强调了课程思政教师务必坚定全员、全过程、全方位的"三全"育人理念。过去"教书只是传授知识""思想教育只靠思政教师"的做法，已经一去不复返了。在这一点上，《讲义》用中国共产党教育思想重大理论创新成果为这一重要育人理念做了进一步的阐述和验证，让"教育自信"深入人心，在人们心中落地生根。有效增强了教育系统的办学底气，坚定教师职业自信心，切实增强"四个意识"、坚定"四个自信"、做到"两个维护"。激励教师"学以致用"，推动课程思政不断完善和发展。

四、《讲义》融入高校课程思政的保障策略

（一）加强组织领导，注重理论学习

《讲义》论述了习近平总书记关于教育的重要论述的核心要义、精神实质及实践意义，被视为高校相关学科专业和教育系统各级各类培训使用的重要教材，体现了它可以凝心聚气，推动全社会重视关心教育的真正价值和意义。对此，高校在推进课程思政过程中，应当重视对《讲义》的运用，由领导牵头，大力加强《讲义》的学习和宣传。在学校层面上，通过成立推进《讲义》学习工作组，分级分层开展专题培训会、学习交流会等，注重顶层设计，强化工作职责。在教师层面上，通过加强教师对《讲义》的集体学习和积极讨论，学习习近平总书记教育重要论述的精神价值，通过不断学习，坚定自身的教育初心，不断增强自身的教育责任感和使命感。在学生层面上，一方面，发挥课堂阵地优势，

开展《讲义》专题学习辩论赛、知识问答活动等，积极搭建学习平台，引导学生主动学习《讲义》内容，使教育影响潜移默化；另一方面，可以在团总支、学生会、学生社团等学生团体中开展"习近平总书记关于教育的重要论述"专题学习会议，并通过选拔优秀学生干部，成立"学生宣讲团""知识小分队"等学生团体，下到班级、宿舍宣传《讲义》。只要上下联动、全面发力，就能推动《讲义》融入高校课程思政。

（二）抓实基层党建，发挥组织功能

《讲义》是教育系统学习贯彻落实习近平新时代中国特色社会主义思想，特别是习近平总书记关于教育的重要论述的一项重大政治任务。作为政治任务，党的建设非常重要，必须抓实抓牢基础党建，发挥好党员先锋模范作用。在推进高校课程思政工作过程中，党员老师就是先锋部队，他们的思想意识和政治敏感度相对较高，他们大部分都比较认同课程思政的重要性。因此，紧紧抓住和用好这批党员教师，让他们针对性帮扶意识差、功底浅、动力弱的教师，从侧面推动《讲义》融入课程思政。为了更好地提升党员能力，展现党建的作用，高校应当把《讲义》作为党员必读书目，校内分级开展《讲义》宣传活动。在党委的统一带领下，从上到下，保证各级党组织的引领和示范，把宣传《讲义》作为一项重要工作去加大推进；同时，充分调动党员学生队伍的力量，发挥党务小组、班级党员、团支书的优势，推动院系和班级创新开展形式多样的学习活动，用强大的组织优势，保障《讲义》在高校课程思政的有效融入。

（三）树立教育理念，注重教师帮扶

高等教育的目标是促进学生的全面发展，课程教学肩负德智体美劳"五育"人的教育目的，这是新时代教育背景下的新要求。一方面，高校应当注重帮助教师树立科学的教育理念。帮助课程思政教师从学科专业的角度去看待和把握《讲义》，力求探索更多课程思政有效路径，实现将习近平总书记关于教育的重要论述的精神实质和核心要义落实到课程、教学、教法、评价等各个环节，切实扭转过去"唯分数""唯就业率"等不良倾向；另一方面，高校应当注重增强教师的教育情怀。在挖掘课程思政元素时，每个思政元素都可能是学生心中播下的一颗"德育"种子，至深的教育情怀，可以帮助教师学好用好《讲义》，并用课程思政不断去"浇灌"学生，日后学生就能长成担当民族复兴大任的

"参天大树"。另外，高校应当注重为教师搭建良好的沟通平台。课程思政不仅需要每位教师吸收《讲义》中的理论养分，也需要进一步的沟通交流，才能挖掘出课程中最好的思政元素。正所谓交流出真知，《讲义》会因加强交流而彰显价值。

（四）着力内涵建设，建强师资队伍

学习本身不是目的，而是为了更好地指导和推动实践。习近平总书记关于教育的重要论述，不但为高校课程思政提供科学性、可行性、实践性的重大研究成果，也为基础教育一线的广大教育工作者发挥桥梁和纽带作用。从教育层面看，应当着力加强课程思政内涵建设，注重追求课程思政的质量，推动课程思政由外延式发展向内涵式发展转变，并建强师资队伍，将教师队伍作为教育投入重点予以优先保障。从学习层面看，结合中央精神学好用好《讲义》，既要结合原理原著，学习习近平总书记关于新时代教育领域的纲领性文献，做到原原本本、原汁原味地学习领会，又要结合教师的工作实际，学习解决实际问题的能力，把所学所思与解决难题、推进工作紧密结合起来。只要将《讲义》精神不断去厚植教师队伍的教育情怀，就会不断提升课程思政的教育品位，实现专业课程铸魂育人。

（五）构建运行机制，完善评价体系

通过发挥《讲义》的教育导向及评价参考作用，探索课程思政"双向型"反馈机制，使《讲义》学习和课程思政的建设及推进更加规范、更加科学。一方面，发挥好课程、教学与评价三者的互动效应。一是注重课程教学评价中的课程设计、教学教法和课堂效果，关注各门课程是否落实《讲义》精神，是否达到课程与思政同向同行的育人要求；二是注重关注教师的专业成长、学校的特色发展和学生的全面成长状况，是否实现科学评价在课程思政推进质量上所起到的关键性作用。另一方面，通过成立课程思政监督小组，对学校在推进课程思政工作过程中的相关制度、工作目标及执行情况等，开展多形式、多层次的实效性监督。一要监督好全体师生关于《讲义》的学习状态，比如对《讲义》的学习兴趣、学习态度和学习进度，争取保证好全体师生对习近平总书记教育重要论述的精神领悟。二要监督好课程思政的落实情况。关注学校是否推出课程思政的实施性相关文件，同时关注各院系是否落实课程思政相关培训制度。通过构建科学有效的运行机制，保障高校课程思政工作的有序推进。

总之，面对新时代中国教育发展的培养目标，《讲义》与高校课程思政同向同行，能够共同搭建起人才培养与国家需求的沟通桥梁。一流的教师支撑一流的教育，一流的教育催生一流的教师，高校应当从教育根本出发，注重教师的培养，从行动上加强教师队伍的内涵建设，努力培养一支素质高专业强的课程思政教师队伍，引导学生重视、关心和关注教育，实现将《讲义》有效融入高校课程思政，打造思政教育与专业教育相结合的"育人共同体"。

基于传统文化视域分析高校思想政治教育路径[*]

林锦链^{**}

思想政治教育有助于学生养成良好的行为习惯，树立起正确人生观、价值观。重视传统文化与教育工作的相互融合，能够创新思想政治教育工作。以传统文化理念作为导向并将其应用于各项教育工作中，有利于高校思政教育价值得到充分发挥。

一、思想政治教育融入传统文化的意义

（一）增强大学生文化自信与文化认同

传统文化中蕴含极具教育意义的内容，是中华民族灵魂与特色的真实体现。大学生只有对中华传统文化生成认同感，才能有文化自信，并使传统文化得到兴久不衰的弘扬与传承。现如今，多元文化的融合趋势越发明显。为有效应对西方文化对传统文化的冲击，需要大学生形成正确的价值观。将传统文化与思想政治教育相融合，有利于增强学生文化自信与文化认同。

（二）激发大学生爱国情怀

中华民族具有浓烈的家国情怀，是中华民族千百年来始终保持生命力的关键。作为国家发展的中坚力量，大学生群体的爱国主义教育尤其值得重视。而为达到这一目的，我们应加大思政教育力度，在此基础上融合传统文化，促使大学生爱国情怀得到更好的培养，增强其辨别能力。在具体的教学实践中，思

* 课题项目：广东省普通高校创新团队项目，中华优秀文化融入高职本科思政教育研究创新团队（项目编号：2021WCXTD021）。
** 林锦链，女，广东工商职业技术学院马克思主义学院教师，主要从事思想政治教育研究。

政课教师要深入挖掘易于学生接受的文艺作品与爱国事迹，使学生对爱国精神产生更深层的感受，达到增强大学生责任感与使命感的目的。在此过程中，还需加强正确引导，鼓励大学生以更为饱满的精神状态参与到国家发展事业中。

（三）培育大学生思想品德素养

思政教育工作开展与实施的主要目的之一是培养大学生思想道德品质。传统文化中蕴含丰富的思想与品德，因而开展教育工作时，合理渗入传统文化，可优化思想政治教育模式，促使其更为生动与灵活，即有利于对学生良好道德品质的培养，又可帮助其树立正确的道德观念。当前，部分学生无法深刻体会勤俭节约与艰苦奋斗的意义，且还存在学术不端、简历造假的不良现象，而这些问题会随着传统文化的渗入有所改变，并有利于学生优良品质的进一步培养。

（四）实现高校思想政治教育创新

思想政治教育是高校最为基础的课程，也是落实并完成立德树人基本任务的重要教育工作。但对近几年高校思想政治教育效果进行分析可以看出，一些高校的教学重点放在专业课程教学上，思政课重视程度有待增强，思政课教育教学模式过于老旧。常以考试的方式达到思想政治教育的目的，大学生思政课程的学习兴趣和热情有待提高。造成这些问题的主要原因是教育者采取的教育方式较为单一、枯燥，无法激起学生的积极性，致使思政教育质量受到严重影响。而将传统文化渗入进思政教育中，不仅能够增加学生文化知识量，还能实现教育模式的进一步创新，并在相应案例支撑下，促使教师授课与学生研讨相互结合，增强课堂生动性、互动性，激发学生努力学习的主观能动性。

二、传统文化视域下开展高校思想政治教育工作有效途径

（一）完善当前高校教育体制

若想要传统文化有效渗入进高校思想政治教育工作中，发挥出传统文化的教育价值，促使思政教育育人目的得以实现，首先就需要完善高校教育体制，优化高校人才评价标准，将学生德、智、体、美、劳五大素质纳入评价中，并将学生德育视为重点培养内容。其次，高校校园要宣传传统文化相关知识，并建设文化学习角，鼓励学生自主接收传统文化相关内容，在此基础上，完善传统文化教育制度，将其以合理的方式融入思政教育中，并针对此类知识，设置相应的学分，以此加强教育者和大学生的重视。再次，教师需要革新思政育人

方式，深入了解、掌握学生成长规律，依托学生对传统文化的认识，科学创新思政教育模式。从次，高校还需做好教育过程中的管理工作，赋予大学生在人才培养方案指引下自主计划专业学习与自由选择课程的权利，探索学生灵活规划学习进度的做法，以保证学生学习主动性得到更大体现。最后，为强化思政教育育人的效果，高校不仅要在思政课中合理融入传统文化，还需将该项教育工作延伸至其他专业课教学中，在相互协作下，促进大学生健康、高素质发展。

（二）构建传承传统文化多重支撑

为传承传统文化，高校需做好三方面工作：

其一，营造良好校园氛围。要想增强大学生对传统文化的认同感，需为学生创造有助于其接受传统文化并有效学习的良好氛围，使学生即使在不出校园的情况下也可接收到文化熏陶。高校可以搭建以传统文化为主且满足思政教育工作需要的走廊，并将古人事迹绘制在走廊墙体上，使学生了解更为丰富的传统文化知识，不知不觉间实现对学生爱国精神的培养。此外，高校不仅需在思政教育中融入传统文化，还需将其渗入到日常工作与教学基础设施建设中，利用学校广播站，为学生朗读历史故事，也可通过绘制板报的方式将传统文化介绍给学生，有助于学生养成良好行为习惯，同时还能达到培养其道德品质的目的。

其二，搭建弘扬中华传统文化的网络平台。信息技术的发展革新人们信息获取方式与渠道，而互联网平台作为当前主要的资源采集与信息传播渠道，备受大学生青睐。基于此，高校需充分发挥技术优势，在学校独有网络平台中某一模块上传传统文化知识，鼓励学生不定期浏览知识内容，以此了解并深入学习传统文化，将网络平台发展成为思政教育第二课堂，以此实现对学生思想文化与爱国主义教育的目的。

其三，将传统文化与学校开展的实践活动相融合。为使高校思政教育同传统文化有机结合，可全面收集当地文化资源，以此赋予传统文化全新的符合高校思政教育工作要求的含义，并在正确指引与讲解下，使学生深度了解传统文化发展进程。比如，思政教育者可带领学生参观博物馆、爱国主义教育基地等，让其在实践活动中接受思想政治教育，而高校也可加强与当地博物馆或极具思想政治教育意义又能彰显传统文化基地的合作，为学生创造学习与深入了解的平台，并作为讲解员的身份参与到博物馆运营中，以此达到文化学习的目的。

（三）建设多元传统文化应用体系

构建多元传统文化应用体系，有利于革新高校思想政治教育模式。第一，将学生学习兴趣作为研究重点，在此基础上优化体系内容并借助科学且有效的教育手段，实现学生学习兴趣的激发。第二，在教育工作者适当引导下，利用传统文化，创设出更适合学生接受与学习的思政教育环境，促使学生的思想意识得到进一步升华，并以合理的方式，将传统文化的教育作用呈现出来，以此提高思想政治教育质量与成效。第三，当前，很多学生无法对刻板化的传统文化产生兴趣，其兴致通常来自有着丰富知识的历史读物，因此，开展思政教育工作时，教育者可借助该类读物，将其中某个或多个内容作为出发点，搭配相应的教育信息，促使学生深层次了解传统文化思想。第四，在实际教学中，教师可以向学生讲解与思政教育内容相契合的历史故事与人物，积极与正确引导，使学生体会并了解故事中的思政意义，而教师则需在合适的时机将现代思政教育思想融入教学中，达到思政教育同传统文化相结合的目的。

此外，开展思政教育工作时，可将学生对于传统文化的学习兴趣作为突破口，以此激发出学生在思政理念方面的学习热情，并强化学生对思政教育内容的理解与掌握。这将有助于解答较为难懂或枯燥的问题，促使传统文化在高校思政教育工作的价值得到彰显，并为教育工作的开展与实施创设良好条件，进而增强思政教育质量，提高传统文化影响力。

（四）依托技术建立文化教育机制

思想政治教育的教学资源较为有限，因而实施思想政治教育工作时，仅围绕与思想政治相关教育内容展开，会使思政教育的价值与成效受到影响。为在有效的时间内强化教育效果，我们需将传统文化融合进思政教育工作中，针对融合教育打造信息化教学系统，依托于现代化技术开设多条资源获取渠道，以此丰富思政教育资源。

此外，教育者需全面了解并掌握传统文化内容，收集与思想政治相关的知识，以此强化思政教育水准。这将有利于优化教育模式，激发学生参与兴致，又可满足学生对思政知识的需求，促使传统文化的思政教育价值得到充分发挥，为学生正确价值观、道德观的形成提供支持与保障。在具体的实际教学时，教师要将信息技术看作辅助教育工具，借助信息系统在课上实现思政教育资源的搜索，并与课堂教学相协同，为学生构建出线上、线下一体的思政教育形式，以此拉近学生与教师之间的距离，从根本上实现课堂的实时互动，从而获得预期教育效果。

运用"学习强国"增强大学生党史
学习教育亲和力*

韩中谊 黎倬妍**

在庆祝中国共产党百年华诞的重大时刻，各地各部门在遵循党史学习教育的一般规律和特点、深入领会党史学习教育的任务要求和重点内容的前提下，在做好集中学习和规定动作的基础上，也要推进自主学习，探索自选动作，高质量完成党史学习教育。① 本文认为，大学生群体具有过硬的政治素质和良好的科学文化素质，按照党中央党史学习教育②和共青团开展"学党史、强信念、跟党走"学习教育的通知指引③，只要内容丰富、形式新颖、方法得当，使党史学习教育更具亲和力和针对性，党史学习教育的实效性是可以得到保证的。而从路径选择上说，"学习强国"学习平台是立足党内、面向社会开展网络思想政治教育的重要创新载体。运用"学习强国"学习平台进行党史学习教育，能

* 基金项目：教育部2020年度高校思想政治理论课教师研究专项一般项目"教学生活化视阈下增强地方高校思政课亲和力和针对性研究"（主持人：韩中谊，项目批准号：20JDSZK014）；2021年度广东省教育科学规划课题（党史学习教育专项）"依托'学习强国'学习平台提升地方高校党史学习教育的针对性与实效性研究"（主持人：韩中谊，项目编号：DSYJ060）。

** 韩中谊，哲学博士，佛山科学技术学院马克思主义学院副教授、硕士生导师、教研部主任，主要从事马克思主义中国化、思想政治教育研究。

黎倬妍，佛山科学技术学院马克思主义学院学科教学（思政）硕士研究生，研究方向为中学生思想政治教育研究。

① 习近平. 在党史学习教育动员大会上的讲话 [J]. 求是. 2021 (7)：4—17.

② 新华社. 中共中央印发《通知》在全党开展党史学习教育 [N]. 人民日报，2021. 2. 27 (01).

③ 共青团中央关于在全团开展"学党史、强信念、跟党走"学习教育的通知 [N]. 中国青年报，2021. 3. 5 (01).

够承载更多权威丰富的资源，强化党史学习教育的学习动机和参与热情，在探索"自选动作"中推进内容、形式、方法创新，提升大学生党史学习教育的亲和力、针对性和实效性。

一、坚持"内容为王"永不过时，增强党史学习教育内容的亲和力

"学习强国"网络学习平台是集权威政治理论知识和海量优质信息资讯于一体的思想政治教育资源库，在思想政治教育中具有学习、育人、鉴别、凝聚等功能。① 我们首先要发挥其内容优势，提升大学生思想政治教育实效。

（一）主题主旨上坚持政治性与学理性相统一，有助于在混合式教学改革中推进党史融入思政课教学

"学习强国"学习平台以《习近平新时代中国特色社会主义思想学习问答》《论中国共产党历史》《党史动员大会上的讲话》《庆祝中国共产党成立100周年庆祝大会上的讲话》等思想深邃的原文原著为基本遵循。在框架体系上，平台在"学习"板块中专辟"党史"频道，设置"党史故事""党史知识""党史研究""红色映象""中国精神研究""文献纪录片"等栏目，贯穿着从图文影像到分析论说、从讲好人物史事到领悟精神、从理解知识到研究思想、从生动讲述老故事到续写新时代华章的深层用意，具有严密的逻辑层次性。并且，平台在"学习"板块中不仅专辟"党史"频道，还在其他频道嵌入党史学习教育的内容，如"人物"中的"'双百'人物""共和国荣光""时代楷模""道德模范""身边的感动"等，既讲述了共产党人创造历史、感天动地的英模故事，也讲述了共产党员在平凡的岗位上无私奉献做出不凡成绩的故事。"理论"中的"党史研究""理论著作导读""思想理论研究""理论与实践"，也是对"党史"频道的有力补充，能够引领大学生把学党史悟思想引向深入。"影视"中的"影视档案"，"军事"中的"学习军史"等，能够了解更多专题式的党史知识。

平台的框架设计与内容设计，契合大学生具有良好的政治素质和科学文化水平同时又喜欢求变求新的思维特点。从宏观上看，引导大学生进入"学习强

---

① 张莉等．"学习强国"的思想政治教育功能研究［J］. 中国高等教育. 2020（Z1）：33—35.

国"学习平台进行自主学习，既有效克服课堂教学时间的限制，极大丰富思政课教学内容，培养学生的自主学习能力和常态化生活化学习习惯，推进混合式教学改革，又能够充分发挥党史以史鉴今、资政育人的作用，有助于落实学史明理、学史增信、学史崇德、学史力行的目标要求，完成学党史、悟思想、办实事、开新局的突出任务，达成党史为重点的"四史"融入思政教学的教学目的。

（二）在内容设计上坚持价值性与知识性相统一，与在知识传导中进行价值灌输的思政课教学相向而行

高校思政课教学，是一个由呈现基本知识到宣讲思想理论、从记忆理解到价值引领的教育过程。"学习强国"学习平台"党史"频道下设栏目，包括党史故事、知识、理论研究与精神阐释等的专题内容，与思政课教学内容高度吻合，与由浅及深的教育规律相衔接，与思政课在知识传导中进行价值灌输的方式相一致。

具体而言，在"党史故事"栏目，"习近平总书记讲述的红色故事""永远的丰碑""英雄烈士谱""红色档案故事"等专题，有助于大学生权威准确理解并讲好红色经典故事。"巾帼心向党——大学生讲述党史故事""建党百年讲好博物馆藏品故事""红色文物·百年百宝"等专题，以记者、大学生、档案讲解员、普通参观者的视角讲述红色故事，实现了政治话语与生活话语的良性互动、宏大叙事与细节呈现的统一，有助于引导大学生在情感共鸣中增强价值认同。在"党史知识"栏目，《习近平新时代中国特色社会主义思想学习问答》《中国共产党简史》《中国共产党百科》及其导读，有助于大学生从整体上把握百年党史的主题主线、主流本质。《中国共产党的"十万个为什么"》和"名师大家讲党史"，以精辟的提问引发思考，以准确的解答串联起百年党史线索，以精彩的讲解诠释百年党史的重点难点知识，能够满足大学生探究性学习的需要。"党史百年·天天读""每日党史知识答题""党史回眸"等专题，能够强化大学生党史学习，达成在日积月累的趣味学习中增进了解与感悟的效果。

尔后再提升到"党史研究"和"红色精神研究"层面。在"党史研究"栏目，"党史百年·重要论述"专题，权威准确并系统梳理习近平总书记关于党史的重要论述，有助于大学生正确认识重大党史事件和重要理论成果；"光辉足

迹"专题，有助于大学生从百年党史的视角阐释历次重大历史事件的历史意义；"从创建共产党到成立新中国""红色金融史"等年代史、专门史题材，有助于大学生用党的奋斗历程和伟大成就鼓舞斗志、明确方向；"抉择关头见初心"专题，彰显中国共产党矢志践行初心使命的百年历程，有助于大学生用党的光荣传统和优良作风坚定信念、凝聚力量；"古田会议永放光芒""定都记""革命纪念碑碑文敬读""中国青年坚定跟党走的百年征程及历史必然"等深度解读系列文章，有助于大学生用党的实践创造和历史经验启迪智慧、砥砺品格。而在"中国精神研究"栏目，相关丰富内容充分呈现了中国共产党带领全国各族人民在不同的历史时期、不同的地域行业涌现的近百种伟大精神，充分诠释了中国共产党的伟大建党精神，有助于大学生吸收爱党爱国、担当尽责、勤勉刻苦、拼搏奋斗、团结协作、开拓创新、无私奉献、务实笃行等精神财富，传承党的崇高理想、坚定信念、根本宗旨、优良作风，为迈进新征程、奋进新时代提供不竭精神动力。

（三）在内容层次上坚持建设性与批判性相统一，在正向引导与批判辨析中弘扬正确党史观

高校思政课担负着"传道"与"解惑"的职责，引导大学生阅读"学习强国"的真切历史和理论文章，契合大学生思维活跃、易受不同社会思潮影响的特点，需要激发大学生学思并举、辩证审视、在多元社会思潮中明辨是非的潜能，在常态化的阅读学习中达成坚定国家观、历史观、价值观的效果。

一方面，"学习强国"学习平台对线上党史学习教育的鲜明主题和内容设计，充分做到了在历史长河、时代大潮、全球风云中分析演变机理、探究历史规律，提出因应的战略策略，做到了"准确把握党的历史发展的主题主线、主流本质，正确认识和科学评价党史上的重大事件、重要会议、重要人物"，① 有利于正面引导大学生树立大历史观，形成正确党史观。另一方面，互联网日益成为新的舆论传播场域，也是意识形态斗争的主阵地和最前沿。以所谓西方"普世价值"丑化历史，以碎片化史实甚至虚构史实重新编造历史，恶意诋毁英雄人物，尽管在互联网上日益遭到抵制，但历史虚无主义的声音还是时有流传。"学习强国"学习平台有意识地在勾勒历史脉络的同时刻画微观细节，以丰富的

---

① 习近平. 在党史学习教育动员大会上的讲话［R］. 2021-02-20.

人物、故事、文物素材讲述有血有肉的历史，能够引导大学生了解历史的真实、人物的伟大、精神的可贵；有意识发表"树立正确党史观"等理论文章，能够加强思想引导和理论辨析，引导大学生理解党史和社会主义发展史的历史逻辑与理论逻辑，可谓是正本清源、固本培元。

二、推进权威资源的线下运用和地方延伸，增强党史学习教育形式的亲和力

在形式方面，坚持理论性与实践性相统一，有助于大学生理论联系实际、做到知行合一。在线下援引更加丰富的资源开展党史学习教育，其前提是选材合适，评论中肯，引导得当，尤其是地方红色资源的内容、发展脉络、全国性意义和影响必须准确。在缺乏"学习强国"学习平台的过去，如果思政工作者理论功底不够、研究不深，容易出现偏差。而如今，"学习强国"各级学习平台，在各级宣传部门的监管下建立了层层把关审核制度，这为开展党史学习教育提供了便利，从保证学习教育内容的权威性上说更有运用的必要性。

具体来说，将"学习强国"线上平台的鲜活素材尤其是喜闻乐见的地方素材应用在组织生活、理论宣讲、专题讲座、课堂教学等学习场合，能够拉近学习内容与日常生活的距离，保证党史学习教育选材严肃又不失活泼。将线上专题应用于组织党史知识竞赛、新思想学习问答、联系地方实践的主题演讲、地方红色文化普及等活动，保证党史学习教育题材严谨又不失趣味。选取线上视频在外出参观交流、志愿服务、社会调研中播放，后期也可将图文报道、剪辑视频择优录入"强国号"和地方平台中，可以提升大学生的学习实践热情。另一方面，大学生铭记初心的党史故事，能够坚定坚持以人民为中心的价值追求，积极投身"我为群众办实事"实践活动，以更大的热情开展"三下乡""返家乡""团员向社区（村）报到"等社会实践和志愿服务。大学生在把握历史发展进程中明晰当今时代的历史方位，能够不断提高大学生把握新发展阶段、贯彻新发展理念、构建新发展格局的战略智慧与思维能力，进而在地方社会政治生活中思索学以致用、知行合一的具体路径，将党史学习落到实处，不负重托，不辱使命，砥砺前行，做出实绩。

坚持统一性与多样性相统一，有助于大学生在地方素材学习与丰富呈现方式中增强学习兴趣。"学习强国"中央平台是推进线上党史学习教育的主渠道主阵地，非常注重内容的可读性。与此同时，在省市平台、县级融媒平台层面，地方红色资源、仁人志士、百姓心声、发展成就、实践探索、经验总结，则能够打造成为地方宣传阵地、理论高地、文化园地。而从两者的良性互动来看，地方平台从地方视角切入而不断推出优秀党史作品，保证了作品具有地方特色又不失全局视野和中心主题，逐级遴选至中央平台之中，也能拓宽了中央平台的资源来源渠道。

引导大学生关注多级平台尤其是所在省市平台的丰富内容，有助于向大学生呈现更为亲切可感的地方素材，更大程度激发学生的党史学习兴趣；能够深化大学生对所在省市的认识，激发爱乡爱国热情，形成情感共鸣；能够拉近百年党史、思想理论与自身生活环境的距离，调动生活经验加强体验式理解，增强学习内容的悦纳度。更为重要的是，讲述地方党史人物、故事、案例之时以小见大，能够引导大学生恰如其分理解其全国性影响、经验和意义。在建立地方红色资源库之后推送整体分析的理论文章与视听资源，能够引导大学生梳理其中的历史脉络，并将区域发展史汇入中国现当代史的知识框架。

此外，平台不仅注重内容的多样性，还注重内容呈现上的多样性。学习强国 App 为用户提供了海量共享的图文、音频、视频学习资源，确保学习的多样化、个性化、智能化与便捷化。① 而具体的党史学习教育领域，则能够极大提升党史学习的生动性与趣味性。平台在"百灵"板块中开设"党史"，"电视台"板块中开设"看党史"，增加了"党史"的视频音频节目呈现等模式。平台在"党史"频道，采用最新最快的学习要闻、情境再现的党史故事、内容丰富的党史知识、简洁明快的史论时评、深入浅出的理论文章、切近生活的采访纪实为主体内容，嵌入意蕴深远的典故名言、弥足珍贵的红色文物、简洁明快的视听影像、绚丽多姿的鲜活图片、直观丰富的图表数据，具有极强的可读性和说服力。

三、发挥网络思政教育的优势，增强党史学习教育方法的亲和力

一是坚持主导性与主体性相统一，保障线上党史学习教育的持久运行。"学

---

① 叶婷. 基于"学习强国"APP 的高校思政课教学创新［J］. 学校党建与思想教育. 2019（14）：43—45.

习强国"学习平台由中宣部主管，由各级宣传部门、党政机关、媒体、学校等主导建设、协同建设，保证了党史学习教育的正确政治方向和崇高价值目标，而且取材丰富、资料可信、视角立体、更新及时、传播迅速，构成了权威、全面、立体的党史资源库。与此同时，"学习强国"学习平台以学习者为中心，强化泛在学习、体验学习、互动学习、自律学习、游戏学习和推荐学习①，开发形成了诸多功能——具有订阅、推荐、消息通知功能，在大数据技术支撑下能根据用户学习兴趣和习惯进行阅读推送；具有征集（如"Ta改变了我"主题征文、"党史知识题目专项征集活动"，或者珍藏图片、短视频的征集）功能，可以调动参与热情；具备发表观点、搜索、分享功能，可以主动获取、分享、反馈信息；具备建群功能，可以实现工作协同、通知发布、群内互动，提升党史学习教育的工作部署效率。引导大学生进入"学习强国"学习平台学习，满足了大学生在移动互联网时代交互学习、碎片化学习的需要，同时又重视知识整合与价值引领，促进大学生形成宏观整体、系统全面的视野。

二是坚持灌输性与启发性相统一，激发线上党史学习教育的钻研精神。党史学习教育是自上而下开展的、贯穿2021年整年的重要政治任务，也是高校党团组织和广大学生需要认真贯彻落实的重要政治任务。它离不开进行正面系统的理论传授，用党的光辉历史和思想理论武装头脑。但是，党史学习教育中的灌输，不是"填鸭式"的硬灌输，而应当是启发式的软灌输。"学习强国"学习平台的"党史故事""党史知识"内容，用严肃而不失活泼的形式调动学习者的学习兴趣，用感人肺腑的红色故事激发情感共鸣，并促使大学生举一反三，积极发现身边党史资源，讲好身边红色故事、传承红色精神、牢记初心使命。而前述"党史研究"栏目下设的若干专题，更是尊重学习者的主体地位，有助于引导大学生用党的实践创造和历史经验启迪智慧、砥砺品格，在认清历史规律中迈向全面建设社会主义现代化国家新征程，有助于激发大学生自主学习和深入探究的意识，积极参与"挑战杯"等研究型比赛，在具有一定理论高度下生动挖掘和诠释地方红色故事、总结提炼地方红色精神。

三是坚持显性教育与隐形教育相统一，拓宽线上党史学习教育的多元路径。

---

① 刘和海等. 自主学习何以可能："学习强国"启示下的平台学习之策［J］. 电化教育研究. 2021（4）：61—67.

平台提供的实用课程、技能课堂，贯彻"课程思政"的理念，在潜移默化中实现铸魂育人的效果。"快闪"中的"历史瞬间"，"旅游"中的"红色旅游"，"实播中国"中的爱国主义教育基地实地走访，实现了日常生活维度的思想政治教育功能。"青春中国"中的"学史"，"农民丰收"中的"中央1号文件"，区分青年党员、农村党员等不同群体的学习偏好，增强了传播针对性实效性。平台提供的政务服务和实用资讯，能够使大学生在享受便捷服务中增强获得感和幸福感。手机阅读的便利性、常态化学习机制，能够培养大学生良好的学习习惯，在移动互联网时代下更好获取有效有益信息，汲取党史的丰厚精神食粮，立志建功新时代。此外，平台采用每日答题、专项答题手段检验学习效果，采用挑战答题、四人赛、双人对战激励学习。尝试将平台学习的年度积分纳入党员、学生的考核指标，探索学习积分在线下兑换学习礼物，能够激励大学生的自主学习行为。

忆往昔峥嵘岁月，看今朝逐梦同行。拓网络教育渠道，强铸魂育人工程。在移动互联网时代，开展线上党史教育正当其时、十分必要。发挥"学习强国"学习平台的权威内容优势、特色资源优势、网络思想政治教育优势，丰富线上党史学习教育的内容与形式，并推进线上线下协同，能够更好增强大学生党史学习教育的亲和力，提升党史学习教育的针对性和实效性。

运用 SPOC 升级"原理"创新榜样教学*

罗青**

前言

"四史"中的社会主义发展史是"马克思主义基本原理概论"("原理"课)所覆盖的内容,而"原理"课程是本科生首要的思想政治理论课。在思政课教学改革背景下,学界达成的共识是,"原理"课包括马克思主义三个主要组成部分的最基本原理,但并不是这些基本原理的简单相加,而应该作为一个完整的有机联系的科学体系来讲授,遵循邓小平同志提出的"学马列要精,要管用"并从实际出发进行建设。① 这个"科学体系"主要是由马克思创造的,属于理论创新成果。在纪念马克思诞辰 200 周年大会上,习近平总书记高度评价了马克思的一生,强调了"马克思主义不是书斋里的学问"。

党的十九大报告提出,我国到 2035 年要跻身创新型国家前列,要加快建设创新型国家,深化供给侧结构性改革,建设知识型、技能型、创新型劳动者大军。② 那么,按照课程教学要为共产党治国理政服务的要求,我们应当从创新实际出发,以提高学生创新素养为目的进行"原理"创新榜样教学。并且,"大多数学生(87%)认为在 SPOC 课程(Small Private Online Course,即小众个性

* 基金项目:肇庆市哲学社科基金项目:"肇庆产业升级路径研究"。

** 罗青,肇庆学院马克思主义学院讲师,博士,主要从事思想政治教育研究。

① 任大奎. 全国高校"马克思主义原理"教学研讨会综述 [J]. 教学与研究,1995(02):23—26.

② 习近平. 决胜全面建成小康社会,夺取新时代中国特色社会主义伟大胜利——习近平同志代表第十八届中央委员会向大会作的报告摘登 [N]. 人民日报,2017-10-19(01).

化在线课程）中开展思政教育具有较大的优势，大大调动了学生的积极性。"①
所以，应用 SPOC 来升级"原理"创新榜样教学功能，对于增强教学的针对性
和实效性有着独特价值。

一、SPOC 适用"原理"创新榜样教学升级

2021 年 8 月，习近平总书记在河北省承德市考察产业升级时指出，要坚持
精准发力，立足特色资源，关注市场需求，发展优势产业，促进一、二、三产
业融合发展。"原理"教育教学属于第三产业，创新是本科生学习市场的需求，
应当立足"原理"创新榜样教学资源，通过服务创新来促进一、二、三产业融
合升级。已有调研表明，"原理"创新榜样对本科生的吸引力没有性别差异，可
以针对创新学习需求进行专题教学设计。而 SPOC 相比于 MOOCs（Massive Open
Online Courses，即慕课），其特点更适用于"原理"创新榜样教学。

（一）"原理"创新榜样广受欢迎

已有研究表明，"原理"课的教学目标、教学内容、教学方法、考核方法和
评价量表等教学设计应遵循"以学生为中心"的教学范式。② 榜样教育符合青
年大学生的心理特征，但是榜样教育存在效应弱化问题；③ 而榜样教育效应弱
化问题的主要原因是，榜样理想化、抽象化，与大学生现实的需求脱节。④ 对
上"原理"课的大二学生的创新学习需求调研也表明，93% 的男生和 95% 的女
生要求针对创新素质和能力改革"原理"教学，性别差异不显著；共有 75% 的
大学生非常想知道共产党人是如何创新的，但事实上却只有 12.7% 的学生完全
赞同"原理"课提高了自己的创新素质和能力。同时，能够相互佐证的调研数

---

① 刘永红，段丽君，李慧慧，陆冬莲，成协设，王运. SPOC 教学模式下课程思政教学设
计与实践——以无机及分析化学课程思政教学改革为例 [J]. 化学教育（中英文），
2021，(20)：35—40.

② 黄小惠. 原理课教学设计探析——基于"以学生为中心"教学范式 [J]. 思想政治教育
研究，2018，34 (04)：78—82.

③ 本刊编辑部. 透视榜样教育 [J]. 政工研究动态，2009 (05)：4.

④ 许占鲁，任少波. 高校朋辈榜样思想政治教育有效性研究——基于杭州市九所高校大学
生的调查分析 [J]. 复旦教育论坛，2016，14 (04)：49—54.

据分析表明,"原理"课教学设计应当注重培养创新意识、创新意志和创新方法。① 如上研究表明,当前的"原理"课教学设计还没有充分利用"原理"创新榜样资源,"原理"教学最突出的大问题是,没有充分尊重大学生对创新的学习需求。我们必须针对本科生的创新学习需求,整合"原理"创新榜样资源,升级"原理"创新榜样教学的内容体系。换句话说,立德树人要培养创新人才,教学设计就要服务创新学习需求,"原理"课教学设计就要针对创新意识、意志和方法,以"原理"创新榜样为主要教学内容。

(二) SPOC 能提供合适的教学形式

传统的"原理"课教学设计没有充分利用创新榜样资源,不但缺少针对创新的教学内容,而且教学形式也不能及时满足培养创新人才的需要。考虑到"专题教学是教材体系向教学体系转化的有效途径,是当前高校思想政治理论课普遍采用的授课方式,而专题设计是该教学模式运用中的关键环节",② 创新榜样完全可以作为"原理"课教学的一个专题。所以,改革"原理"课教学应当针对创新意识、意志和方法的学习需求,整合"原理"创新榜样资源进行专题教学设计。

新建构主义学习理论启发教学设计,以学生为主体、教师为主导,营造良好网络学习环境,鼓励学生采取"零存整取"式学习策略,突出创新能力的培养,改革传统考核体系。③ 有比较研究也发现,SPOC 相对于 MOOCs 更适合专业技能教学,对自学能力的要求较低。④ 因而,整合"原理"创新榜样资源培养创新技能,可以应用 SPOC 实现"以学生为中心"的教学目标、教学内容、教学方法、考核方法和评价量表的教学设计。事实上,经过新冠肺炎疫情之后

---

① Luo Qing. A Sophomore Questionnaire Research on the Innovation Learning Demands of "Principle" Course, Journal of Asian Research ISSN 2575 – 1565 (Print) ISSN 2575 – 1581 (Online) Vol. 4, No. 2, 2020. doi: 10. 22158/jar. v4n2p44.

② 刘贵占. 论马克思主义基本原理专题教学设计的基本原则 [J]. 思想政治教育研究, 2018, 34 (06): 84—87.

③ 魏圆圆. 新建构主义视角下"马克思主义基本原理概论"SPOC 课程学习 [J]. 思想政治课研究, 2017 (02): 31—34.

④ Guo, Ping "MOOC and SPOC, Which One is Better?". Eurasia Journal of Mathematics, Science and Technology Education, vol. 13, no. 8, 2017, pp. 5961–5967. https: //doi. org/ 10. 12973/eurasia. 2017. 01044a.

我国高校普及了网络课堂，而学习通网络课堂平台提供了灵活多样的教学形式，如方便教师创建SPOC、上传课件和资源、统计学情和绩点，有利于整合丰富多彩的榜样教学资源。同时，学习通有教学互动的功能模块，如签到、投票、选人、抢答、问卷和讨论等模块，方便直接调用。此外，学习通还有开放性的作业、测验、考试等功能，可以按需应用和扩展。

值得重视的是，学习通的统计功能对客观评估"原理"创新榜样教学效果非常实用。用其可视化图表展现教学活动、作业、成绩和考勤数据，能形象反映"原理"创新榜样教学设计的效果，为改进教学设计提供反馈。SPOC通过结合学习通网络课堂的功能模块，能为"原理"创新榜样教学提供合适的教学形式，优化教学效果。更重要的是，随着创新实践及理论的快速发展，"原理"课教学内容更新越来越快，而SPOC作为小众个性化在线课程，能及时更新资源，紧跟"原理"前沿热点进行动态教学，所以，它被越来越多的老师用来线上线下优势互补优化教学形式，贯彻高等教育强国战略。

二、SPOC融合"五度"指标完善教学设计

（一）SPOC"五度"教学设计思路

首先，通过需求侧调研分析教学现状，发现本科生对创新的学习需求以及对教学内容和教学形式的偏好。其次，联系学生的学习基础，结合"原理"课的教学目标，制定创新导向的教学目标。最后，借助现代教育学的自主教学模式，按照"五度"指标匹配SPOC的教学内容及形式。

教学中每当涉及创新，学生就表现出明显的好奇心。经个别访谈发现，本科生普遍的学习需求是希望增强创新素质和创新能力（二者统一为创新素养）。而建设创新型国家需要创新人才，正如习近平总书记指出的，新时代大学生将全程参与社会主义现代化的历史进程。但高等教育强国战略的实施遇到了大学生创新精神及方法不够问题，要求针对创新素养完善教学设计。因此，围绕创新学习需求发布纸质版与网络版优势互补的调研问卷，筛选有效问卷并结合SPSS 19.0数据分析，结果揭示"游戏式共产党人创新榜样"有显著的市场需

求，而且偏好用客观题来玩游戏。① 所以，教学设计应针对创新需求和学习偏好，教学内容上以马克思恩格斯创新榜样为主，以其他共产党人创新榜样为辅；在教学形式上以SPOC"五度"线上互动为主、以线下趣味教学为辅。

"原理"课教学目标必须贯穿"人类解放和人类社会发展规律"这一主线，而创新贯穿了革命、建设和改革诸历史时期，具有人类解放和社会发展的共性，"人类解放和人类社会发展规律"能抽象出创新规律。所以，"原理"创新榜样SPOC以解疑释惑创新为问题导向，可以从创新的态度、参与度、活跃度、满意度和创新程度这"五度"指标来进行效果评估：创新的态度通过问卷和讨论等功能模块来考察；参与度通过签到、投票和选人模块定量评估；活跃度通过抢答模块、小组自评分和教学资源学习时长定量评估；满意度通过评分模块、期末问卷调研结合定性和定量考察；创新程度则通过作业、测验和考试来量化评估。最终做到定性与定量相结合，系统培养和评估本科生上"原理"课后的创新态度、参与度、活跃度、满意度和创新程度。

（二）SPOC"五度"教学理念设计

习近平总书记指出，我们讲的供给侧结构性改革既强调供给又关注需求，重点是增强供给结构对需求变化的适应性和灵活性。相应地，"原理"课供给侧改革也要关注学生的学习需求，注重创新素养。做好高校思想政治工作要因事而化、因时而进、因势而新，遵循思想政治工作规律，遵循教书育人规律，遵循学生成长规律，沿用好办法，改进老办法，探索新办法。② 这里"因事而化"的"事"，就是培养学生的创新素养，针对创新学习需求改革榜样教育的内容与形式，真正做到充分利用榜样教育这个"好办法"。

我国本科生在高中都学过"原理"知识，但主要停留在理论上，在面对具体问题时缺少创新精神和方法。只有围绕创新这个引领发展的第一动力，服务学生的创新学习需求改变"头重脚轻"的教学现状，才符合"实践——认

① Qing Luo. An Undergraduate Survey Analysis of Education Demands for Communists' Innovative Models from the Supply-side Structural Reform Vision ［C］. DEStech Transactions on Social Science, Education and Human Science. Issue ichae. DOI：10. 12783/dtssehs/ichae2018/ 25713.

② 中共中央文献研究室. 习近平总书记重要讲话文章选编 ［M］. 北京：中央文献出版社，2016：432.

识——再实践——再认识"的认识路线。因此，实践中从创新视角理解社会主义发展史，发挥马克思恩格斯等"原理"创新榜样的示范作用，有利于引导学生树立创新意识、坚定创新意志、掌握创新方向和习得创新法则，自觉提高创新素养。结合学校"以生为本，以质立校，学术并举，崇术为上"的办学理念，进而把教学理念具体化为：针对创新学习需求，提高创新素养，创新理论与技能并举，着重培养创新技能。并配套相应的教学目标设计和"五度"评估指标，例如通过完成小组实践作业来组织学生同辈学习，习得创新技能，以实际行动落实创新驱动发展战略。

（三）SPOC"五度"教学目标设计

《中国教育现代化2035》强调了加快信息化时代教育变革，要求构建基于信息技术的新型教育教学模式。[①] 为增强"原理"课供给结构对需求变化的适应性和灵活性，"原理"创新榜样教学目标设计可以通过结合SPOC理念与学习通信息技术构建新型教学模式，而做到具体针对学生的创新学习需求，提高创新素养，创新理论与技能并举，着重培养创新技能。

教育学将教学目标分为三个维度：知识和能力、过程和方法、情感态度和价值观。有鉴于此，创新导向的教学目标要整合有关创新的知识和能力、过程和方法、情感态度和价值观。这三个维度都可以归结为创新知识，即有关创新能力的知识、创新过程的知识、创新方法的知识、创新情感态度和价值观的知识。因此，"原理"创新榜样教学SPOC的目标是，以创新知识为中心，利用创新榜样资源传授"原理"的创新过程、创新方法、创新态度和价值，帮助学生习得以创新素质和能力为内在动力的创新素养体系。

在这里，以创新知识为中心，还因为创新知识就是有关创新能力、创新管理、创新方法、创新精神和创新资源的知识。[②] 而以创新素质和能力为内在动力，是因为内部矛盾提供内部动力，创新素质包括了创新意识和创新意志——创新意识能让学生"想"创新，愿意创新；创新意志则让学生"爱"创新，坚

① 中共中央办公厅、国务院办公厅. 加快推进教育现代化实施方案（2018—2022）［EB/OL］.［2019-02-23］. http://www.gov.cn/xinwen/2019-02/23/content_5367988.htm.

② Luo Qing, On the Systematic Functions of Innovation Knowledge in Marxist Innovation Education［C］. A Conference: 2017 2nd International Seminar on Education Innovation and Economic Management（SEIEM2017）January 2018. doi: 10. 2991/seiem-17. 2018. 14.

持创新。创新能力则包括创新方法和创新技能——创新方法让学生"会"创新，知道怎么创新；创新技能让学生"能"创新，取得创新成果。这样，学生一方面通过学习创新知识提高创新素质，在思想认识上"懂得"创新，另一方面应用创新知识增强创新能力，就在言行实践上"敢于"创新。提高创新素质与增强创新能力，二者对立统一，相辅相成，在辩证运动中推动持续创新。只有这样以创新素养体系为目标，才能在"原理"教学中切实做到把创新摆在核心位置。

（四）SPOC "五度"教学手段设计

为循序渐进地达到习得创新素养体系的教学目标，"原理"创新榜样SPOC采取的教学手段以"五度"线上线下优势互补自主教学为主，辅之以创新榜样引导的趣味性教学。

1. 以"五度"线上线下优势互补自主教学为主

创新的态度、参与度、活跃度、满意度和创新程度这"五度"效果，与线上线下优势互补自主教学功能设计存在对应关系。分别是，创新的态度对应SPOC的Small（小众）要求，满意度对应Private（个性化）设计，参与度、活跃度对应Online（在线）设计，创新程度对应Course（课程）配置。

具体说来，参考SPOC理论的教学设计流程，分别主要负责创新的态度、参与度、活跃度、满意度和创新程度这"五度"教学效果。

首先做到"小众"，设置限制性准入条件，要求学生只有对创新感兴趣才能选课。这就保证了优化创新态度的基础。

其次是体现"个性化"，对本课程在校生定时间定地点开展课堂教学，按照学生对创新素养的学习需求和节奏，组织创新榜样学习资源，并通过线上投票与学生民主协商制定考核程序，公正管理小组项目创新。这样能线上线下优势互补，优化学生对"原理"创新榜样学习的满意度。

再次是做好"在线"，按教学需求适时上传创新榜样及其创新案例的多媒体或文档等资料，用小组创新实践作业组织和引导学生广泛学习共产党人的做法，并查找材料用于小组交流和讨论，分工合作完成小组项目，从而切实提高创新榜样学习的参与度和活跃度。

最后做好"课程"。线下针对学生作业中遇到的问题，应用马克思创新的立场、观点和方法，指导作业及绩点任务，并延伸到线上互动，有效提高学生的创新程度；对达到考勤要求和创新素养测评的学生，按照个人作业和小组创新项目得分情况颁发分等级的课程证书。之所以要分等级，是因为传统的"原理"教学只有过与不过的区分而不利于进行量化激励，而分等级的课程证书不但能够引导学生参考不同等级在创新的态度、参与度、活跃度、满意度和创新程度上的要求，自我激励和自主学习"原理"创新榜样，而且能够增加学生的自我效能感和获得感。这样教学就能充分利用线上线下各自的特点，做到优势互补。

2. 以榜样引导的趣味性教学为辅

教学手段上，综合运用"原理"创新榜样的短视频设置场景，借助多媒体和课件（PPT）展示要点，以及线上线下优势互补进行趣味性榜样教学，在对话互动中提高学生的"五度"。这里之所以强调趣味性，是因为对话教学策略的特点是要求按照学生反馈，及时调控教学活动及任务重点，能够配合"五度"SPOC 自主教学。榜样引导的趣味性教学不但遵循了教学智能化、交互化的趋势，而且有利于充分利用学习通的智能模块和对话教学策略促进提高创新素质与增强创新能力的辩证统一。

具体说来，借助学习通功能模块，围绕创新的态度、参与度、活跃度、满意度和创新程度，有重点地对话，调控教学活动及教学任务：①活跃课堂气氛，调研学习需求，营造轻松氛围，诱发学生参与教学，体现创新榜样学习的主体性和创造性；②指导完成个性化学习任务，巩固创新知识，获得学习效果反馈，调整教学重点；③聚焦小组创新实践活动，迁移创新知识，形成创新技能，转化为创新素养。同时，发挥各任务点积分的激励作用，灵活调整"五度"SPOC权重和分值，例如考核比例调整为"平时成绩 60%+期末成绩 40%"，加大平时成绩比重，因为学习"原理"创新榜样主要靠平时。平时成绩权重组成可以配合"五度"指标，分别包括：问卷和讨论等功能模块占 20%，考察创新的态度；签到、投票和选人模块占 20%，定量评估参与度；抢答模块、小组自评分和教学资源学习时长占 20%，定量评估活跃度；评分模块、期末问卷调研占 20%，定性和定量相结合考察满意度；作业、测验和考试占 20%，量化评估创新程度。这样，就能比任何单一的考核更有效地引导学生学习"原理"的创新过程、创新方法、创新态度和价值，习得以创新素质和能力为内在动力的创新素养体系。这种多元化定性和定量相结合的系统考核手段，能线上线下优势互补，充分调动学生学习"原理"创新榜样的主动性、积极性和创造性，也有利于对教学进行过程性管理，及时调控教学重点。

三、"原理"创新榜样 SPOC 有推广价值

"原理"创新榜样 SPOC，通过融合学习通网络课堂的功能模块与教学效果的"五度"评估指标，能够借助创新的态度、参与度、活跃度、满意度和创新程度评价，有效引导学生围绕"原理"的创新知识，学习创新过程、创新方法、创新态度和价值，习得以创新素质和能力为内在动力的创新素养体系。这样内化"原理"创新榜样，有利于程序性创新知识转化为学生的创新素养，从而外化为能够随机应变的创新技能。在这个意义上，"原理"创新榜样 SPOC 不但可以推广到"思想道德修养与法律基础"和"中国近现代史纲要"等思政课程，而且可以推广到"计算机原理"和"教育学原理"等具体"原理"的课程思政。

随着意识形态战争发展到网络战阶段，可以考虑以上述"五度"应对网络空间五种竞争力量模型的新进入者、行业竞争者、供应者、使用者和替代者。具体说来：创新态度是应对意识形态的新进入者，规避西方以不能服务创新为突破口瓦解马克思主义理论教育；满意度应对意识形态的行业竞争者，因为享乐主义、拜金主义或无政府主义等都很难迷惑对马克思主义满意度高的学生；"原理"创新榜样学习的活跃度，是应对意识形态的供应者，能把握创新创业人才为人民服务的方向；学生的协作度应对的是意识形态的使用者，能让学生习惯马克思主义的创新思维，增强作为使用者的获得感；学生的创新程度应对的是意识形态的替代者，如娱乐至死的玩游戏。只要学生以"原理"创新榜样为"心灵伴侣"，就会因获益而热爱，因热爱而学习，从而形成良性循环。总之，榜样教育符合青年学生的心理特征，有了"原理"创新榜样，无论遇到什么问题，学生都可以随时随地与"心灵伴侣"互动，不断提高创新素质与增强创新能力。

网课背景下思政课三位一体教学模式实践与评价*

陈树鹏　　庄百鹏**

2015年教育部印发的《普通高校思想政治理论课建设体系创新计划》提到，思政课教学要"切实推进优质教学资源共享，加强'高校思想政治理论课程网站'建设"。2018年教育部印发《新时代高校思想政治理论课教学工作基本要求》也强调，"要深入研究网络教学的内容设计和功能发挥，不断创新网络教学形式，推动传统教学方式与现代信息技术有机融合。"鉴于目前教育信息化能够采用的技术手段、课程模式非常丰富，近些年来特别是新冠疫情暴发以来，思政课程的教学改革的中心、重心都是网络课程建设。积极促进网络技术和思政教育融合发展已是大势所趋。网课对思想政治理论课教学改革具有重要的推动作用。

网络课程是以网络为载体的某一学科的教学内容及实施教学活动的总和。① 2020年暴发的新冠疫情，打乱了中国的教育教学节奏。为阻断疫情向校园蔓延，确保师生生命安全和身体健康，教育部印发通知要求2020年春季学期延期开学，学生在家不外出、不聚会、不举办和参加集中性活动，从高校到中小学开始在家上网课。从2020年1月疫情暴发到2020年9月中小学和高校重新开学，中国的教育发生了一场史无前例的变革，创造了人类教育史上的一个奇迹。网

---

* 基金项目：构建全程化全方位大学生思政教育教学改革与实践研究，项目编号：2018T59，广东省高职教师教学指导委员会资助立项。

** 陈树鹏，肇庆医学高等专科学校思政部讲师，研究方向为思想政治教育。
庄百鹏，肇庆医学高等专科学校思政部副主任、副教授，研究方向为思想政治教育。

① 孙良诚. 高职网课教学模式探讨，安徽电子信息职业技术学院学报［J］. 2020（6）：64—66.

课为疫情防控作出了突出的贡献，同时也极大促进了广大教师的教学信息化能力的提升，开启了中国全面的"互联网+教育"的新时代。

一、网课对思政课教学改革的意义

（一）网课改变了传统思政课教学中的主客体关系，扩展了学生接受思想政治教育的时间和空间，开辟了全新的"思政教育领域"。网课顺应了当代大学生学习和社交网络化、信息化、数字化的趋势，得到了广大学生的青睐。慕课提升了思想政治理论课的关注度、喜爱度和亲和度。网课可以让学生主动选择学习的时间、学习的阶段、学习的内容，根据自己的喜好和对知识点的理解程度，实现课堂的翻转。

（二）网课扩展了思想政治理论课的教学资源，让学生足不出户就能体验到中国顶尖大学的思政课程，解决了思政课程教育教学资源不均的问题，使海量的优秀教学资源得到共享。

（三）网课解决了线下教学时间固定而不灵活、受时间和空间限制大的技术性问题。网课的线上性对线下的传统教学起到了积极的补充作用。尤其是在特殊时期，例如在 2020 年上半年的新冠疫情暴发时期，网课为无法开展线下教学提供了及时的补救。

（四）网课的趣味性和互动性解决了传统思政课出现的以教师为中心、以课堂为中心、重理论灌输、轻师生互动、课堂气氛乏味、互动少等问题。例如慕课采用的 8—10 分钟的微课模式，让学生能够及时地回顾和复习，并且在视频中设置了嵌入式答题模块，让学生在学中做，提高了学习的效率。

二、网课的两种主要类型

形式上，网课有两种主要的类型。一种是在线直播课程，以直播的方式开展。通过在线会议平台或者专门为网课打造的在线直播教学平台，如"钉钉""腾讯会议""ZOOM"等。在线直播课程实际上是将传统的线下教学课堂虚拟化，把讲台搬到网络上来，以屏幕为黑板，以鼠标为教鞭。直播课程能够实现教师对每一位学生的互联，实现对师生分处两地的地域限制的突破，是在非常时期保证教学延续性的重要手段。

另一种是慕课，以事先准备好的视频、PPT 等教学资源开展教学。慕课，英文缩写为 MOOC（Massive Open Online Courses，大规模在线开放课程）。2008年 MOOC 被提出，2011 年斯坦福大学开放其人工智能课程，共吸引了来自 190多个国家的 16 万学习者，世界开始关注 MOOCs。2012 年，美国名校纷纷开设 MOOCs 课程，MOOCs 开始席卷全球。2013 年，MOOC 进入亚洲，香港科技大学、北京大学、清华大学、香港中文大学等相继提供网络课程。2013 年 5 月，中国内地高校走出 MOOC 第一步，清华大学与北京大学老师把部分课程搬上 edx，复旦大学及上海交通大学也在同年 7 月与 Coursera 正式签约。2014 年 5月，由网易云课堂承接教育部国家精品开放课程任务，与爱课程网合作推出的"中国大学 MOOC"项目正式上线。据有关研究报告显示，2018 年有 900 多家不同的大学提供了超过 11400 个 MOOC，注册人数超过 1 亿。① 2013 年以来，慕课在我国发展迅速，并且随着国家推出"互联网+教育"的战略，慕课成为教育教学改革、教育信息化的前沿阵地。慕课给教育带来的变革犹如印刷术对文字记载方式的变革。慕课以其公开性、开放性、互动性、自主性和时空性迅速在互联网上构建起庞大的教育教学平台。

三、三位一体线上线下混合式教学改革设计与实践

（一）三种教学模式在整个教学进程中课时的安排比例

三位一体线上线下混合式教学模式指的是将传统课堂教学、学生自主在慕课平台上进行自学以及教师在线直播教学三种教学模式相结合的混合式教学模式。首先，三种教学模式深度融合必须体现在教学进程的课时安排当中，不能把网络教学排斥在传统教学进程之外，也不能以网络教学取代传统教学。在以传统的课堂教学为主的情况下，如何给网络教学分配适当的学时是首先必须解决的主要问题。以"思想道德与法治"课为例，该课程在思想政治教学当中普遍反映课时紧、内容多、实践教学不好开展等问题。该课程总学时为 48 课时，我们建议传统教学 32 课时，慕课教学 6 课时，在线直播 6 课时。这样的课时分

① Shah，D. Year of MOOC-based Degrees：A Review of MOOC Stats and Trends in 2018 [EB/OL]. https：// www. edsurge. comnews2019-01-02-year-of-mooc- based-degrees-a-review-of-mooc-stats-and-trends-in-2018. 转引自，程建山，国外慕课（MOOCs）研究综述（2009 — 2020）[J]. 教育教学论坛，2021（05）：17—23.

配，体现以传统教学为主、网课为辅的混合式教学新模式，实现无论是课前、课中、课后都能充分运用现代教育技术手段，形成三位一体的线上线下混合教学模式。（如下图所示）

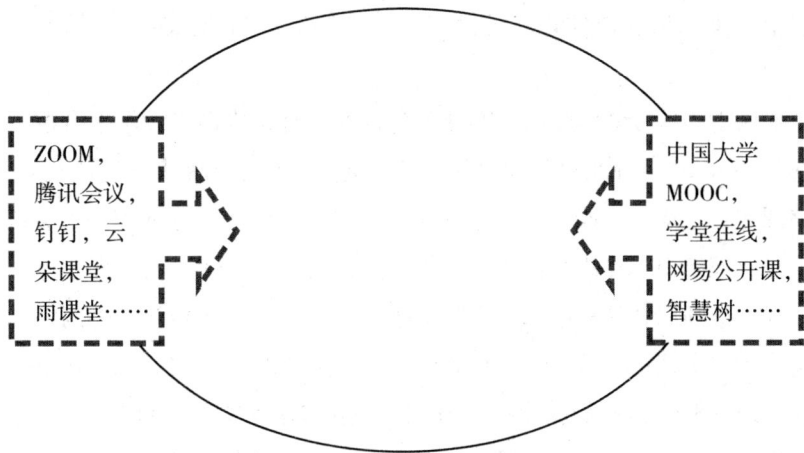

图1　三位一体的线上线下混合教学模式图

（二）课前课中课后的主要教学任务

1. 课前。课前线上学习为主，以慕课方式为学生讲授专题、案例、布置作业、讨论的主题等。课前注重知识目标的培养。

2. 课中。课中以传统课堂教学、在线直播教学为主，对教学内容的重点、难点进行讲解。课中侧重情感目标的培养。

3. 课后。以线上教学为主，突出学生的能力目标的培养。在慕课平台上发布拓展性知识，布置课外实践作业。

（三）教学实施过程

1. 依托学校的网络教学平台，打造相关课程的慕课体系。肇庆医学高等专科学校建有随身课堂网络教学平台，课题组成员有丰富的网络课程建设经验。相关课程的慕课体系将围绕相应的教学内容，制作教学视频、PPT、教学文档、案例资料，在教学视频中建立交互式模块，例如提问、问卷调查。

2. 依托直播软件开设直播教学。直播教学的目的在于与传统课堂教学形成相互补充的教学模式。直播教学更侧重于知识性，通过直播平台的教辅工具，教师能更好地将相关的知识传授给学生，其网络的一对一性能够让每位认真听讲的学生模拟一对一上课模式。

3. 传统课堂教学也非本来的传统课教学，在传统课教学过程中，教师也要偶尔用到信息化的教学手段，例如雨课堂，能够在 PPT 中穿插练习题，而学生在手机上作答的情况能够进行统计，及时将学生对知识点的学习情况反馈给教师。

肇庆医学高等专科学校思政部基于学校的随身课堂网络教学平台建有"思想道德与法治""毛泽东思想和中国特色社会主义理论体系概论""卫生法学"等网络课程，平均每学期点击达上万人次。在疫情期间，通过 ZOOM 会议直播平台，思政部组织了在线直播教学，授课人次达 2 万余人，为停课不停学提供有力支撑。老师们各显神通，形成网络案例讨论、网络小组学习、网络知识竞赛、党史学习定期推送等丰富的教学新方法。在 2020 年 8 月，肇庆医学高等专科学校思政部教学团队们获得广东省职业院校技能大赛教学能力比赛三等奖。在大赛中，思政部教师充分运用信息化教学手段，获得评委的好评。

四、三位一体线上线下混合式教学模式的教学效果评价

在三位一体线上线下混合式教学模式中，我们组织四个班级进行教学效果评比。一个班级完全实施传统的教学方式，不使用信息化教学手段。第二个班级不采用传统的课堂教学，完全采用网课教学模式。第三个班级采用慕课自学的方式，自主在网络教学平台上进行自学。第四个班级则采用"网课+传统课堂教学"的三位一体线上线下混合教学模式。对四个班级采用对照实验的观察方法，对传统教学、慕课、在线直播课以及三位一体混合式教学四种教学方式下开展思政课的教学效果进行对照。

（一）学生课程满意度评价。选取参加"思想道德与法治"课的 2020 级临床 5 班学生 60 人，采用传统教学方法教学；选取"思想道德与法治"课的 2020 级临床专业高职扩招班 60 人进行网络直播教学；选取 2020 级助产专业 1 班共 60 人进行慕课自主学习；选取参加"思想道德与法治"课的 2020 级临床 6 班学生 60 人采用三位一体混合式教学模式教学。通过问卷调查对 4 个班级的课程满意度进行比较，结果发现，三位一体线上线下混合式教学的课程满意度达到了 96%，而传统教学的满意度为 76%，慕课教学的满意度为 65%，在线直播教学的满意度为 57%。

（二）教师评价。对2020—2021学年肇庆医学高等专科学校教师的教学评价得分进行比较，采用单纯的传统教学的教师的评价为80—90分，采用慕课教学模式的教师的评价为70—80，采用网络直播课的教师的评价为75—85，采用三位一体线上线下相结合的混合式教学的教师的评价为90—98。

（三）学生学习效果考核。对于学生的学习效果的考核方式，我们采用基于学习产出的教育（OBE）理念，紧紧围绕课程本身的目标来设计①，将自主学习纳入考核目标当中，从而提高学生网课学习的积极性。通过对比四种教学模式的学习成绩，发现在三位一体教学模式当中，学生的平均分为85，在慕课的教学模式中，学生的平均分为80，在直播教学模式当中，学生平均分为72，在传统教学模式当中平均分为77。

五、构建"慕课+直播课+传统课"三位一体的混合教学模式对思政课教学改革的意义

传统教学容易形成以教师为中心、学生为被动客体的教学形态。在线直播则容易产生上课纪律难易掌握、无法及时了解学生状态等缺点。慕课则容易产生教师角色弱化，教学无差异化、标准化等缺点。思想政治理论课的内容涉及面广，要成为一名好的思政课教师，必须有丰富的知识。思想政治课教师不仅仅是弘扬社会主义核心价值观的思想工作者，同时还是学生的心灵导师、职业规划导师，甚至是学生爱情、生活、事业各方面的导师。思政课教师必须具有广阔的知识。但是，受限于教材和课时，在传统的教学模式中，思政课教师与个体学生之间的交流非常少。有的思政课教师上完课便走人，很多学生从来没有和老师面对面交流过。思政课教师在客观上成为教材的读声机。而网课突破了传统教学中1对"100+"的模式，以1对1的网络通道，给每位学生提供更为方便的交流渠道。网课模式下思政课三位一体线上线下混合教学模式具有如下的优势：

（一）有利于解决思政课线上线下结合不深、流于形式的问题

在"思政课+网络教学"的大潮下，的确涌现了不少的网络课程。其中以中

---

① 魏忠. 在线授课，不如教研织网——基础教育信息化重点在教研而不是网课 [J]. 中国信息技术教育，2020，（Z4）：14.

国大学 MOOC 为代表，涌现了一批质量高、制作精美的精品思政网络课程。但是这些课程都是自成体系，如果没有线下课程，也能成为一门独立的课程。例如，在 MOOC 中，教师与学生的交流由平台系统预先设置的程序来完成。老师较少在平台上与学生互动，慕课成为单纯的教学资源库和题库。由于思政课程更侧重于思想的启迪和社会主义核心价值观的弘扬，在教学过程中需要思政课教师带有强烈的情感色彩和感染力。慕课中的教学视频更侧重于知识的传授而非情感输出，因此慕课必须与传统课堂相结合，才能发挥更大的效果。

（二）有利于解决传统慕课缺乏差异化和个性化教学的问题

慕课的主要特征是课程的体系化、标准化，无法提供差异化、个性化教学。慕课无法实时与学生互动，只能按预先设计的问题来进行互动，缺乏教学的现场感和真实感。在慕课当中，教师的一言一行被数据化和固定化，慕课的学习模式逐渐演变人机学习模式，缺乏真人感。

（三）有利于充分发挥三种教学模式的优势，各取所长，各补所短

将慕课、直播课、传统课三种教学模式混合在一起，能够弥补各自的不足，形成全方位三位一体的混合教学模式。这既顺应"互联网+教育"的大趋势，又能灵活机动应对突发事件，也不会彻底抛弃传统教学方式。三种教学模式有机结合、各有侧重，是线上线下混合式教学的最好实现途径。

（四）有利于提高学生的受重视感，提高学生的学习积极性

在教学过程中，教师提前布置作业，认真回答学生问题、学生在平台上的提问等，都可以大大提高学生的受重视感。在心理学上，著名的"霍桑实验"便证明工人并不是因为工作环境的变好而提高了积极性，而是因为工作环境在短期内提高了工人的受重视感。用"霍桑实验"解释网课中教师的"刺激行为"，也能证明学生是社会人，即使是网课，"感受得到重视"才是提高学习积极性的关键。①

六、总结

通过教学实践和对新教学模式的教学效果评价，三位一体混合式教学模式

---

①　张晓军. 激活大学网课的四个关键问题［N］. 中国科学报，2021-9-7（007）.

改变了传统课堂教学中师生互动少、教学形式单一、师资力量薄弱、重理论灌输、轻思辨启发等缺点；弥补了慕课教学中教师客体化过多、无现场感和空间感、师生无情感交流等缺点；纠正了直播教学中课堂掌控能力弱化、学生刷课打卡、视屏学习时间过长不利于健康等问题。

在思政课的传统教学模式中，理论讲授是主要的方式，辅之以案例教学、情景教学等新的方式，但是效果并不理想。思政政治理论课是宣传马克思主义理论尤其是习近平新时代中国特色社会主义思想的主阵地。思政课程具有理论性强、知识性强、实践性强以及教育性突出等特点。传统教学的优势是能够面对面和学生接触，教学感染力强，教师能及时了解学生的学习动态。慕课的优势是能够对课程进行精心设计，把每堂课变成精品课程，具有可反复观看、复习的优势。而在线直播课则能突破空间的限制，在特殊情况下也能开展教学，且在线直播能够运用虚拟课堂的现代信息技术，并能够对学生的学习轨迹进行记录。

三位一体的混合式教学模式，能够构建一套虚拟的仿真授课空间，结合传统课堂教学，形成三位一体的全方位、全过程、全时空的三维课程体系。将三种教学方法融为一体，发挥三种教学方法的优势，使三种教学方法有机结合、互为补充、互相促进、相互强化，构成一个稳定的、坚固的三角形教学结构——既注重教学的体系化又兼顾教学的个性化和针对性；既体现以教师为中心的权威引导，又发挥网络平台的交互性，满足交互式学习需求；既发挥网络教学的优势，又对传统教学起到积极的促进作用，使传统教学更加完善。三位一体混合式教学并非将慕课、直播课和传统课无序地杂糅到一起，而是从教学的各个环节着手，根据每个教学环节的特点来运用不同的教学方法，从而使整体教学效果最大化。该模式将有助于为现有的各种网络教学平台、教学辅助软件提供新的升级目标，能够结合思想政治理论课教学的特点，开发制作符合思想政治理论课的教学平台和教辅软件。

新时代依托党媒开展大学生思想政治教育的探索

白慎志*

"'大思政课'我们要善用之,一定要跟现实结合起来。"2021年3月6日下午,习近平总书记在看望参加全国政协十三届四次会议的医药卫生界、教育界委员并参加联组会时,再次谈到思政课这个非常关心的关键课程,强调要想在校内小课堂讲好思政课,充分结合现实社会大课堂是其应有之义,如此才能成风化人、凝心聚力。以马克思主义新闻观为指导的党媒,以其党的喉舌强大政治优势和始终坚持以全心全意为人民服务的宗旨,在连接思政小课堂同社会大课堂结合的过程中发挥着不可或缺的桥梁和纽带作用。党媒使得现实生活中最鲜活、最灵动的素材永续不断地成为思政课的源头活水,让"大思政课"更加甘甜、浸润人心。

一、新时代依托党媒开展高校思想政治教育的现实意义

高校蕴含着人们对于社会的最高理想,同时也肩负着培养社会主义合格建设者和可靠接班人的重任。作为意识形态工作的前沿阵地,高校如何立足当前实际,结合学生成长成才需要,创新大学生思想政治教育工作的重要性日益凸显。众所周知,高校思想政治教育工作是对大学生价值观引导的过程,然而科学的价值观只有通过恰当有效的方式传递给学生,被学生所理解和接受,内化为学生自身的理念信仰、个人的行为规范,最终才能形成强大的前进动力,更好地指引广大青年学子在实现中国梦的伟大实践中贡献青春力量,书写人生

---

* 白慎志,广东理工学院马克思主义学院助教、硕士,主要从事思想政治教育研究。

华章。

新闻媒体作为传播和宣传的载体，为高校思想政治教育的开展和传播的实现提供了坚实可靠的保障。党媒如人民日报、南方日报等重点主流新闻媒体单位打造的文明、负责任的新闻舆论环境，需要最大化地发挥其思想引领作用，融入大学生日常思想政治教育工作中，进而矢志不渝用正确的思想武装当代大学生，在校园里营造良好的文化氛围，优化高校育人环境。这对国家的发展、祖国的未来和社会的进步有着重大的现实意义和深远的历史意义。

一定程度上来说，粤港澳大湾区高等教育集群就是中国高等教育发展的一块"试验田"。粤港澳大湾区拥有世界级的创新环境和条件。[①] 粤港澳大湾区高校需要准确把握时代脉搏，立足广东实际，凸显地区特色，做好"粤"字文章，讲好"大思政课"；需要引导学生培育和践行社会主义核心价值观，激发思想政治工作的生机与活力，更加生动地传达和诠释理念；需要贴近大学生思想、学习、工作和生活实际，让思想政治教育走进学生的心灵深处、触及灵魂；需要在不断增强思想政治工作的针对性和实效性、提高思想政治工作的吸引力和感染力上下功夫。在这一过程中，党媒发挥的独特作用值得研究。

二、依托党媒开展高校思想政治教育的实践与探索

广东地处改革开放前沿，作为一名思想政治理论课教师，要认识和把握粤港澳大湾区建设带来的新机遇，增强自身的使命感、责任感，积极为学生创造条件；要发挥党媒对学生的思想引导作用，在大学生感兴趣的传播载体上合理融入相关思想政治教育的内容，切实创新好教育的趣味性；要使主流意识形态更加通俗易懂、潜移默化的为大学生所真正地理解和掌握；要促进大学生的政治进步，更好地实现高校思想政治教育过程的吸引力、说服力、感召力。具体实施方法与经验主要从以下三个方面进行论述。

（一）充分借助党媒传播立体化呈现优势，更好地开展关键节点思想政治教育，让思政课"粤"味十足

从高校育人属性出发，思想政治理论课教师在工作中应积极发挥自身主观能动性，结合实际开展一些卓有成效的新尝试，勤于浏览、善于发现、充分挖

---

① 陈先哲. 广东高等教育的几次"先行一步"［N］. 光明日报，2020-11-3（1）.

掘，并加以合理利用。例如。人民日报、人民网、南方日报、南方网等党媒创作的优秀网络作品，充分结合思政课程教学内容，在思政课堂上开展有声有色的传播活动。这一探寻既符合大学生特点和认知水平的现实需要，又把紧扣教学要求的鲜活案例融入教材。我们要注重密切结合省情，做好"粤"字文章，立足广东实际，做到既接近学生实际又接近身边实际，双管齐下讲好"大思政课"，让思政课"粤"味十足，实现两者有机结合，为更好地实现思想政治教育效果贡献力量。

2020 年 10 月 14 日，深圳经济特区建立 40 周年庆祝大会隆重举行。一时间，习近平总书记在会上发表的重要讲话在粤青年学子中引起热议。学生所关注的时政热点，就是思政课教师思想育人工作的重点。在"毛泽东思想和中国特色社会主义理论体系概论"课堂教学中，我们可以利用多媒体，通过结合人民网深圳频道推出的新闻专题《深圳经济特区建立 40 周年庆祝大会》中最新报道、数说深圳特区 40 年、图说深圳特区 40 年高清大图等板块，播放反映深圳特区经济社会发展以及治理现代化成就的视频《飞"粤"40 未来可期!》，全方位、多角度地向同学们解读特区四十载波澜壮阔的历史，从而更好地服务和回应学生关切，让学生们感悟感知深圳经济特区在 40 年改革开放实践中创造的伟大奇迹，品味发生在广东这片热土上的生动实践。

2020 年 12 月 25 日，伴随着 2021 全国征兵工作的进行，作为广东省委机关报的《南方日报》第一时间在要闻版刊发广东 2021 年兵役登记开始的消息。文章还借助"南方+"扫码即可查看具体登记流程，一键登录中国征兵网，信息全、易操作、重点突出，满足了学生群体当前碎片化阅读习惯。我们可以通过这种大学生喜爱的方式，引导适龄青年积极投身火热军营。在教学中，我们一是可以分析符合当下大学生的阅读习惯，通过在思政课上展示南方日报电子版，一方面有助于培养学生阅读党报的良好习惯，另一方面也有益于扩展学生获取权威新闻资讯的渠道；二是课间播放全国征兵宣传片、中国军网制作的征兵宣传片，对所带班级学生进行征兵宣传教育，引导学生热爱军事，关注国防；三是号召广大青年学生依法服兵役、参军报国，为实现党在新时代的强军目标，实现强军梦、中国梦努力奋斗。

（二）充分发挥党媒创作的"接地气"融媒体作品，更好地开展日常思想政治教育，让思政课"粤"来越近

处于粤港澳大湾区中的广东高校大学生，思想意识活跃，向大学生传递正确政治导向和价值取向显得尤为重要。日常工作中，思想政治理论课教师应结合广东思政课教学实际，密切关注党报及其网站上与学生日常生活、学习等方面密切相关的报道，以便于更好地开展大学生日常思想政治教育工作，在讲好学生身边的思政课上下功夫。

2019秋季学期，在广东省高校大一新生中开设"马克思主义中国化进程与青年学生使命担当"这一门省级精品思政课教学实践。借助2019年11月19日南方网发布的新闻《广东研发精品思政课，为大学生播下奋斗种子》，我们把这篇文章分享给学生，结合"马克思主义中国化进程与青年学生使命担当"课程实际教学，"引导学生认识到新时代赋予当代青年的新使命，引导学生为实现'两个一百年'奋斗目标、实现中华民族伟大复兴的中国梦而奋斗"①，从而让学生重视学习与时俱进的理论成果的同时，明确作为时代新人肩负的光荣使命。与此同时，我们结合11月20日刊发于南方日报的文章《教育部启动一省一策思政课行动 华师牵头打造广东精品思政课》，向学生传递课程的重要性，引导学生主动思考学好此门课程对于自身成长成才的内在价值。报网结合、双管齐下、形成合力、融合教育，思政"金课"与高校学子越来越近。

"我还是从前那个少年，初心从未有改变，百年只不过是考验，美好生活目标不断实现。"2021年全国两会期间，人民日报新媒体推出建党百年主题MV《少年》，歌曲中把党的百年历程与流行音乐完美地结合在一起，历史与现实跨越时空传递着信念，唤醒青年大学生的心跳。通过播放此作品和介绍该曲的作词人（深圳本土的唱作人），让学生感知中国共产党始终不忘初心、牢记使命、砥砺前行的艰辛历程，也引导学生学习身边的青年榜样，要用实际行动诠释理想信念，实现个体与时代的情感共鸣。

我们还要充分借助和发挥《人民日报》《南方日报》等党报及其新闻门户

---

① 吴少敏，姚瑶，杜玮淦，马立敏. 广东研发精品思政课，为大学生奋斗种子播下［EB/OL］.（2019－11－19）http：//news. southcn. com/gd/content/2019－11/19/content_ 189556446. htm.

网站的权威性、指导性、影响力和公信力，卓有成效地开展思想政治教育工作，积极引导大学生关心国家大政方针，关注社会经济文化建设。我们要通过党报持续加强学生先进理论知识的学习，丰富知识储备，扩展自身视野。一方面使学生获取正确的国情、省情等舆情信息，也满足学生获取时政、科技、教育、文化等方面新闻信息的需求。这为促进学生的思想进步、实现学生的自我教育提供良好的精神支撑，也无形中对学生进行了舆论引导和价值观的滋养熏陶。

（三）充分依托党媒所开发的多元业态开展网络思想政治教育，在当前疫情形势下让思政课"粤"来越好

伴随着信息技术的快速发展，舆论传播的方式也随之发生了巨大改变，舆论引导工作也出现了一定的现实困难。这要求主流媒体大力推进新媒体建设。新媒体舆论生态环境下，党媒在转型过程中，主流媒体转型为融报刊、网络新媒体、出版发行等业态于一体，报纸、微信微博、新闻客户端等传播矩阵建设顺应了时代的发展要求，成为媒体融合发展新阵地。

全国两会期间，《人民日报》发挥全媒体强大的传播优势，在客户端推出"两会时间""5G云连线"等栏目，以"新征程再出发"为主题推出两会融媒体专题，在人民网综合运用直播、海报、动画、微视频、H5等多种呈现形式，推出一系列有高度、有温度的作品，圆满完成了国之盛会的报道。如手绘动漫《原来，这才是你……》、H5作品《2021，向着目标出发》一经推出，就激发起学生的兴趣，引发学生的普遍关注。广东两会期间，《南方日报》客户端精心策划，通过视频、图文的直播形式，突破空间界限，让大学生从围观者变成参与者，让"两会"与青年学子零距离。作为思想政治理论课教师，我们要充分了解、收集所带班级学生关注的时政、教育、科技等感兴趣的话题，以此为契机引导大学生自发阅读《人民日报》客户端、"南方+"客户端及其内容，找到实实在在的需求点，培养学生自主学习的能力，使学生能够及时准确地获取和掌握党的理论、路线、方针和政策，更为全面地回应学生关切。

2021年2月20日，党史学习教育动员大会在京召开，习近平总书记出席会议并发表重要讲话。他强调，在全党开展党史学习教育，是党中央立足党的百年历史新起点、统筹中华民族伟大复兴战略全局和世界百年未有之大变局、为

动员全党全国满怀信心投身全面建设社会主义现代化国家而作出的重大决策。①
在当前疫情形势下，丰富的党史学习教育资源如何更好地融入思政课教学，显
得尤为重要。作为广东的网上窗口、第一时间传播广东官方与社会动态、涵盖
21 地市区域新闻和资讯的"南方 Plus"，设置"红色大讲堂"栏目，活用红色
资源，讲好红色故事，推出东莞红色百年记忆、中山左步村革命遗址、追寻红
色印记拥抱羊城春天等一系列图文并茂的作品，让学生足不出户就能阅览家门
口的红色"活教材"，弘扬红色文化，传承革命精神。还在 App 直播板块通过线
上邀请革命先烈后人、红色文艺创作者等人物，与青年学子对话，实时互动，
传承红色经典，开展学党史祭英烈活动。这些都极大地丰富和拓展了思政课教
学案例素材，让学生在学习党史的同时，实现书本理论教学与实际史实的完美
结合，最大化地发挥了广东红色资源优势，让学生感知得亲、触摸得到、思考
得深，从而更好地发扬和传承红色基因。

此外，为加强高校食品安全监督、营造良好的学校食品安全环境，以广谱
法、查到底、共参与、全覆盖为创新点的《一监到底》栏目走进江门高校食堂，
其贴近学生切实利益，反映现实诉求，在学生中引起高度关注。执法人员进校
园开展食品安全守护行动，视频、图片、文字同步现场直播，赢得了同学们的
高度好评，回应学生关切的同时，也普及了法律知识，增强了学生的法制意识。
在当前疫情形势下，为更好地服务和促进大学生就业，推出线上云招聘数场，
如招聘医学类学生看过来！2021 广东首场大型线下招聘会"直播带岗"，"肇工
作职等你"肇庆企业招聘直通车，在提供优质岗位的同时，还节约了学子时间
成本、经济成本。

"南方 Plus"推出的一系列服务大学生实实在在的举措，立足学生关切这一
实际，坚持从学生利益出发，受到大学生的广泛关注和高度评价。这既生动反
映了党和国家关心、关注大学生的鲜活体现，诠释了疫情大考下中国特色社会
主义制度的显著优势，也拓展和延伸了思政课的内涵和外延，彰显了战疫思政
"大"课的广东力量。

---

① 新华社. 党史学习教育动员大会在京召开，习近平发表重要讲话［EB/OL］.（2021-02-
  20）http：//politics. people. com. cn/n1/2021/0220/c1024-32032907. html.

三、结语

党媒始终坚守主流媒体的责任，坚持正确的舆论导向，大力传播和解释国家大政方针，讲好中国故事。思政课教师要不断借助和运用党媒的资源宝库，加强自身学习，立足广东实际，面向粤港澳大湾区，挖掘和获取更多的本土素材与思政课教学相结合，坚守思政课堂的同时，讲好"大思政课"。我们要善于主动探寻和积极开展有益尝试，充分发挥党媒作为党的喉舌强大的政治优势和为人民服务的宗旨，积极借助党媒的正确舆论导向作用，依托其多元化的传播方式，在大学校园里营造良好的传播氛围，引领高校思想政治教育工作新潮流。

中国故事在思政课教学中的运用

刘露露*

近几年来，党和国家高度重视讲好中国故事。2013 年，习近平总书记在全国宣传思想工作会议上首次提出讲好中国故事，指出"要精心做好对外宣传工作，讲好中国故事，传播好中国声音"。① 思政课是落实立德树人根本任务的关键课程，是培养学生形成正确价值观念的主要阵地，中国故事是贯穿学生发展始终的精神食粮，因此，讲好中国故事是思想政治课教师的责任与工作，讲好中国故事必须要紧紧依靠思政课教学这一主要渠道。通过讲好中国故事，提高思想政治理论课的亲和力、促进思政课的教学创新。因此，本文从讲好中国故事在思政课教学中的价值意蕴、思政课教学中讲哪些中国故事以及思政课教学中如何讲好中国故事三方面提出了一些自己的思考。

一、思政课教学中讲好中国故事的价值意蕴

中国故事是指凝结了中国人共同的思想和情感，展现伟大历史和美好未来的故事，蕴藏着中华悠久传统文化、伟大的革命文化与社会主义先进文化，充分体现了中国人民的劳动创造、精神思想与核心价值，生动形象地展现了中国共产党领导中国人民进行革命、建设、改革的过程及获得的成功的种种真实事件。

* 刘露露，佛山科学技术学院马克思主义学院 21 级学科教学（思政）教育硕士，研究方向为中学生思想政治教育。

① 倪光辉. 习近平在全国宣传思想工作会议上强调 胸怀大局把握大势着眼大事 努力把宣传思想工作做得更好 刘云山出席会议并讲话［N］. 人民日报，2013-8-21（01）.

（一）讲好中国故事：巩固学校马克思主义意识形态阵地

意识形态工作是党的一项极其重要的工作。习近平总书记在哲学社会科学工作座谈会上的讲话中强调："马克思主义在一些学科中'失语'、教材中'失踪'、论坛上'失声'，这种状况必须引起我们高度重视。"① 学校承担着为党和国家培养社会主义建设者和接班人的重任，必须做好意识形态工作。巩固学校意识形态要用好课堂教学这一主渠道，尤其是思想政治教学，而讲好"中国故事"是宣传和巩固意识形态最形象、最动人的方式。在教学过程中，一要讲好马克思主义的创立和发展的故事，二要讲好 21 世纪科学社会主义在中国的发展和实践故事，通过真实的故事，引导学生体悟只有将马克思主义作为实践活动的理论指导，才能实现中华民族伟大复兴，充分发挥中国故事的真实性、价值性、导向性，宣传马克思主义的科学理论、科学方法，帮助学生改正对我国部分事例以及马克思主义的认识错误，增强学生对马克思主义意识形态的认同，进而巩固学校马克思主义意识形态阵地。

（二）讲好中国故事：增强思政课的亲和力与可接受性

学校思想政治教育承担着意识形态的宣传和教育责任，但在教学过程中，抽象的理论，精确的概念，导致思政课教学在某些方面上远离了学生的现实生活，忽视了对个体生命的关怀，而讲故事能够将理论逻辑转化为具体故事情节，达到有效沟通。思想政治课讲中国故事的本质就是采用感性的方式为实践活动提供现实支撑，运用生动具体的故事情节为意识形态提供事实证明。故事本身就具有形象性和情境性的特点，在讲故事的过程中教师不需要刻意表达，其中的人物和事件就会"活"起来，带给学生身临其境的感觉，产生强烈的情感体验，引发学生的情感共鸣。将中国故事融入思想政治课教学中，帮助学生提炼故事中蕴含的中国精神与传统文化，言之有理，言之有情，使中国故事入脑入心，突破原有的知识乏味、讲述方式单一的限制，进而增强思政课的可接受性与亲和力。

（三）讲好中国故事：促进思政课的教学创新

第一，讲故事是改进教学方法的有效措施。讲故事的教学方法属于启发式

---

① 习近平. 在哲学社会科学工作座谈会上的讲话 [R]. 2017-01-20.

教学。建构主义者曾提出，学生获得的知识必定是通过他自己思索得来的，"生活中的真实问题为知识的建构和迁移提供了现实情境"。① 即生活中真实有效的问题及事例可以给学生提供获取知识的现实依据，而中国故事就是实现知识迁移和建构的最生动的现实依据。在思政课教学中，教师通过讲故事，给学生摆事实，讲道理，让学生自己在真实的故事中去感悟思索，获取真理，改变过去一味灌输的死板的教学方法，促进教学方法的创新。

第二，讲故事是科学理论进头脑的有效策略。人的大脑可以看作是由左脑和右脑构成的。"左脑善于逻辑推理，右脑善于知觉外部世界。如果将左脑与右脑有效地结合起来，那么这个人就可以获得一架完美无瑕的思考机器。"② 在讲中国故事的过程中，左脑负责承担故事的言语和思维等理性部分，右脑负责承担想象、创造等非理性部分，二者有效结合，可以使枯燥无味的知识通过生动的故事情节、活泼立体的人物进入到学生的头脑中，进而促进知识的理解吸收。

二、思政课教学中对中国故事的甄选

（一）讲好中华民族的故事

第一，讲好蕴藏中华民族优秀传统文化的故事。中华优秀传统文化故事是指蕴藏着中华民族的核心价值、人文思想、传统美德的文化故事。中华传统文化源远流长、博大精深，并在一定程度上凝结了中华民族特有的思想追求，展现了中华民族绵绵不绝、不断成长壮大的文化生命力。思政课选择讲好中华优秀传统文化故事，一方面通过叙述的形式，阐释具体的人、事、物的思想、观念、态度等，激发学生的敬慕之情，引导学生主动向榜样学习，自觉传承中华优秀传统文化。另一方面，通过讲述中华优秀传统文化故事，带领学生体会中华优秀文化的无穷魅力，增强学生的"文化自信"。

第二，讲好中华民族团结友爱共同繁荣的故事。中华民族团结友爱共同繁荣的故事是指中国 56 个民族情同手足、相互帮助、共同发展的友爱故事。中国

---

① 杰克.斯诺曼，里克.麦考恩.教学中的心理学（下）［M］.庞维国译.华东师范大学出版社，2019：440.

② 玛格丽特·帕金.巧用故事做培训——以故事和比喻的形式助推学习进程［M］.派力译.中国商业出版社，2011：20.

有 56 个民族，56 个兄弟姐妹和石榴籽一样，牢牢抱在一起，团结向上，共同发展。习近平总书记说："新时代要把筑牢中华民族共同体意识作为党的民族工作的'纲'，所有工作都要向此聚焦。"① 思政课教学中讲好各民族团结互助的故事以及共同发展过程中取得的成就和遇到的挫折的故事，可以帮助学生牢固树立休戚与共、荣辱与共、生死与共、命运与共的共同体理念，筑牢中华民族共同体意识，引导学生积极团结帮助各民族同学，为实现第二个百年奋斗目标、全面建成社会主义现代化强国而不断奋斗。

（二）讲好中国共产党的故事

中国共产党的故事就是指中国共产党这个政党在中国历史上形成、发展、壮大，并不断完善的故事。100 多年来中国共产党不忘初心，牢记使命，坚持为中国人民谋幸福，为中华民族谋复兴。习近平总书记指出："我们要让全国人民知道党和政府为人民做了什么、还要做什么，让世界知道中国人民为人类进步作出了什么贡献、还要作出什么贡献。"② 在思政课教学中，通过讲好党的百年故事，回答中国共产党被人民和历史的选择的原因；讲好马克思主义中国化的探索故事，揭秘中国共产党的指导思想始终保持科学性的秘诀；讲好中国共产党敢于自我革命的故事，回答中国共产党永葆纯洁性的方法。此外，还要讲好党的百年辉煌历史中涌现出来的英雄人物事迹，用他们宁死不屈为信仰、不忘初心永奋斗的精神影响学生、激励学生，增强学生的爱党情，引导学生坚定信心跟党走。

（三）讲好中华人民共和国的故事

中华人民共和国的故事主要是指关于中华人民共和国成立、发展的艰辛历史故事。讲好中华人民共和国的故事，必须帮助学生了解在此之前中国的处境与遭遇。近代以来，由于西方列强的入侵和中国封建统治的腐败，中国逐渐沦为半殖民地半封建社会，中华民族遭遇到了空前的灾难，国家蒙辱、人民蒙难、文明蒙尘，人民生活在水深火热之中。不少仁人志士奔走呼号，寻找救国救民

---

① 本刊编辑部. 刘浩三，林秀. 讲好民族团结共繁荣故事 铸牢中华民族共同体意识［J］. 中国广播，2021（09）：2.

② 习近平关于社会主义文化建设论述摘编［M］. 北京：中共中央党史和文献研究院，2017：209.

的出路。中国在经历了种种尝试失败后，终于找到了一条正确的救国道路。1949年，中华人民共和国成立了，这是中国历史上一个具有伟大意义的里程碑，中国从此结束了这段被侵略被奴役的屈辱历史，中国人民从此站了起来，成为国家的主人。思政课教学中通过讲好中华人民共和国成立发展的故事，创设情境帮助学生感受中华人民共和国建立的艰辛，引导学生学会忆苦思甜，倍加珍惜当下的幸福生活，同时将爱国情、强国志、报国行融入血脉中。

（四）讲好中国特色社会主义的故事

中国特色社会主义故事是指社会主义与中国实际相结合，并在中国的历史长河中不断探索发展完善的故事。中国特色社会主义是具有中国色彩的社会主义道路。习近平总书记强调：“七十年砥砺奋进，中国发生了天翻地覆的变化，中华民族迎来了从站起来、富起来到强起来的伟大飞跃。无论是在中华民族历史上，还是在世界历史上，这都是一部感天动地的奋斗史诗。”① 在思政课教学讲好中国特色社会主义故事，一方面要讲好中国道路的探索故事。不仅要把中国共产党人探索道路、走好中国特色道路的故事讲好，还要把某些国家唱衰中国、阻挠中国发展的故事讲好。另一方面要讲好中国理论发展的故事。将不同历史时期各位领导人的思想理论讲透彻，尤其是习近平新时代中国特色社会主义思想。引导学生从这些故事中，增强道路自信、理论自信、制度自信、文化自信，自觉抵制生活中的消极影响，坚定中国在这条道路上走下去的决心和信心。

（五）讲好改革开放的故事

改革开放的故事主要是指中国人民在中国共产党的带领下在各方面积极进行改革和发展过程中形成的故事。改革开放以来，中国共产党带领中国人民奋发图强、开拓创新，大刀阔斧进行政治、经济、文化体制改革，探索出了一种全新的发展模式，取得了举世瞩目的成绩。思政课教学中讲好改革开放的故事，我们既要讲好改革开放取得的伟大成就故事，向同学们介绍现今的中国已经拥有世界上最完备的工业体系，稳居世界第二大经济体，在科研人员、货物贸易、外汇储备等方面成为世界第一大国，今日的中国已今非昔比，同时也要讲好改

---

① 习近平. 一个国家、一个民族不能没有灵魂 [J]. 共产党员，2019（09）：4—5.

革过程中遇到的困难与挫折故事，例如改革过程中国有企业的工人不愿砸掉自己手中的"铁饭碗"而拒绝改革的故事，向同学们展示一个生机勃勃、不断发展的中国，并且引导学生明白中国将继续坚持改革开放的基本国策，改革开放只有进行时，没有完成时，中国开放的大门不会关闭，只会越开越大。

（六）讲好新时代的故事

讲好中国故事，特别注意要讲好新时代的故事。新时代的故事主要是指十九大以来中国进入新的发展时期的故事。讲好新时代的故事，第一要讲好中国共产党治国理政的故事，"党的十八大以来，以习近平同志为核心的党中央治国理政取得了历史性的成就，成为中国故事的最大吸引力与号召力"①。讲好此类故事，向学生阐释党治国理政的经验，激发学生拥党爱党的情感、入党建党的动力。第二要讲好中国人民奋斗圆梦的故事，是指中国人民在国家和社会快速发展进程中辛勤劳作的事迹。讲好这个故事，增强学生的责任意识，引导学生积极争做时代接棒人，为实现中华民族伟大复兴接续奋斗。第三要讲好中国坚持和平发展合作共赢的故事。当今世界西方资本主义国家大搞保护主义、单边主义，中国面对复杂的国际形势，首倡构建人类命运共同体，展现了中国担当与中国智慧。讲好这个故事，引导学生更好地感受新时代中国的世界方案、世界担当、世界地位，正确看待国际问题，自觉抵制不良思想。

三、思政课教学中讲好中国故事的对策

（一）把握中国故事的教学切入

第一，明确讲好中国故事的教学目标。青少年正处于"拔节孕穗期"，需要教师的精心栽培与引导，思想政治理论课承担着引导学生形成正确的思想观念的重任。因此，讲好中国故事必须紧扣"为谁培养人"这一教育根本问题和"培养什么人"这一教育首要问题，准确把握讲好中国故事的目的，培养社会主义建设者和接班人，让学生成为品学兼优、全面发展的人，引导学生与时代同行，扛起中华民族伟大复兴的大旗砥砺前行；与祖国同向，增强责任意识，为实现第二个百年奋斗目标接续奋斗；与人民同心，坚持群众路线，引导学生懂

---

① 王景云. 讲好中国共产党治国理政的故事 [J]. 红旗文稿，2019（12）：24—26.

民心、会民意、聚民智。

第二，精选讲好中国故事的教学方法。讲授法是开展教学最常用的方法。在中国故事的教学中，我们还可以采取讨论法，组织开展议题式教学，教师围绕教学内容设定核心议题，结合中国故事，对学生进行提问，让学生自己思考，将中国故事与教学内容紧密结合，促进学生对中国故事的理解。除此之外，还可以运用演示法，教师通过展示有关中国故事的视频、照片，带给学生生动的学习体验，进而加深对中国故事的记忆。

第三，优化讲好中国故事的教学环节。首先，在教学导入环节，将中国故事与思政课知识点进行有效的结合，巧妙设计有趣的课堂导入，吸引学生的注意。其次，在教学讲授环节，教师要明确中国故事是思政课教学中的一部分，是思政课教学的辅助资料，选择中国故事时，注意中国故事与知识点的契合度，精选案例，尽可能采用艺术叙事的形式，增加中国故事的生动性和感染力。在教学评价环节，改变单一的评价方式，倡导评价主体多元化、评价方式多样化。

（二）丰富中国故事的呈现形式

第一，创办中国故事校园宣讲活动。中国故事融入学生的生活不应局限在思政课教学这一种方式，第二课堂在提高思政课教学效果、增强思政课趣味性上具有重要作用。首先，学校可以带领学生走出去，到博物馆、红色遗址等地方进行参观，通过生动的讲解，激发学生的情感共鸣，使他们更加真切地体会中国故事。其次还可以邀请专门研究中国故事并获得一定成果的个人或团体走进学校进行中国故事的宣讲，激发学生对中国故事的学习兴趣。最后，学校可以成立讲中国故事的社团，引导学生、教师积极参加社团活动，定期进行讨论交流。此外学校还可以积极开展丰富多彩的演讲比赛、征文写作竞赛等，丰富中国故事的教育方式。

第二，增强讲好中国故事的灵活性。中国故事丰富多彩，在中国故事的教学过程中要采取灵活多样的方式。在上课前，教师可以引导学生提前了解某个中国故事，并且组织学生进行角色扮演，在课堂教学中向大家展示排练成果，让学生更加真实地感受理解中国故事，同时还可以发挥学生的主观能动性，增强课堂的趣味性。在上课中，教师可以通过展示有关故事视频、人物访谈或者让学生朗读介绍中国故事的方式，改变仅有教师口头讲述故事的现状，让学生积极参与到故事的讲述中，提高课堂的参与度。在上课后，教师可以给学生布置开放性的作业，例如和同学或家长一起去历史景点了解相关事迹、自己去搜索感兴趣的中国故事并介绍给同学等，让中国故事通过多样的方式融入学生的日常生活中。

（三）挖掘中国故事的育人价值

第一，精选中国故事，挖掘中国故事在学生价值观形成方面的导向价值。在这个多元文化快速发展的时代，学生很容易受到不良网络文化的影响，产生错误的价值判断，而中学生正处于"拔节孕穗期"，需要教师精心引导与培养。思政课要讲好中国故事，必须精选中国故事，选择对学生价值观的形成和发展有正向推动作用的故事。例如讲好钱学森放弃在美国的名利，被美国软禁五年仍然回到祖国怀抱，报效祖国的故事。引导学生感悟并且学习故事中人物的优秀品质，自觉抵制现实生活中的不良诱惑和影响，热爱祖国，自觉拥护党的领导，帮助学生形成正确的价值观，扣好人生的第一粒扣子。

第二，转变叙述角度，挖掘中国故事在学生明辨是非方面的引导价值。讲好中国故事，不能只站在一种角度讲述，要从他人叙述和自己叙述的转换和对比中讲好中国故事。比如在讲述中国共产党的故事时，我们不仅要站在中国共产党的角度讲自己的故事，还可以透过其他政党对中国共产党的评价来展现中国共产党；在讲述中国抗疫故事时，我们不仅要讲好中国自己的抗疫故事，还要讲好其他国家面对突如其来的疫情所持有的态度和采取的措施，通过鲜明的对比，引导学生形成对事物的理性认识和思考，从而提高明辨是非的能力。

第四章
多向视角探索思政课教学

▼

▼

基于产教融合的高职院校"123 五星级"思政课教学创新*

戴卫民**

引言:"123 五星级"思政课教学创新的背景

美国社会学家马丁·特罗提出的"高等教育发展理论"认为,高等教育规模从精英阶段进入大众化阶段以及普及化阶段时,高等教育理念、功能、课程和教学形式、学术标准、入学条件、管理模式和利益相关者的关系等,都应有新的变化。当前,我国高等教育正式步入普及化阶段,但不少人仍然以大众化甚至精英化的理念对待普及化,这无疑将有碍于高等教育的现代化发展,更不利于高等教育强国的建设。① 党和国家近些年出台了一系列重要文件,认为"职业教育与普通教育是两种不同教育类型,具有同等重要地位",要着力发展"面向人人、面向社会"的职业教育,"将产教融合作为促进经济社会协调发展的重要举措,融入经济转型升级各环节,贯穿人才开发全过程"。② 因而,职业院校在人才培养方向、培养内容、培养方式方法上与普通综合性大学应有所不

* 基金项目:2019 年度广东省普通高校特色创新类项目"基于产教融合的五星级思想政治理论课教学创新"(项目编号:2019GWTSCX006);2019 年广东省高等职业教育教学质量与教学改革工程项目"基于教育精准扶贫背景下高职院校学生优良品行塑造体系的构建与实践"(项目编号:GDJG2019028)。

** 戴卫民,广东碧桂园职业学院思政部主任、副教授,硕士,研究方向为教育与人的发展。

① 潘懋元. 新时代中国高等教育改革与发展——今天、明天与后天 [J]. 高等教育研究,2020 (9):1—3.

② 国务院. 关于印发《国家职业教育改革实施方案》的通知(国发〔2019〕4 号)[EB/OL].〔2021 - 05 - 09〕. http://www.gov.cn/zhengce/content/2019 - 02/13/content_5365341.htm. http://www.gov.cn/zhengce/content/2019-02/13/content_ 5365341.htm.

同。他们应该结合自身定位及特色，立足产教融合及地方特点，凸显办学优势，联合学校、企业、社会多方力量，共同培养契合社会、企业需要的人才。

碧桂园集团在多年人才招聘工作中发现，现有高职院校毕业生不能满足企业的工作需要，决定响应国家号召，自己出资创办广东碧桂园职业学院。学院依托碧桂园集团庞大产业资源，对接集团产业链和社会行业企业需求，针对各专业基层一线管理干部和技术骨干所需的岗位素质、技术和能力的要求，对人才培养模式改革进行了顶层设计，建立了企业主导并全程参与、产教融合的校企共同育人机制，推行了校企双元主体"三段式"教学组织方式，实现了校企资源共享、课程共建、师资互通、人才共育的创新人才培养模式。①

作为这种创新人才培养模式的一个重要组成部分，学院思政部相应实施了基于产教融合、校企共育的"123 五星级"思政课程体系教学创新。这其中"1"即一个中心——以学生为中心。在党和国家教育方针要求以及习近平总书记相关讲话精神指导下，我们深入调查和分析了解高职院校的学生身心特点，顺应学生的学习兴趣，结合当前企业、社会对人才的实际需求，实施教学目标、内容与方式的多方位改革，从而充分调动学生学习积极性，激发学生在教与学活动中的主体性。"2"即两个主体——学校和企业两个主体双元育人。以本校为研究探索重点平台，借助碧桂园集团企业办学、企业用人、校企一家的"产教融合"的天然背景优势，依托碧桂园学院"产教融合、校企共育"的办学模式及"三段式"教学组织形式，用好学校和企业两个主体平台，探索思政课课程共建、师资互动和人才共育等合作。"3"即从师资建设、课程建设到人才培养三个方面"三位一体"的"五星级"工作目标。而"五星级"正源自学院办学母体碧桂园集团的著名经营理念——"给你一个五星级的家"，意在树立较高的目标与追求，投入高规格、高质量的教育服务，力求赢取较高的育人成效和社会声誉。

一、一个中心——以学生为中心

"以学生为中心"，就是课程设置、教学内容、教学方法要以高职院校学生的认知特点、学习特点、专业特点、兴趣爱好为中心，简而言之就是以"学生

---

① 孙明霞."产教融合、校企共育"背景下高校思想政治理论课教学改革探索与实践——以广东碧桂园职业学院为例［J］.福建教育学院学报，2018（1）：4.

想要什么"为中心。从学生的高考录取分数上可以看出，高职院校的学生并不是一个对书本、理论知识学习有强烈兴趣的群体，他们需要的是尽量"少而精"的理论学习，他们的学习目的是要能"学以致用"，太过理论化的课程很难激起他们的学习兴趣。因此，我们就从"学生喜欢怎么做""学生需要什么"以及"学生应该怎么做"来创新思政课的教学方式和教学内容。

首先，我们从"学生喜欢怎么做"来创新思政课的授课方式。高职院校学生其实不是不爱学习，而是很难长时间坐下来学习理论与静心思考；也不是不喜欢研究，而是有他们独特的探究方式。例如在我院的思政课教学中，我们实行的是"三有一讨论"翻转课堂模式，具体来说就是每节课都会至少有"一个案例""一个视频"和"一个问题"，围绕问题进行小组讨论。案例来自生活实际，让学生感同身受；视频强化理论教学，让学生产生形象化认识并消除听觉疲劳；问题和小组讨论是课程教学的核心环节，是为了让学生理论联系实际，设置情景模式，思考如何认识问题、分析问题和解决问题。整个课程教学结构紧凑、内容丰富且形式多样，使得学生始终能保持高度的兴趣与注意力，同时还能积极思考、讨论，从而有效达到教学效果和教学目的。

其次，我们从"学生需要什么"来创新思政课教学内容及模式。基于高职院校学生的年龄和认知特点，他们在自我认知方面还有所不足，对未来职业规划还不很明确，自制能力也还需要加强，如果仅仅从"想要什么"和"喜欢怎么做"上放开让学生"自主学习"，其实并不能解决毕业就业时无所适从的尴尬处境和到岗后"所学非所用""所用非所学"以及"所需非所学"等问题。因此真正的"以学生为中心"，还是要从"学生需要什么"入手，即从企业和社会需求的角度也就是学生的未来发展需要等方面，去设置课程内容和课程模式。国家一再强调，要"将产教融合作为促进经济社会协调发展的重要举措，融入经济转型升级各环节，贯穿人才开发全过程，形成政府企业学校行业社会协同推进的工作格局"[①]，其目的就是要求高职院校的教育的目标、内容乃至方法，都要做到"以社会需求为导向"，将课程教学与学生未来发展需要密切结合起来。

最后，针对"学生应该怎么做？"碧桂园学院作为企业主体办的一所高职院

---

① 国务院. 国务院办公厅关于深化产教融合的若干意见（国办发〔2017〕95 号）[EB/OL].
[2021-05-09]. http://www.gov.cn/zhengce/content/2017-12/19/content_ 5248564. htm.

校，对当前高职院校人才培养的不足看得比较清楚，懂得企业、社会对人才有哪些期待和需求，所以建校伊始就明确提出"会做人、会做事"的培养要求。如果说这其中的专业课教学，旨在培养学生"会做事"的能力的话，那么以思政课为核心的公共基础课程，则理应承担起培养"会做人"素养要求的重任。基于这一思考，我们的思政课教学不仅要贯彻国家的"立德树人"总体要求，还要把企业的"会做人"需求落到实处，为此，我们在对国家教育文件进行深入解读的基础上，还深入用人单位进行调查研究，总结和提炼出一些关键性的职业素养要求，有意识地在课程教学的一些内容和环节中进行强化训练，并恰当地将学生未来就业单位的企业文化如经营理念、企业精神、价值观等融入课程教学中来，使得学生尽早懂得未来进入社会和企业应该怎么做。

二、两个主体——学校和企业两个主体双元育人

对照《方案》可以看出，作为一种高等教育新类型，高职教育之"新"主要表现在两个层面：一是企业与社会的深度参与。这既是与普通高等教育比较而形成的高职教育办学特色，又是产教融合与校企合作的最大不同。如果说普通高校最典型的特征是"象牙塔"，即便是随着改革开放的持续深入，也有了较多的企业和社会力量的参与，但这种参与始终是以国家和高校为主导，更多的是校企某些领域进行密切合作的态势，办学方向主要体现为综合性、研究性、学术型；而高职院校则体现的是产教深度融合，具体说就是企业和社会力量深入到高职院校办学的方方面面，甚至包括投资办学，由企业和社会力量直接在国家教育方针指导下决定办学模式和人才培养模式等方方面面，办学方向则体现为专业性、实践性和应用型。二是专业特色鲜明。这是说不同高职院校根据所在区域不同、产业有别、社会需求各异而形成的独有办学特色。这种独有的办学特色是立足于区域社会经济特点、文化底蕴、产业背景、历史传统及发展规划，按照国家高职教育的方针政策要求，遵循高职教育自身发展规律，所逐步探索、总结、提炼形成的，某种意义上讲也就是高职院校逐渐凸显积累的办学优势，是各高职院校独特核心竞争力和办学能力、办学水平、办学影响的集中体现。而一些高校之所以能形成这种特色和优势，又往往是从深度的"产教融合"工作中逐渐积累形成的。正是因为"产教融合"在高职院校特色与优势形成中的重要作用，以及在高职类型人才培养中的重要作用，所以，国家才出

台专门文件，要求"深化产教融合，鼓励行业和企业举办或参与举办职业教育，发挥企业重要办学主体作用"。①

碧桂园职业技术学院的创办恰逢其时，产教融合既是学院办学的初衷，也是学校最大的特色与亮点。碧桂园集团为学院建立了产教融合、企业主导并全程参与、资源共享、课程共建、师资互通、人才共育的校企双元主体共同育人机制，推行了校企双元主体"三段式"教学组织方式。这种校企双元主体"三段式"共同育人模式的主要内容是：将三年制六个学期的人才培养活动分为三个阶段，其中前三个学期为第一个阶段，主要任务是集中在校授课，包括公共基础课、专业基础课和专业基本技能课等，让学生学会爱党爱国、掌握做人的品德和素质的同时，掌握本专业的基础知识和相应基本技能；第二阶段在第四学期进行，主要任务是进行专业岗位群分流，进行相对深入的专门岗位知识学习与岗位技能实习实训；第三阶段为第五、六学期，主要任务是到企业进行专业岗位实践培养，由经验丰富的企业管理干部或技术骨干担任企业导师，实行一带一或一带多的学徒式教学，让学生尽可能熟练掌握目标岗位的素质与能力。

思政课教学作为学院人才培养工作的一个重要组成部分，按照"三段式"教学组织方式，教学任务主要集中在第一阶段。为了依托校企双元主体并发挥其在育人中的重要作用，思政部从三个方面进行了实践探索。一是教学主体的校企双元，即建立了的一支既有坚实的理论功底，又有丰富企业实践经历的"双师"型教师队伍。一方面邀请企业高管到学院主办专题讲座，与学生面对面交流，用他们的榜样、经验对学生的思想起到引领和示范作用；另一方面我们积极推动教师深入企业调研，采集关于职业素养、职业道德的案例并将之用到教学实践中；更重要的我们还充分借用第二、三阶段的"企业导师"力量，在工作实践中形成产教双师携手共育的思政教学机制。二是在教学内容中，我们尝试将与学生成长成才相关的人生目标、意志品质以及社会和企业对人才关注的重点素质以及企业文化等融入思政课教学设计中来，大处着眼、小处着手，用学生喜爱的经典案例、热点问题、成长故事等来吸引学生、感染学生，让学生由被动"逃课"转向主动"淘课"。三是教学方法手段上，我们针对学生的

---

① 国务院. 国务院关于加快发展现代职业教育的决定（国发〔2014〕19号）［EB/OL］.［2021-05-09］. http：//www. gov. cn/zhengce/content/2014-06/22/content_ 8901. htm.

特点及社会和企业的需求，广泛采用翻转课堂、云资源、社会实践与调查、问题探究、案例分析、小组研讨、情景剧展演等丰富多彩的方式，在进行思想教育的同时，训练学生的沟通表达和团队协作素养，使学生兴趣得到尽可能挖掘、能力得到较充分展现。

三、三个"五星"——"三位一体"的"五星级"教学创新

"五星级"，源自碧桂园集团的著名经营理念——"给你一个五星级的家"，本意在于树立较高的人居环境及服务目标。我院思政部认为这一理念放在高职教育方面同样有重要意义，相信高水准、高质量的教育服务，能够赢取较高的育人成效和社会声誉。"三位一体"的"五星级"教学创新，即在具体的思政教学实施过程中，将师资建设、课程建设到学生素养培育三个方面的工作作为一项系统工程，以"五星级"的标准进行协同创新。

（一）打造"五星级教师队伍"，发挥思政课教师的主导作用

师资建设方面，我们按照习近平总书记"政治要强、情怀要深、思维要新、视野要广、自律要严、人格要正"的六点要求，结合我院教师的状况与特点，对应着力打造一支以下几个方面的"五星"级高素养思政课教学队伍。

信仰——政治要强。加强师资队伍的准入机制，要求必须是党员且硕士以上资历，并有强烈的教育理想和人生追求，强调要"让有信仰的人来讲信仰"；以课程改革创新为契机，以党建与学习为引领，大力推动学术交流和外送培训，加强师资队伍的理论、思想与教学水平建设，要求任课教师读经典、读原著，强化教师队伍的理想信念和政治情操熏陶，调动教师的积极性、主动性和创造性。

融合——情怀要深。充分举行集体备课，相互交流心得体会；同时创造机会走出去学习交流，引进名家名师来学院传授经验，同时加强与学生工作处、团委等部门的沟通与协作，鼓励教师走进社团、走进宿舍、走进学生心里，以无时无处不在、水滴石穿的精神，做好思政课的入脑入心教育工作。

创新——思维要新。注意紧扣时代，顺应新青年的心理状况和思想特点，大量采用"互联网+云课堂"、翻转课堂、远程教育等新技术，不断推陈出新，不断加强思政课吸引力和感染力；并积极采用学生喜闻乐见的超星学习通、蓝墨云班课等时尚学习平台，使思政教学能与时俱进。

博学——视野要广。在立足于国家统编教材和各种相关文件精神要求基础上，在以往思政课与中华传统文化相融合的基础上，我们进一步寻求与社会、企业需求融合、与学校整体育人目标融合，让思政课教育教学"接地气"和"聚人气"。我们建立丰富的课程资源库、案例库、名人名言库等，不断拓展思政课的知识视野，建立思政课与公共人文课的互动机制，打通思政课与专业课之间的联系，推动"课程思政"的实验及全面推进"大思政"。

魅力——自律要严、人格要正。加强师资队伍教育培训，引导大家深刻领悟"学为人师、行为世范"的道理，加强自律和自我修养。同时要求各位教师在充分了解学生的生理、年龄和成长背景、性格特点的基础上，着力挖掘和激发学生的兴趣与潜能，鼓励学生感悟与表达，让学生从欣赏思政课教师到喜爱思政课。

（二）建设"五星级思政课程体系"，激发学生的学习主体性潜能

精心构建集"星火小组""星云课堂""星河热线""星际支持"以及"星光大讲堂"于一体的"五星级"思政课教学体系，努力激发学生的兴趣和潜能，充分发挥学生的学习能动性和主动性。

"星火"小组——取意毛泽东的"星星之火、可以燎原"，将学生分为学习研讨小组，以先进带动后进，培养其团队意识与互动合作精神，锻炼其组织管理能力和沟通表达能力，致力于培养"基层一线管理干部"等。

"星云"课堂——广泛搜集整理并建立丰富的热点资源库、名家思想资源库、成长案例资源库、思政课 MOOC 资源库等"云课程资源"，为实施问题导向或任务驱动导向的"翻转课堂"教学，提供丰富的学习资源。

"星河"热线——充分发挥"互联网+"时代的技术优势，利用网络微博、邮件、QQ 以及手机电话、微信、公众号等，使师生无论相隔多远、相处何方，都能保持及时互动联系，随时对学生进行传道授业、答疑解惑。

"星际"支持——密切协同学校的党政工团、专业教学系部、企业合作处及招生就业处等部门，在"准军事化管理育人""全员导师互动制""校园文化活动育人"以及"社会实践活动育人""企业实践实训育人"等五大体系的支撑下，推动学院全员、全方位、全过程育人；同时向合作企业寻求课程共建、资源共享和师资互通等"校企共育"育人。

（三）着眼企业社会的实际需要，着力培养学生"五心"素养

诚然，党和国家希望青年大学生能够成为"德智体美劳"全面发展、堪当

民族复兴大任的时代新人，然而具体到企业和社会用人的时候，则是要把大而全的标准加以细化去衡量每个个体。同时，高职学生本身的成长经历、个性特征和素质水平，也决定了他们更喜欢简洁、实用、接地气的素养模式。为此，我们在广泛听取企事业用人单位的意见和分析学生成长成才案例的基础上，认为对于高职院校的学生来说，有必要着力培养以下五个方面的核心素养。

德——爱心。四大文明古国唯独中国长盛不衰，原因在于中华儿女数千年始终保有的"爱国主义"情怀。碧桂园学院的创办及公益性质，源自杨国强先生"教育脱贫"的一番拳拳爱心。"爱心"既是中华民族的优秀特质，也是碧桂园企业文化的核心，故而爱心应该成为碧职院学子首要道德品行素养，我院思政课的首要教学任务就是将这一"爱心"传承下去，力求培养出能够"爱国""爱家""爱社会""爱岗"，也能"爱己——欣赏和悦纳自己""对人好、对社会好"的新一代大学生，努力做到"希望生活因为我们的存在而更美好"。

智——信心。信心是成功的源泉。一个人如果对自己都没有信心，怎么让别人对你有信心？只有强烈的信心，才能始终保持高昂的斗志和热忱，才能充分激发出人的才智和潜能。新时代中国特色社会主义更是强调"四个自信"。然而，我院学生大多来自贫困家庭，信心缺失是个很大的问题。故此，我们将"信心"作为学生核心要素之一进行重点培养，将理想信念、学生成长和信心培养结合起来，帮助他们正确认识自己的优点，肯定自己的学业并力求学有所成。

体——进取心。古往今来，能成大事者几乎都是进取心强、精力充沛、百折不挠的人。碧桂园学院办学特色之一的"准军事化管理"，其目的正是为了强化锻炼学生体质，培养学生的进取心和拼搏精神。学院思政部也注重"进取心"这一核心素养的悉心培育，比如学习毛泽东思想，设置"星火小组"，并以"史上最强创业团队"的党史学习为契机，希望学生将来能够"燎原"；而"星光大讲堂"就是倡导学生要"自己发光"，不断超越自我、成就自我。

美——责任心。我们在报纸、电视上经常能看到的"最美医生""最美教师"等，从来不是因为外形有多漂亮，而是因为主人公有着强烈的责任心，使得他们的业绩出类拔萃，精神感人至深。同样，与人生幸福息息相关的"爱情""亲情"与"友情"，背后无一不是强烈的"责任心"在支撑。故而，我们在思政课教学中也注重将"责任心"作为学生的核心素养进行培养，大力宣扬"有责任心方能赋予重任"，帮助学生"树立正确三观、成就美好人生"。

劳——敬业心。马克思主义强调"劳动创造人本身"，中国传统文化也认定"宝剑锋从磨砺出、梅花香自苦寒来"，碧桂园集团能够从一个街办小企业发展为今天的世界500强，可以说是这一思想最好的阐释。然而，"好逸恶劳"是人的天性，再加上随着时代的变迁和人们生活水平的不断提高，怕吃苦、想躺平成为当代大学生较为普遍的通病。故而，我们注重将勤奋自勉、刻苦耐劳的工匠精神进行重点培养和弘扬，使之成为碧职院学子的一项特有素养和品行。

结语

广东碧桂园职业学院思政部自2019年下学期开始实施"产教融合背景下的123五星级思政课教学创新"以来，立足于"一个中心——以学生为中心"，实行"两个主体——产教融合、校企共育"，将思政课贯穿于"师资队伍建设""课程体系构建"及"学生核心素养培育"三个环节，打造了以"信仰、融合、创新、博学、魅力"为特质的"五星级"思政教师队伍，构建了以"星火小组、星云课堂、星河热线、星际支持与星光大讲堂"为框架的"五星级"思政课程教学体系，致力于培养以"爱心、信心、进取心、责任心、敬业心"为核心素养的新一代高职层次大学生。我们用形象化、多样化、适应现代社会发展需要、大学生喜闻乐见的教学形式，有效提升了思政课教学的吸引力和创造力，增强了学生兴趣和学习的自觉性，让学生在群策群力，发现问题、分析问题、解决问题的探究式、体验式学习过程中受到潜移默化的教育。

据有关数据显示，过去几年来，学院毕业生一直保持着100%的高就业率，薪酬水平位列全省高职院校第四名（民办高职第一），毕业生成为基层一线管理干部和技术骨干的占比为78.3%，其中万元月薪者达6.4%，反映出我院人才培养的突出成就，并以"有爱心""有责任心""刻苦耐劳"等特质，深受企业和社会用人单位的好评。这其中，自然有一份思政课教育教学工作的功劳。而在学院学生及督导的教学评价上，思政课教师人均得分都在94以上，普遍受到好评和欢迎。思政部教师在近几年先后获得省级教学能力竞赛特等奖1项，一等级1项及三等奖3项，获批省级科研教研课题2项、国家级青年课题1项等。

新时代大学生思想政治教育的常态化展开

林欣玥[*]

推动思想政治教育常态化发展，为新时代高校立德树人的教育目标赋予了全新的要求和独特的视角。青年大学生肩负着新时代建设的伟大使命，因此，探究青年大学生思想政治教育常态化发展路径，能有效推动多层次和全方位的思想政治教育常态化机制的构建，注重实践育人和全过程育人，为中国梦的实现提供人才资源保障。

一、新时代大学生思想政治教育常态化的价值意蕴

思想政治教育常态化是指坚定不移、合理地在日常生活中开展思想政治教育的常规性工作，让思想政治教育工作能够逐渐形成一种长期的、稳定的、系统的、有效的常规性发展状态，进而能够更为全面地促进新时代大学生树立与国家、社会发展要求相符合的世界观、人生观与价值观，并进一步让其思想品德实践得以优化的一种思想政治教育形式。本文主要从教育主客体、协同建设、教育实效这三个角度，阐释思想政治教育常态化发展对新时代大学生思想政治教育的重要价值。

（一）充分调动教育主客体的主观能动性

构建思想政治教育常态化发展状态，能够充分调动教育者和受教育者参与教育活动的主观能动性，让彼此在教学过程中由被动转向主动，并且让双方不再局限于课堂上的学习和互动。思想政治教育活动是一个将外在的知识、理论、规范向受教育者内在思想领域转化的过程，而思想政治常态化的构建无疑使得

---

* 林欣玥，罗定职业技术学院马克思主义学院专任教师，主要从事思想政治教育研究。

这一教学过程的灌输和疏导的效果能更进一步。推进思想政治教育常态化格局的建设，有利于提高受教育者对某些价值观念和行为规范的接受能力，使思想政治教育活动趋向生活日常，从生活习惯上对大学生进行良好塑造。在这样的教育环境下，受教育者会潜移默化地把相关的教育活动合理化，有利于提高他们对思想政治教育的接受度和消解他们的逆反心理。另外，从主客体自主参与的关系上看，思想政治教育常态化把管理、服务、监督以及评估这些外部助力转化成内在动力，在很大程度上能够保证教育者和受教育者自主参与关系的建立，从而克服教育者做"传声筒"即照搬照传倾向，同时还可以克服受教育者消极应付的现象。

（二）深化课程思政与思政课程协同育人效应

思想政治教育常态化发展能够有力统筹课程思政与思政课程，有效促进专业教育与思政教育紧密融合的"最后一公里"，进而不断催化二者同向同行、协同育人的合力，推进思想政治教育协同化建设。推进思想政治教育常态化，就不能把教育任务仅仅寄托在思政课程上，必须要发挥坚持"协同融合"育人的效应，推进两类课程互构互通。因此，在思想政治教育常态化发展下，课程思政与思政课程能够更好地立足于立德树人育人目标之上，发挥各自优势功能，相互配合，实现各门课程间的开放与互通。从不同层面划分主次、把握专长，并反映在教育教学体系、制度保障体系、组织管理体系、评价监督体系中，不断推进专业课程与思政课程之间的协调、开放、共享，最大限度催化两者的协同育人效应。

（三）优化思想政治教育环境并增强实效性

思想政治教育常态化发展能有效地对教育活动进行监督和管理，进而不断提升教育的实效性。教育对象思想品德的形成和发展，与一定环境紧密相连，良好稳定有序的环境才能对教育对象思想品德的形成起到积极的影响。思想政治教育若处于复杂的利益、人际矛盾以及思想和社会问题层出不穷的环境中，必然阻碍思想政治教育的效率和质量。而思想政治教育常态化发展能强化思想政治教育的有序性，优化思政教育的环境，从而使得教育对象在井然有序的和谐环境中健康成长。另外，思想政治教育常态化发展具有稳定性和规律性的特点，有利于对复杂多变的现实环境进行提前预见和控制，从而增强思想政治教育的实效性。例如，合理地引导教育对象排解自我负面情绪，及时引导他们向正面认知进行转化，科学为其梳理社交关系和调整心理问题。同时，思想政治教育常态化发展可有效提升教育者的敏感度，对各种不稳定的客观因素进行检测和快速反应。

二、大学生思想政治教育常态化发展存在的问题和归因

（一）理论向实践转化不足

要想思想政治教育活动得以常态化发展，必须要让理论与实践之间具有紧密的联系和实现有效的转化。在传统教学模式的框架下，高校缺乏对实践资源的构建和投入，教育实践基地也相对不足，使得思政教育活动的重心依然围绕着课堂模式展开，教学中心仍侧重于教师主导而较为忽略学生生活实践需要。还有个别学生反映教师和辅导员个人道德修养和教学能力比较差，这会使得学生对思政教育活动产生偏见、厌学甚至逃课。另外还有部分学生认为老师所讲的课堂内容比较抽象、空洞，感觉离自己的生活实际较远，对自己日常行为所起作用不大。因此，从教育效果看，学生只能较大程度地掌握思想政治教育的理论知识，但是对于如何运用所学理论去分析和解决日常生活的实践问题的能力并不高，学生的世界观、人生观和价值观的改造和建构的效果还有待进一步提高。理论与实践脱节问题若长期存在，思想政治教育者和被教育者的主动性和积极性都很难得以有效发挥。因此，高校思想政治教育的实践性问题会对自身的常态化发展造成严重的阻碍，使得学生难以在思想政治教育活动中有意识地从外在约束和规范向自我约束及自我创新中得到转化动力。

（二）唯书意识较重

受应试教育的长期影响，很多高校和教师对于思想政治教育的观念还停留在理论知识的灌输上，这种狭隘性理解实质上是背离了思想政治教育以人为本育人宗旨。唯书意识对学生主体而言，是一种机械地把思想政治教育仅仅看成是对基础知识的记忆及理解的学习思维，对教师而言则是拘泥于书本的纯理论讲授，缺少自己的思考和体会，只强调现象而不深入剖析本质原因。因此，这些理论知识依然还是外在的，缺乏理论亲和力，这样很难要求每一位学生能够有效把所学知识内化成心中道德修养品格，更加难以实现行为的外化。另外，

思想政治理论课的教学任务、目标和课程设计依然按照考试大纲、学校安排为主，使得思政课带上强烈的强制性任务色彩。这不仅使得身处一线教师的教学能动性和积极性很难发挥，还会导致学生对于思想政治教育产生排斥感，使得思政课成为学生眼中的空中楼阁。高校普遍存在的唯书意识实际上反映出高校在大学生思想政治教育过程中过分强调稳定性、一致性从而导致其自身发展滞后并缺乏针对性的问题。例如，高校思政教研各部门没有定期开展课程内容和课程改革与建设的研讨，教师教学方案也不能紧跟时代和学生的需要，还没能有效探索出符合当代大学生认知特点、兴趣和身心发展规律的教学内容，从而阻碍了自身思政教育常态化的发展。

（三）课程思政建设协同度有待提高

推动思想政治教育常态化发展，尤其要注重打造专业课和思政课之间的协同育人效应。但由于高校不同系部、学院和部门之间存在着不同的分工、不同的职责和不同的研究方向，且缺少统筹协调各部门交流和研讨的机构和机制，导致课程思政的建设队伍难以真正发挥实效。还有部分专业课教师仅仅把课程思政理解为把思政课内容和形式简单粗暴地植入到专业课程中，忽略了探究专业课中思政相关的教学元素和生成性育人资源。因此，这种照搬照套的生硬模式未能发挥好思想政治教育的功能，也间接导致了专业课和思政课之间良性互动不足、相互支撑力度不够的尴尬局面，没有构建出二者在内容和形式上的隐性桥梁。

（四）思政教育评价体系有待优化

思政教育教学管理评价体系的相对落后，是制约思政教育常态化发展的因素之一。比如，针对课程思政这一类偏隐性教育的教学活动还未能形成稳定科学的评价体系，因此对课程思政的实践效果和质量难以进行有效的评估。目前大部分高校都是在课程思政建设的内容、形式以及其教学计划上下功夫，却忽略了后续教学效果评价体系的构建。有的高校虽然认识到教学效果考察的重要性，但是缺少一套科学可行的考评反馈的机制，仍然以传统的标准化考试、年终评定等总结性评价方式作为教学质量和学习效果的指标，使得思政教育的质量无法得到更为科学客观的评价。这种教学效果靠宣传、年度总结靠数据成绩支撑，导致课程思政的精准化和科学性水平难以持续提升。

三、新时代大学生思想政治教育常态化构建路径

（一）增强思想政治教育常态化实践性

思想政治教育的质量和效果需要实践去验证和巩固。因此要推进思想政治教育常态化发展不能仅仅局限于传统课堂教学，还要发展和创新实践性教育活动。只有通过实践，才能让思想政治教育从理论向实践层面延伸和转化。第一，思政教育要增强与社会服务和实践的有机联系。长期以来，高校思政教育的教材多为理论性成果而缺乏社会实践性，尽管课程设计中有实践课时，但是存在着走过场的形式主义问题，实效性偏低。因此要解决思想政治教育理论和实践脱节的问题，就必须坚持把思政小课堂同社会大课堂结合起来，应当把学生思想理论热点难点问题调研引入思政课实践教学环节，引导学生进行探究性学习。例如，可以在学期初围绕大学生自身存在的问题或者当下社会热点问题设计若干调研项目，以组别为单位让学生挑选项目并进行调研，要求学生撰写调研报告，于学期末在课堂上进行总结汇报，开展深入讨论。另外，职业教育高校还可以和社会服务机构达成协议或者合作，成立实习岗位或者社会志愿服务队伍，让学生参与实习或进行志愿服务，让学生通过实践和服务来走向社会、深入基层，用双脚丈量祖国大地，用双眼见证百态人生，用辩证思维观察问题、了解问题、剖析问题和解决问题，从而更好地感受基层社会的"温度"。第二，开拓校外的思政教育实践资源。例如英雄文化资源是红色文化的重要内容，包括了英雄的故居、工作旧址、纪念馆和英雄文物等，这都是相当好的思政教育资源。学校可以定期组织学生参观英雄纪念馆、博物馆，甚至让他们以一名导游的身份亲身进行讲解，通过切身感受和实践，引导学生全面认知党史国情，促进思想政治教育理论的深化，固化思想政治教育常态化发展的效果。

（二）建立思政课程与课程思政协同育人的机制

思想政治教育常态化发展，需要各门专业课程与思政课程形成同向同行、协同合作的全员、全程、全课程育人格局的合力。首先，要为专业课教师和思政课教师创设一个有效的良性互动环境。思想政治理论课程能够给专业课程及教师提供政治定位、思想政治教育的理论和规律，专业课程在塑造学生的专业学科素质方面各有所长，能为思想政治教育提供学理的支撑。如何实现双方在

不同层面的联合，各课程间需理顺学科的特性与共性，并在协同育人的框架下做功能定位，分类建设。双方科学有效的分工与合作，包含了课程目标的整体调整和内容深度设计，同时针对专业课课程思政教育资源进行有效开发，找到思政课程与课程思政教育资源整合的有效途径。课程思政和思政课程的课程各自不同，实现协同育人机制必须尊重的学科差异性。只有在求同存异、和而不同的协同关系中，才能实现专业课程与思政课程的独立性和开放性的统一。另外，针对专业课，还需建立贯彻落实课程思政理念的专业课程改革机制，引导专业课教师对所授课程的育人价值、教学理念、教学效果等进行重新审视，主动发掘和融入思政元素，在德智体美劳各个层面提升专业课教师推动课程思政建设的积极性。

（三）构建重过程性的科学全面评价体系

评价机制是高等教育的重要内容，因为教育质量如何需要一套科学全面的评价机制进行衡量。因此评价机制的构建也是大学生思想政治教育常态化发展的必要环节，对于改革和创新大学生思想政治教育有着重要意义。首先，要建立思想政治教育的全过程评价机制。这个全过程的考核和评价机制除了传统课堂的理论学习和测验成绩，还要包括学生日常生活、服务社会实践表现等内容。推进思想政治教育常态化发展需要综合性的评价机制，因此评价的内容应该要促进思想政治教育与社会实践相融合，引导其自觉投身到社会服务的实践中去。同时还要注重评价机制的全面性，例如可以借助网络平台开展考核评价，多听取一线老师、组织管理者以及家长和学生的意见，进行全面客观的考量。另外全面性还要体现在各级党政部门、各级领导、教职员工的工作评价和奖惩体系之中，利用教学评价中的激励、管理和双向反馈等手段敦促教育者和管理者对具体工作做出调适或整改，例如和学生关系紧密的学生工作处的老师和辅导员等队伍都有参与到思想政治教育常态化建设的责任，在此全面评价体系上推进思想政治教育常态化发展。此外，在制定具体的评价标准时要紧跟国家课改精神，避免评价标准制定的片面化和形式主义，要使评价体系能够真切地反映思想政治教育的真实客观情况，这样才能推进思想政治教育常态化的发展。

网络流行用语对高校思政课教学的影响

万婷伟[*]

从前，人们认为"读万卷书不如行万里路"；现代人凭借不断发展的科技手段，似乎实现了"足不出户可知天下事"。实现这一转变的关键载体就是互联网。在信息更迭速度不断刷新的时代背景下，互联网已经成为人们展现自身的绝佳平台，在抖音、微博等社交软件中，每天有不计其数的网红、大V爆火，也有许多人一夜之间突然被封杀并从此销声匿迹。随着一系列社会热点、网络热点的不断出现，网络流行用语在大学生群体中被广泛使用。作为社会生活的衍生品，网络流行用语所涵盖的范围十分广泛，所代表的思想内涵与价值观也良莠不齐。为了更好地开展思想政治教育工作，引导大学生树立正确的"三观"，深入了解并研究网络流行用语就成了高校思政课堂建设中十分重要的内容。

一、网络流行用语的界定与使用

网络流行用语究竟是什么，目前来说并没有一个标准的定义。从字面意义而言，这一概念指的是在当下的网络环境中，从热点事件或话题中引申出的一系列幽默、简洁的非常态化用语。也正是由于没有严明的规则对网络流行用语进行界定，所以在网络热点不断变化的过程中涌现出的流行语也呈现为不同类型。

2020年初新型冠状病毒的暴发将中国按下了暂停键。在这段时间里，互联

---

* 万婷伟，广东东软学院马克思主义学院专职教师，硕士，研究方向为马克思主义哲学及其当代发展。

网的便捷得到了充分的展现。央视频全程直播了雷神山、火神山医院的搭建过程，几十万网友在线"监工"，并为现场的施工车亲切起名为"小红""小黄""呕泥酱"，拟人化的称呼迅速将这一话题带上热搜，让更多人认识到国家对于疫情的重视程度，同时也让全世界认识到了什么是中国速度。但辩证法强调事物都有两面性，网络流行用语的使用也是如此，由于互联网对使用者的年龄、学历等相关背景并不设限，导致大多数的网络流行用语呈现为中性或负面影响，这也是本篇文章所要着重讨论的主要问题。近两年来，在疫情的影响下，许多主播顺势而红，互联网乱象、怪相层出不穷，这对尚未形成完整世界观、人生观和价值观的青少年的影响是非常大的，许多青少年在日常生活中大面积使用网络流行用语，自以为跟上了"时代潮流"，但实际上他们本人或许在玩梗的时候都不清楚其来源。

二、对网络流行语来源的探究

按照近两年来的网络用语含义，大概可以分为以下几类：与工作相关，如996、打工人、内卷；与生活相关，如社死、干饭人、人类幼崽、鸡娃；但更多网络用语源自网红和直播，如耶斯莫拉、绝绝子、无语子、emo、网抑云、集美、giao、yyds、U1S1、凡尔赛、普信男、OMG……可以发现，在近两年流行的网络用语中，绝大多数用语都是用于表达负面情绪，那么这种消极情绪从何而来呢？

首先，"互联网'戾气'太重"这种观点早前就已经成为许多网民对于互联网的评价。隔着屏幕与网线，人与人便不再坦诚相待，每天都上演的"互联网骂战"。在冰冷的代码包裹下，人们褪去了现实生活中包装好的虚假面孔，在网络世界肆意"挥洒"着情绪垃圾。此时，互联网成了现实世界的倒影，人们在虚拟世界中不停倾诉着现实生活中的不忿，"996"的出现不是一个偶然，而是众多"打工人"的缩影；在"内卷"一词出现之前，我们的生活早就已经开始"卷"了，现代社会的快节奏背景下，工作和生活使人身负重担，可以说，这种消极情绪的产生是社会发展的必然。

其次，在日常的工作与生活之外，一些网络流行用语产生于网红直播与带货直播。2020年，"迷人的郭老师"一夜之间火遍全网，"郭语"成为人们争相模仿的说话方式，"猕 Hotel""集美""耶斯莫拉"成了当下最火的网络用语。

大量年轻人，其中不乏一些接受过完整系统教育的大学生，在日常生活中使用这种非常态语言进行交流。"带货王"李佳琦凭借标志性的"OMG"让"所有女生"在点进他的直播间后难以抑制消费的欲望，自此"OMG"几乎成为李佳琦的第二个名字，成为美妆消费的代名词。当大多数人还没有意识到网络用语究竟为我们的生活带来什么的时候，网络用语已经在不知不觉间与人们的生活密不可分。网红的诞生可能只需要一个契机，但他们给人们日常生活所带来的改变是不可忽视的，这种泛娱乐化的生活状态已经开始侵蚀我们本该具有的文化自觉。

最后，也有一部分网络流行用语的产生来自对社会问题的思考，如2020年脱口秀演员杨笠在一次脱口秀表演中抨击某些男性"普通且自信"，一时间"普信男"成为男女平权问题爆发的导火索，演员杨笠也因为这样一个段子被舆论推上了风口浪尖。对此，笔者认为"普信男"是真实存在的，但并不能代表所有男性，而"普信男"所真正代表的，只是男权思想下某一部分人，但在舆论的环境下，冲突被不断放大，最终体现为一种对于社会问题的思考。

从对网络流行用语来源的考察中可以发现，一部分网络流行用语的产生源自理性引导下对现实生活的反应和思考，此外，绝大多数网络用语则是源于一种泛娱乐化的社会现象，产生源头单一，内容呈现为空洞、无内涵的状态。高校大学生是网络流行用语的最大使用群体，同时也是网络流行用语最直接的影响对象，如何引导大学生对流行用语正确甄别使用是高校思政课堂所面临的重要问题。

三、网络流行用语对高校大学生的影响

自媒体的广泛流行使高校大学生被暴露于繁杂的语言环境之中。这使得高校大学生在感情上更加倾向于使用浅显通俗的网络用语，也正是由于这一情况的出现，使得许多学生失去了正常的表达能力，引起了一系列语言表达相关的问题。"绝绝子""YYDS"一度成为大学生交流中使用频率最高的词语，其中所蕴含的价值观正潜移默化地误导着当代年轻人。为纠正这一发展倾向，思政课程的开展也需要走向一个新的方向。

首先，笔者作为思政课教师，认为应当紧跟网络发展的脚步，对时下的网络流行用语进行第一时间的掌握。在拉近与学生之间距离的同时，也可以及时

对学生进行思想上的引导，以便更好地开展课程。由于大学时期的学生尚未树立完整的世界观、人生观与价值观，所以网络世界中五花八门的信息对于大学生的影响力是不可忽视的。此时站在与学生同等的视角，更有助于老师理解学生的心理，及时掌握网络信息可以有效避免学生进入思想误区。

其次，对于网络流行用语，我们不必视若猛虎。在进行正确引导的前提下，网络流行用语的使用完全可以成为生活中的"调味剂"。高校思政课的开设主要目的在于对学生进行正确引导，在此前提条件下对网络流行用语的正确使用更加有助于课堂氛围的营造，拉近师生关系，从而更好推进课堂内容的发展。引导学生甄别网络用语的类型，并合理利用网络流行用语作为课堂的辅助，是互联网高速发展背景下高校思政课教师所要具备的重要能力之一。

网络流行用语作为时代的衍生品已经与生活密不可分，在高校大学生的生活中，网络流行用语的使用已经成为一种生活常态。高校大学生作为国家建设的储备力量，对其正确"三观"的树立是高校教育中十分重要的一环。这就要求思政课教师时刻铭记自身的职业要求，不仅在课堂中对学生进行积极正向的引导，也要在生活中对学生状态进行关注。此外，思政课教师还应该在课堂中注意网络流行用语的慎重使用，使网络用语成为师生间良性沟通的桥梁。

论毛泽东军事思想的国防教育价值[*]

刘琼^{**}

引言

毛泽东军事思想作为毛泽东思想的重要组成部分，不仅继承和超越了中国古代军事思想，还是中国军队建设和国防建设的根本指导思想，更是中国共产党集体智慧的结晶。无论是在中国军事的发展和壮大上，还是在文化传承、哲学启迪、政治方针上，毛泽东军事思想都发挥了重要作用。本文从毛泽东军事思想与中国古代军事思想、马克思列宁主义军事理论、当今中国国防建设目标等方面的关系出发，探讨了毛泽东军事思想对加强高校国防教育的价值意义。深入学习和了解毛泽东军事思想，有助于广大青年学生端正党史学习态度，增强爱国主义信念，强化国防安全意识，勇担家国重任。

一、毛泽东军事思想的概述与时代价值

在中国共产党建立 100 周年的发展历程中，毛泽东军事思想几乎贯穿了全过程，从建立井冈山革命根据地、确立农村包围城市的战略开始，毛泽东同志的军事才能开始显现。毛泽东军事思想不仅指毛泽东同志在军事上的思想，也包括毛泽东同志为核心的中国共产党人在历次战争后总结出来的军事思想和战

---

 * 基金项目：广东省教育科学规划课题（党史学习教育专项）："党史学习教育融入到思政课的路径研究"（DSYJ067）阶段性研究成果；2017 年广东省哲学社会科学"十三五"规划一般项目："中华优秀传统文化的意识形态资源及其转化研究"（GD17CMK05）阶段性研究成果。

 ** 刘琼，肇庆学院马克思主义学院助教，研究方向为马克思主义理论、思想政治教育。

争策略。它是中国共产党人集体智慧的结晶。毛泽东军事思想指导中国共产党走过了国民革命战争、土地革命战争、抗日战争、解放战争时期。新中国成立后，毛泽东军事思想又引领中国赢得了抗美援朝战争的伟大胜利，以及提出了加强国防建设的军事目标。可以说，毛泽东军事思想是我国取得新民主主义革命胜利、走向民族独立与人民解放的根本指导思想，是中国优秀军事思想的继承与发展的重要思想成果。在新时代条件下，毛泽东军事思想与高校国防教育相结合，除了能够使广大学生深入学习和理解毛泽东思想，更加全面地了解党史，更大的意义在于，毛泽东军事思想能够发挥其意识形态上的指导意义，加强广大学生对我国国防的了解，并从中获得军事、文化、政治、哲学的启迪。

（一）毛泽东军事思想的概述

毛泽东军事思想是以毛泽东同志为代表的党的第一代领导人在进行抗日革命战争、解放战争、抗美援朝战争、新中国国防建设的生动实践中总结出来的，适合我军的优秀军事思想。在长期的反帝反封建战争和国防建设中，毛泽东同志创造性地运用马克思主义的世界观、方法论和军事原理，汲取古今中外军事理论的精华，总结和归纳战争的规律，经过大量军事斗争实践和广大军民的反复运用验证，形成了毛泽东军事思想。毛泽东军事思想是全党全军全国人民智慧的结晶，是我们宝贵的精神财富。在毛泽东军事思想的指引下，我军战无不胜、攻无不克、所向披靡，成为世界上保卫和平、抑制霸权主义的一支重要力量。

毛泽东军事思想解决了党和军队的领导矛盾，明确指出"党指挥枪"，确立了党对军队的绝对领导地位，改变了军队建立初期行动混乱的现象，使我军在后来的战争中发挥出了最强的战斗力。"1927 年 9 月 29 日，毛泽东率秋收起义部队到达江西永新三湾村，对当时不足 1000 人的部队进行了整顿和改编：将原来的一个师缩编为一个团；在部队中建立党的各级组织，支部建在连上，班排有小组，连以上设党代表，营团建立党委；开始实行民主制度，在连以上建立各级士兵委员会，实行官兵一致的原则。从此我军确立了'坚持党对军队绝对领导'的重要原则，保证'艰难奋战而不溃散'，从胜利走向胜利。"① 此外，

---

① 翟玉君. 毛泽东军事思想任由重要的现实意义［EB/OL］.（2007-7-24）http：//www. china. com. cn/military/zhuanti/jianjun80/2007-07/24/content_ 8573668. htm.

若想取得人民战争的胜利，必须建立一支强大的人民军队。毛泽东军事思想中的一个重要内容，就是人民军队建设。毛泽东同志说："没有一个人民的军队，便没有人民的一切。"这个军队之所以有力量，是因为所有参加这个军队的人，都具有自觉的纪律；他们不是为了少数人的或狭隘集团的私利，而是为了广大人民群众的利益，为了全民族的利益。紧紧地和中国人民站在一起并全心全意地为中国人民服务，就是这个军队的唯一的宗旨。全心全意为人民服务，这一宗旨一直延续到现在。每当出现重大灾情，我们的人民军队永远抢在前方，为广大人民群众抵挡所有的危险。无论是 2003 年非典、2008 年汶川地震、2020 年新冠疫情、2021 年河南暴雨，我们的人民子弟兵一直都在践行者这一宗旨。

（二）毛泽东军事思想的时代价值

1. 毛泽东军事思想是新的历史节点下中国军事思想的创新发展

中国古代军事思想认为，战争和军事的目的是"兴义兵、安民众、卫国家"，强调战争的最高手段是"不战而屈人之兵"。回顾抗日战争和解放战争，可以看出毛泽东军事思想对中国古代军事思想的继承。我们党创建军队、进行战争的目的是为了卫国保民，一切从国家和人民的利益出发；在解放战争中，更是不费一兵一卒，便使得北平和平解放。到了新中国成立之后，党的军事工作的中心转到了巩固国防、建设现代化国防上来。毛泽东同志从中国的军事实力和军事斗争的实际出发，适应新形势，意识到了核武器的威慑力和破坏力，提出了研制导弹、原子弹的军事国防目标，原子弹的成功爆破，是中国真正做到了"不战而屈人之兵"，为中国的发展繁荣提供强且有力的安全保障。

正如沃尔特·米里斯所说，继续将过去的战史套用到未来，不但不可能，甚至必然造成一个文明的灾难。过去的战争思想并不能一味地照搬照抄，需要结合时代性质进行创新。毛泽东同志从中国国情出发，创新性地提出了创建人民军队的思想，真正的从人民的立场以及利益出发，做到军队建设来自人民、军队建设依靠人民、军队建设为了人民，并由此提出了人民战争思想——人民是取得战争胜利和军事强盛的决定性因素。在中国古代军事思想中，"一鼓作气，再而衰，三而竭"是军事战争中经常强调的，它要求打战要迅速才能制胜；在抗日战争年代，有不少人提出"速战论"，但是毛泽东同志却提出要打"持久战"，这是因为当时中国处于劣势，保存和发展自我才是更重要的。对于当前形势的准确判断，是毛泽东同志指导作战取得胜利的根本原因。

毛泽东身为当时党的最高领导人，有最高的军事指挥权；他同时具备了卓越的军事才能和敏锐的全局观察力。他能够在一次次的军事指挥中吸取经验教训，反思总结，形成理论，接着又在一次次的作战中实践其理论。理论和实践的多次磨合，在遇到新的战争情形中也能利用自己的军事才能得出并实践属于自己的、属于当代的军事思想理论。可以说，毛泽东军事思想是对中国古代军事思想的继承和超越，更是在新的历史节点下中国军事思想的创新发展。

2. 毛泽东军事思想批判继承和丰富了马克思列宁主义军事理论

马克思列宁主义军事理论为中国共产党在二十世纪的革命战争中取得胜利提供了重要的理论基础，但并不是军事理论都适用于中国的国情。毛泽东从中国的国情出发，批判继承了马克里列宁主义军事理论，提出了更具中国特色的军事思想和作战理念。在俄国十月革命中，苏维埃政府采取的是攻打城市夺取政权的方针，而在当时的中国，这样的方针是不可行的。因此，毛泽东同志创造性地提出了"农村包围城市、最终夺取武装政权"的战略，井冈山革命根据地的建立，是这一军事战略开始的标志。在中国共产党面临外有帝国主义、内有国民党反动派围剿的危机时，马克思列宁主义军事理论并不能为中国共产党提供指导性的作用。在这样的险境当中，毛泽东同志等人毅然决然踏上了万里长征路，在四渡赤水、飞夺泸定桥、强渡大渡河等战役中，我军一次次地打败了敌人，在一次次的实践中，我军总结并获得了属于自己的作战经验和军事理论。

毛泽东军事思想是我军在一次次作战中得出的具有实践意义的作战方法和军事思想，是经得起推敲和考验的，是马克思列宁主义军事理论在中国的创新发展，是中国现在军事史上里程碑。在毛泽东军事理论中，毛泽东运用辩证唯物主义和历史唯物主义，创造性地提出了"军事辩证法"，为我军正确认识和指导战争、解决军事领域各方面的矛盾提供了最基本的观点和方法。"军事辩证法"的提出，丰富了马克思列宁主义军事理论，也为中国的军事理论体系提供了核心要素。毛泽东军事思想批判继承和丰富了马克思列宁主义军事理论，是马克思列宁主义普遍真理同中国革命战争相结合的产物，是适合中国国情的优秀军事思想。

3、毛泽东军事思想向世界传达了中国军事理念和军事立场

"人民战争观"是毛泽东军事思想的核心内容，它主张正义的战争，反对为谋私利而发动的不正义的、反人道的战争。"正如我国在原子弹成功爆破后做出的承诺——我国绝不率先使用核武器，绝不对无核国家使用核武器，坚持战争的正义性和人民群众在战争中的决定作用，是毛泽东战争思想的两个重要内容。"① 毛泽东军事思想的核心一直延续至今，且我国也将继续坚持这一核心思想，这是我国对世界各国做出的承诺，也是我国作为世界大国承担的责任。

毛泽东同志在新中国成立后，一直秉持着"以和为贵"的军事理念，反对不正义的战争；当然，遇到侵犯我国主权利益的行为时，他也主张自卫反击。新中国成立后，西部邻国印度不顾两国人民的传统友谊，悍然在中国西部边界进行肆无忌惮的蚕食和全面进攻。面对印度方面的不断寻衅滋事，毛泽东立足于"先礼后兵""退避三舍"，提出一系列边境斗争原则。对于印度的挑衅，我方一直避免流血，而印方却得寸进尺。最终，为了捍卫国家主权，毛泽东于1962年10月决定实行自卫反击战，并在毛泽东军事思想的指导下，我方彻底清除了印军在中国境内设立的侵略据点，取得了自卫反击战的胜利，维护了我国边疆的主权与安全，向世界证明了中国的军事能力，增强了中国在世界的威信。

从新中国成立至今，我们从未主动寻衅滋事，从未主动挑起战争，因为我们经历过战争的苦难，深切感受到战争带给人类的灾难与痛苦，我们渴望和平与安稳。我国一直秉持着"和平共处""求同存异"的方针，避免发生冲突，避免流血与伤亡。同时，我们也不惧任何压迫与威胁。当国家主权面临侵犯时，我们会义无反顾采取战争的方式捍卫我们的家国，保卫我们的家园，对印度如此，在抗美援朝战争中也是如此。毛泽东军事思想刚柔并济，向世界传达了我们的善意，也向世界宣告了我们的底线。毛泽东军事思想向世界传达了中国的军事理念，弘扬了中国自古以来"人不犯我，我不犯人；人若犯我，我必犯人""以和为贵"的战争思想，向世界表明了中国的军事立场。

---

① 朱柏清. 论毛泽东军事思想及其现实意义［J］. 今日南国（理论创新板），2008（09）：146，148.

二、毛泽东军事思想对高校国防教育的价值

高校作为广大青年学生的聚集地，对青年的教育和引导直接关系着社会的稳定和国家的发展。面向高校学生开展国防教育，是增加全民国防观、维护社会和谐、促进经济社会繁荣发展的重要措施。将毛泽东军事思想引入思想政治教育，是高校国防教育的一个重要课题，可以使广大青年学生更加全面、系统地了解近代中国的革命历程和新中国成立后的国防建设过程。学习毛泽东同志在一次次实战经验中总结的关于战争的哲学观、方法论、策略论，有利于大学生形成爱国主义和集体主义等正确思想，增强广大青年的国防意识，为中国的安全和社会的稳定提供意识形态领域上的指引。

（一）增强当代大学生的爱国主义情怀

广大青年学生通过深入学习和了解毛泽东军事思想，可以了解中国共产党在领导革命战争中遇到的挫折和失败，以及在一次次挨打后总结经验，最终得出属于自己的军事战略和军事思想，增强青年们的爱国主义情怀，培养学生的家国责任。

作为毛泽东军事思想的中心人物，毛泽东同志本人就是一个身怀满腔热血的爱国志士。年少时，他目睹国人体弱多病，清楚强体魄才能卫家国，于是他以"二十八画生"为笔名，在《新青年》上发表了《体育之研究》一文。而后他又在李大钊先生等人的影响下，走上了马克思主义的轨道。加入中国共产党后，他参加了无数次的作战，并发挥其卓越的军事才能指导战争的胜利。长征即将得胜时，他写下"更喜岷山千里雪，三军过后尽开颜"的名句，对其胜利充满希冀。1936 年底至 1938 年秋，毛泽东同志先后发表了《中国革命战争的战略问题》《抗日游击战争的战略问题》《论持久战》《战争和战略问题》等军事论著，科学地预见中国抗日战争的历程；在抗战胜利前夕，毛泽东同志在中共七大上便提出了抗战胜利后的国家建设想法。抗战胜利后，毛泽东同志不惧个人安危，前往重庆与国民党进行谈判，同时还同社会各界朋友进行广泛的接触，争取团结各方面民主力量，推动和促进统一战线的发展。作为领导人，他肩上肩负着争取民主与和平的时代使命，更表现出了他追求光明前途的坚定信念，

敢于斗争、善于斗争的政治品格。① 高校青年学生深入了解和学习毛泽东军事思想，可以感受到毛泽东同志对中国军事的卓越贡献，以及学习到毛泽东同志身上的拳拳爱国心和军事才华。

毛泽东军事思想本身就是为了中国革命和中国军事建设而总结的中国共产党人的宝贵经验和理论成果。中国共产党成立至今，始终代表的是人民的利益、国家的利益。毛泽东军事思想也离不开党的主旨，无论是军事建设、军队建设，还是国防建设，都是为了家国，也都离不开家国。对毛泽东军事思想的深入学习和了解，有助于广大青年学生端正学习态度，清晰分辨历史虚无主义者对国家伟人的污蔑，从而正确了解毛泽东同志对党和国家、人民所作出的伟大贡献。同时，广大青年学生应该向革命战争中为国家抛头颅洒热血的先辈学习，增强爱国主义情感，担负家国责任。

（二）增强当代大学生的集体主义精神

中国共产党的革命抗战道路不是靠一个人能够完成的，而是千千万万的爱国志士用血泪筑成的；毛泽东军事思想是党的早期领导人在共同推进革命取得胜利、国家建设取得显著成果总结得出的宝贵经验。学习毛泽东军事思想，除了了解毛泽东同志的军事理论，还应该了解其他共产党人的军事总结。毛泽东军事思想向我们传达的是集体团结力量的伟大，因为团结，我们才能取得抗日战争、解放战争的胜利以及国防建设的显著成果。

毛泽东军事思想提倡军民结合。中国的革命胜利，需要中国共产党同四万万同胞一起努力，形成全民抗战的局面。在抗日战争中，出现了许多诸如明德英用乳汁救活八路军战士、王二小与敌人周旋帮助八路军等催人泪下的感人故事。军民一气，团结一心，共同推进了抗日战争的胜利。新中国成立后，毛泽东主席在国家军事国防建设中也提出要军民融合，走全民国防的路线，在人民群众中广泛开展国防安全教育，动员人民以各种形式和手段积极支援和参加保卫国防的斗争。毛泽东军事思想注重团体的力量，拒绝个人英雄主义。在个人主义与自由利益至上等价值观泛滥的今天，更加应该从毛泽东军事思想中学习中国共产党、解放军战士的集体主义思想，在追求自我利益的同时不忘集体的

---

① 潘洵，刘小苑. 论毛泽东对红岩精神形成与发展的历史贡献 [J]. 西南大学学报（社会科学版）展，2021（02）：204—211，230.

利益、社会的稳定、国家的发展。社会是由一个个体组成的，只有个体共同发力，才能推进集体的共同发展。

三、毛泽东军事思想融入高校国防教育的路径研究

"不崇尚英雄的国家，是没有希望的。"不注重军事武装的国家，是无安全可言的。如今我们生在和平年代，是我们的幸运，但要守护一方山河无恙，我们便要用军事思想武装自己，用军事实力捍卫这个国家。广大青年深入学习毛泽东军事思想，并不是说要我们像其他国家一样穷兵黩武，破坏他国安宁，而是让我们有一定的军事思想基础为保障，为这个国家提供一个强有力的无形的保护屏障，让生活在这一片美好的土地上的人民免受战乱的威胁。为此，我们可以从三个方面探究毛泽东军事思想融入高校国防教育的路径。

（一）学生层面

广大青年学生是学习毛泽东军事思想的主体，因此，学生应该养成自主学习习惯，端正学习态度，保持对毛泽东军事思想高度的学习热情，拓宽了解毛泽东军事思想的路径。

第一，重视课堂学习。如今，几乎所有高校都已开设"军事理论"这一门课程，该课程涉及对毛泽东军事思想的介绍。广大青年学子应该在课上认真听讲，从课本上了解毛泽东军事思想的基本内容以及在我国国防建设、我国军事思想发展历程上发挥的重大作用。在课后，青年学生可以通过小组实践活动，从不同角度、不同课题切入毛泽东军事思想的学习，结合自己的知识积累提出自己的见解，从而更加深入地了解该思想的内涵和哲学韵味。

第二，加强党史学习。毛泽东军事思想的发展形成历程是与中国共产党党史发展、中国抗日革命历程、新中国国防建设发展史息息相关的，如今在军事国防领域也发挥了基石性的指导作用。广大青年学生应该认真学习党史，了解党的百年光辉历程，要做到不仅全面深刻的了解党的百年发展史，也结合时代背景对毛泽东军事思想进行深层次的分析，从而更好地理解该思想的内核。

第三，注重知识融会贯通。对毛泽东军事思想的学习不应仅局限于这一思想，而是应该将毛泽东军事思想、中国古代军事思想、马克里列宁主义军事理论进行对比，在对比中更加深刻理解毛泽东军事思想的创新性、独特性以及中

国特色。此外，我们还应该看到，西方国家的军事家如克劳塞维茨等人也对毛泽东产生过影响。

（二）学校层面

学校是青年学生进行毛泽东军事思想的重要场所，更应该创新教学方法，拓宽教学路径，更好地传播毛泽东军事思想。

第一，创新上课形式，完善相关资源书籍。对于毛泽东军事思想的教授，应该融入相关思政课，配备相关的教学资源以及内容完善的课本。此外，学校应该创新上课形式。毛泽东军事思想的教授不应该仅局限于课本，更应该开设有关活动，如到对应红色景点参观学习，从当地的抗战经历中学习当时的军事策略。此外，也可以通过介绍相关的书籍、影片等，从视觉、听觉等感官上带给学生更直接的冲击。基础知识的掌握加上实践活动的体验与了解，有助于学生保持对毛泽东军事思想的学习热情。

第二，创新军事技能训练模式。高校可以尝试将毛泽东军事思想纳入高校军训内容。当前部分学校的军事教育出现了形式化的现象，体现为训练时间短、训练不严格、训练内容单一等。军事技能训练是高校开展国防安全教育的重要途径，应该创新军训模式，形成"理论+训练"相结合，介绍军事思想，训练军事技能。将毛泽东军事思想推为首要的国防建设思想的介绍，能够使学生从基础上了解我国国防建设的历程，对我国国防建设有更深层次的认识。

第三，有关部门应该认识到毛泽东军事思想在国防教育中的地位，推进该思想在高校中的学习与传播。通过编写内容适合且丰富的教科书，给各个学校配备相应的教学资源，保证青年学生能够得到对毛泽东军事思想基础的学习和了解。

（三）社会层面

除了学生个人以及学校层面，社会层面对毛泽东军事思想的学习和了解，可以为青年学子营造良好的学习氛围，拓宽学生对于该思想的理解，并且促进学生对这一军事思想的独立思考。

第一，博物馆、文化宫可以结合当地的红色文化和红色文物，创新运用新媒体媒介技术，向青年学生在内的广大群众宣传毛泽东军事思想的优秀内容，实现自身拥有的文化资源的效用最大化。如河南博物馆在 2021 年河南春晚推出的《唐宫夜宴》便是最大效用运用文化资源的实例，它通过新的媒体手段，将古画与传统舞蹈等结合在一起，让文物活了起来。相信在各大红色博物馆中，与毛泽东军事思想有关的优秀文物有许多，通过结合3D技术，生动复刻当时党和人民英勇抗战的光辉历史，有助于从中学习毛泽东军事思想的卓越之所在。

第二，文艺从业者可以根据自身的创作才能，将毛泽东军事思想融入文学、影视、艺术等青年学生喜闻乐见的媒介之中，"在视觉、听觉上给大学生带来有力冲击的同时，也很好地发挥了寓教于乐的功能。"① 在党史学习中，有许多优秀的文艺作品供学子们借鉴和欣赏，例如《那兔那年那些事》《毛泽东》《历史转折中的邓小平》《我的法兰西岁月》《觉醒年代》，这些文艺精品向观众们传播了相关的知识，且具有艺术观赏性。

结语

毛泽东军事思想是中国共产党智慧的结晶，是我国国防建设的根本指导思想。但在当代的教育环境中，毛泽东军事思想在青年学子意识形态上的教导作用和感召力已减弱。将毛泽东军事思想融入国防教育，能够让学生充分了解这一思想的发展历程和核心内容，增强学生的国防安全观、爱国主义思想、集体主义责任感。在多元价值观相互摩擦碰撞的今天，毛泽东军事思想在广大青年学生意识指引上的作用显得尤为重要。

---

① 卜婷. 新时代大学生国防教育认同的现实困境及实践路径［J］. 学术论坛，2021（04）：80—82.

社会主义改造和社会主义改革的关系

毛娟*

习近平同志在党的十八大精神研讨会议上指出："不能用改革开放后的历史时期否定改革开放前的历史时期，也不能用改革开放前的历史时期否定改革开放后的历史时期。"① 然而，当前依然有人用割裂的态度、错误的观点看待社会主义改造和社会主义改革的关系。他们或用社会主义改造否定社会主义改革，或用社会主义改革否定社会主义改造。本文拟从以下三个方面对这一思潮进行梳理回应。

一、当前的流俗理解及其问题

新中国成立初期，我国存在五种经济成分，包括市场调节和商品经济；后来通过社会主义改造（即对农业、手工业和资本主义工商业进行了社会主义改造）建立起了单一的、纯粹的社会主义公有制形式，形成了高度集中的计划经济体制；20 多年后，我国又开启了改革开放的发展道路，在城乡鼓励发展个体经济和私营经济，通过社会主义改革建立起以公有制为主体、多种所有制经济共同发展的基本经济制度，经营方式趋于多样化，建立了社会主义市场经济体制。于是，有人就提出了问题：既然今天鼓励发展非公有制经济，为什么当初还要进行生产资料私有制的社会主义改造？或者说，"今日"是否应当发展非公有制经济？对于这个问题，从表面上看，确实会产生一种"早知今日，何必当

---

* 毛娟，广东职业技术学院马克思主义学院讲师，主要从事思想政治教育研究。

① 习近平. 在新进中央委员会的委员、候补委员学习贯彻党的十八大精神研讨班上的讲话［R］. 2013-01-05.

初"的错觉，甚至会全盘否定社会主义改造。但实质上并没有这么简单，试想，如果没有"当初"的实践，怎么能够"早知今日"呢？而且，社会主义改革是在坚持社会主义制度的前提下进行的，它是对社会主义制度的完善和发展，不是对前一时期的否定和背弃。

面对质疑，我们要看清它的实质和目的：这种以碎片化解构历史、抽象化混淆历史的方式，最终是想搞垮中国，所以我们要时刻警惕这种历史虚无主义。正如我国领导人一再强调的，自 1949 年以来的中国发展历史不可割裂。中国之成为今天的中国，既与邓小平等领导人开创的改革开放道路有关，也与毛泽东那代领导人建构的国家制度框架有关。所以，把前后两个时期割裂开来，本身就是一种错误的态度和观点。我们要尊重历史，客观地看待二者之间的内在联系。

二、社会主义改造与社会主义改革的本质内涵

1. 社会主义改造

社会主义改造是从 1952 年过渡时期总路线提出后全面展开的，它的主要内容是对农业、手工业、资本主义工商业进行社会主义改造。农业社会主义改造是通过合作化运动实现的，它仅用四五年的时间，基本完成了 5 亿农民从个体小农经济向社会主义集体经济的转变。个体手工业的社会主义改造，坚持自愿互利的原则，通过说服教育、典型示范和国家援助的方法引导他们在自愿的基础上联合起来，走合作化的道路，最后发展到社会主义性质的手工业生产合作社。对资本主义工商业实行利用、限制、改造的政策，逐步把生产资料的资本主义所有制改造成为社会主义的公有制。1956 年底，我国对农业、手工业和资本主义工商业的社会主义改造基本完成，它使我国的经济结构、阶级关系发生了根本变化，社会主义经济成分已占绝对优势，社会主义公有制已成为我国社会的经济基础，这也标志着中国历史上长达数千年的阶级剥削制度的结束和社会主义基本制度的确立，为当代中国的一切发展进步奠定了制度基础。由此可以看出：社会主义改造是通过完成社会主义革命，解决中国走社会主义道路的问题，解决了我们要到哪里去的问题，也旨在通过建立社会主义制度来解放和发展生产力。

2. 社会主义改革

社会主义改造取得了决定性胜利，我国无产阶级同资产阶级之间的矛盾已经基本解决。此时国内的主要矛盾，已经是人民对于建立先进的工业国的要求同落后的农业国的现实之间的矛盾，是人民对于经济文化迅速发展的需要同当前经济文化不能满足人民需要的状况之间的矛盾。党和全国人民要集中力量解决这个矛盾，把我国尽快地从落后的农业国变成先进的工业国。也可以说，社会主义社会的基本矛盾，仍然是生产关系与生产力的矛盾、经济基础与上层建筑的矛盾。社会主义改革，就是要通过社会主义制度来解决社会的基本矛盾。在坚持社会主义制度的前提下，依靠社会主义自身的力量，通过对生产关系与生产力、上层建筑与经济基础不相适应的方面进行调整，从而解放和发展生产力。改革开放，是我们党在新的时代条件下带领人民进行的一次新的伟大革命。通过它，我们实现了党的工作重点的转移，极大地解放和发展了社会生产力，冲破了束缚生产力发展的体制障碍，推动了社会主义市场经济体制的初步建立，形成了对外开放的全新格局，开辟了中国特色社会主义的伟大道路。由此可以看出，社会主义改革是在坚持社会主义制度前提下进行的，是对社会主义制度的自我完善：即通过社会主义建设，解决如何走好社会主义道路的问题；通过完善社会主义制度，进一步解放和发展生产力。

通过以上分析得知：社会主义改造奠定了党的领导地位，建立了社会主义基本制度，清除了意识形态上的障碍，是社会主义改革能顺利发展的前提之一，所以说社会主义改造是社会主义改革的必要前提；而社会主义改革也不是简单地走回头路，而是党在经历了曲折路线后坚定的新方向，所以说社会主义改革则是社会主义改造在新的历史条件下的必然延续。如果不进行社会主义改造，社会主义制度无法确立，也就无法解决走社会主义道路的问题；如果不进行社会主义改革，社会主义制度就无法坚持，社会主义改造的成果也将会毁于一旦。

三、正确理解社会主义改造与社会主义改革的内在关系

1. 社会主义改造为社会主义改革提供了前提和基础

新中国成立初，我国发展面临很多困难。经济上，综合国力居世界第113位，全国固定资产总值200亿美元，人均年产值仅40美元；工业基础薄弱，民族工业没有发展起来，多数都是"舶来品"，洋货占领中国市场。我国被人

称为"万国汽车博览会""万国轮船公司""万国兵器展览馆""万国靶场"。政治上，冷战、国民党残余势力、西方资本主义阵营遏制我国的发展，企图进行全面封锁。比如，美国等西方国家对中国科技禁运的项目比苏联、东欧国家多出 500 多项，中国不仅不可能从发达资本主义国家得到什么援助，而且连正常的贸易和交往都很困难。文化上，1949 年文盲率达 80%。在这样的国情下，为了解决实际困难，我们制定了"一化三改"的过渡时期总路线。1956 年，社会主义改造完成，确立了公有制的基础性地位，建立社会主义制度，我们迈进了社会主义的大门。而我国的社会主义改造也在世界史上实现了两种罕见：一是在一个几亿人口的大国中比较顺利地实现了如此复杂而深刻的社会变革，不仅没有造成生产力的破坏，反而促进了工农业和整个国民经济的发展。二是这样的变革没有引起巨大的社会动荡，反而极大地加强了人民的团结，并且是在人民普遍拥护的情况下完成的。这为后来的改革也提供了坚实的基础。社会主义改造奠定了社会主义改革的基调，没有社会主义改造，哪来社会主义制度的确立，更别说找到一个方向去完善和发展社会主义制度。因此，没有社会主义改造，就没有社会主义基本制度的建立和全面的社会主义建设。

2. 社会主义改革是社会主义改造在新的历史条件下的必然延续

（1）它们的目标都是为了解放和发展生产力，为了进一步加强我国社会主义事业的建设

1953 年，我国正处于新民主主义社会，从当时的历史条件和环境来看，国家安全的压力、工业化的迫切需要等，决定了社会主义改造是解放和发展社会主义生产力的需要，是历史的必然。社会主义改造实现了中国历史上最深刻的社会变革，为中国后来的一切进步和发展奠定了基础，是中国腾飞的必走之路。而社会主义改革，从国内的情况看，"文化大革命"十年内乱，使国家遭到严重挫折和损失，1952 年中国的 GDP 占全球 5.2%，1955 年降为 4.7%，1978 年下降到 2.5%。从国际情况看，中外经济科技发展差距的进一步拉大使中国面临巨大压力，1978 年中国人均国民生产总值低于印度，只有日本的 1/20、美国的 1/30，科技发展水平落后发达国家 40 年左右。因此，当时国内和国际的实际情况，也呼唤着要通过改革的途径来大力发展生产力。

社会主义三大改造基本完成后，我国农业、手工业和资本主义工商业在制

度上转为社会主义公有制，在性质上转为社会主义性质，社会主义基本制度在中国正式建立，这是适应当时我国形势和国情的需要。而社会主义改革也是将我国在发展过程中不合理的部分进行修正完善，使之适应我国生产力的发展，适应经济政治文化的需要。以史为镜，以史为鉴，两者都是中国特色社会主义建设道路进程中必不可少的辉煌时期。

（2）改革旨在解决所有制"过纯"问题以及在社会主义改造时对社会主义某些不成熟的认识

社会主义改革，它是改"三大改造"中出现偏差的东西，比如：工作过粗，要求过急，没有完全搞清楚什么是社会主义等等，使之更完善。改革不仅是对这些问题与不足的修整、完善，更是对新中国成立以来我国在建设社会主义事业上经验思想总结的应用。所以，社会主义改革不是对当年社会主义改造的否定，而是对社会主义改造理论、实践的创新和发展。通过社会主义改革，我们更加深刻认识到三大改造时期的失误和不足，从而总结经验、吸取教训，并应用于后期中国特色的社会主义事业的建设中。由此我们不难看出，社会主义改造与社会主义改革两者之间不是相互否定，而是紧密联系，改革是对改造的延续和补充。试想，如果不及时进行社会主义改革，社会主义改造后存在的漏洞越来越大，遗留的问题越来越多，社会主义改造取得的成果可能会遭受破坏，甚至消失殆尽。经过40多年的改革，我们以"解放思想、实事求是"为指导思想，既坚持了社会主义改造构建起来的基本制度，又不断革新，使中国的道路越走越宽，中国的朋友圈越来越大。

经济方面。2010年，中国GDP超过日本，正式成为仅次于美国的世界第二大经济体；2013年，中国贸易总额突破4万亿元，超过美国成为世界第一大贸易国；2019年中国对外直接投资流量蝉联全球第二，存量保持全球第三；2019年我国GDP增长速度达到6.1%，总量近百万亿元，2020年我国GDP增长速度达到2.3%，总量超101.6万亿元；等等。我国经济保持中高速增长，是世界经济增长的主要动力，是世界经济增长的第一引擎，对世界经济增长的贡献跃居全球首位。

政治方面。中国成为世界多极格局中的重要一极，成为当今世界重要的政治力量和维护世界和平稳定的坚定力量。中国始终秉承构建人类命运共同体的理念，积极推动建设新型国际关系，建设持久和平、普遍安全、共同繁荣、开放包容、清洁美丽的世界。为此，中国不断地提出可行的中国方案，贡献深邃的中国智慧，也得到了其他国家的支持和认可。中国的话语权、影响力和国际地位也得以提高和巩固。

文化方面。中华优秀传统文化蕴含着丰富的治国智慧、道德观念和精神价值追求，改革开放使中国优秀传统文化同世界各国优秀文化一道造福人类，维护共同的利益，谋求共同的和平发展。优秀的中国文化已然走出国门，走向世界舞台，展示了其独特魅力，正在逐步被世界人民接受、认可、认同。正如习近平总书记指出的："中华优秀传统文化，积淀着中华民族最深沉的精神追求，代表着中华民族独特的精神标识，是中华民族生生不息、发展壮大的丰厚滋养，是中国特色社会主义根植的文化沃土，对延续和发展中华文明、促进人类文明进步，发挥着重要作用。"

3. 社会主义改造与社会主义改革的内在逻辑体现在"四个自信"中

党的十九大报告强调，"全党要更加自觉地增强道路自信、理论自信、制度自信、文化自信。"①"四个自信"是一个有机整体，是对中国特色社会主义道路、理论、制度、文化的高度认同和自信。它来源于中国革命、建设和改革的伟大实践，来源于人民群众的伟大创造，来源于中华民族对真理的不懈追求，是历史和时代赋予我们应有的精神状态，对推进新时代中国特色社会主义伟大事业、实现"两个一百年"奋斗目标和中华民族伟大复兴的中国梦具有重要意义。社会主义改造与社会主义改革两个时期的内在逻辑鲜明地体现在这"四个自信"中。

道路自信。新中国成立初期，中国经济文化落后，我们要走什么样的道路来改变这种状况？起初，我国主要是学习苏联经验，这在当时是必要的，也取得了一些成效。但是，后来的实践证明，照搬照抄苏联不符合中国国情，需要积极探索适合中国特点的社会主义建设道路。1953 年，我们结合自身的国情制定了"一化三改"过渡时期总路线；1956 年，社会主义改造的完成，解决了当时无产阶级和资产阶级的矛盾、走社会主义道路还是走资本主义道路的问题。1978 年，党的十一届三中全会重新确立了解放思想、实事求是的思想路线，明

---

① 习近平. 决胜全面建成小康社会 夺取新时代中国特色社会主义伟大胜利——在中国共产党第十九次全国代表大会上的报告［R］. 2017-10-18.

确提出走自己的路、建设中国特色社会主义，科学回答了建设中国特色社会主义的一系列基本问题，成功开创了中国特色社会主义。马克思曾经说过："人们自己创造自己的历史，但是他们并不是随心所欲地创造，并不是在他们自己选定的条件下创造，而是在直接碰到的、既定的、从过去承继下来的条件下创造。"① 中国特色社会主义道路是伴随着改革开放伟大实践而开创的，也是在中国革命已经取得胜利、新中国已经建立起社会主义基本制度并进行 20 多年建设的基础上开创的。因此，社会主义改造和改革都没有走苏联式的老路，也没有改弦易张走资本主义道路，而是坚守中国模式，开创了中国特色社会主义道路。而中国特色社会主义道路则是实现社会主义现代化的必由之路，是创造人民美好生活的必由之路。

理论自信。"理论自信"从本质上来看是对建设社会主义伟大事业的自信，源自历史的积淀与理性自觉。马克思主义理论是被中国革命和实践证明了的科学理论，是实现人类解放的重要思想武器。在经济文化相对落后的中国建设社会主义，这是一项伟大的事业。既不能盲目照搬其他社会主义国家的建设经验，也不能教条化了马克思主义理论。所以，我们党以巨大的理论勇气和政治智慧，以马克思主义为指导思想，把马克思主义基本原理同中国具体实际相结合，实现马克思主义中国化，并做到与时俱进，不断丰富、发展马克思主义中国化理论成果。这就使我们党能够在不同的时期，面对新情况，善于去打破主观偏见的束缚，积极寻找解决现实问题的良策，用发展了的马克思主义理论来指导社会主义各项工作，充分证实了理论自觉。这也是对理论本身价值的认可，理论自觉的高度能决定自信的程度。中国共产党坚定信仰马克思主义，不管是在社会主义改造时期，还是在社会主义改革时期，他们都敢于肩负使命、奋力拼搏，都是源自对理论的高度自觉和自信。

制度自信。制度自信来源于制度优势。高度集中单一的苏联模式，僵化的计划经济体制弊端越来越多，制约着中国的现代化建设，促使中国开始考虑寻求适合中国国情的经济制度。1953 年，我们制定了"一化三改"，在对农业、手工业和资本主义工商业改造的基础上，通过公私合营、和平赎买等方式实现了生产资料公有制的转变，适应了国情的需要，初步建立了社会主义基本制度，

---

① 马克思，恩格斯. 马克思恩格斯选集（第 1 卷）［M］. 北京：人民出版社，1995：585.

人民代表大会制度、人民民主专政等具有中国特色的社会主义执政体制也基本形成，解决了在我国建立社会主义基本制度的问题。社会主义改革在毫不动摇地巩固和发展公有制经济、坚持公有制主体地位的同时，鼓励、支持、引导非公有制经济的发展，激发了人的积极性和创造性，促进了发展，这是坚持社会主义基本制度基础上的自我完善和发展，符合中国国情。社会主义改革，使中国特色社会主义建设取得了巨大成就，巩固和发展了社会主义制度，开创了中国特色社会主义制度建设的新局面，凸显社会主义制度的优越性。

以毛泽东为核心的党的第一代中央领导集体带领全党全国各族人民完成了新民主主义革命，进行了社会主义改造，确立了富有中国特色的制度体系，实现了经由新民主主义社会进入社会主义社会的伟大社会变革，为新中国的一切发展和文明进步奠定了根本的政治前提和制度基础。新制度极大地激发了人民群众创造幸福美好生活的政治热情，促进了社会生产力的解放和发展，为社会主义建设奠定了大工业的物质基础，为中华民族阔步赶上时代发展潮流创造了根本前提。邓小平强调"要从制度方面解决问题"。改革就是实现社会主义制度自我完善的重要选择和根本出路。这种完善的结果，就是中国特色社会主义制度内容的创新越来越丰富，中国特色社会主义制度形态的发展越来越成熟和定型，对实现中国梦的奋斗目标能够提供越来越强有力的根本保证。中国经由新民主主义走向社会主义社会的成功范例，以及通过改革开放进一步巩固和完善中国特色社会主义制度的创新经验，充分证明经济文化落后的东方大国可以跨越资本主义制度的"卡夫丁峡谷"进入社会主义初级阶段，开辟一条前无古人的社会主义现代化强国之路，这也让我们对社会主义充满制度自信。

文化自信。习近平总书记指出："文化自信是更基础、更广泛、更深厚的自信，是更基本、更深沉、更持久的力量。"社会主义改造和社会主义改革两个时期都是扎根、立足中国大地，从中国实际出发，吸收中华文明优秀成果，让整个世界都知道中国，读懂中国。

"天行健，君子以自强不息"，体现了中华民族刚健有为、积极进取，奋发向上、永远前进的坚韧意志；"革故鼎新，与时俱进"，体现了中华人民善于、敢于改革、创新的精神等等。我们党坚持把马克思主义和中华优秀传统文化结合起来，汲取中华优秀传统文化中的有益养分，持续推进马克思主义中国化进程，成功开辟了中国特色社会主义道路，取得了世所罕见的经济快速发展和社会长期稳定的奇迹。历史和现实都证明，中华民族有着强大的文化创造力，每到重大历史关头，文化都能感国运之变化、立时代之潮头、发时代之先声，为亿万人民、为伟大祖国鼓与呼。中华文化既坚守本根又不断与时俱进，使中华民族保持了坚定的民族自信和强大的修复能力，培育了共同的情感和价值、共同的理想和精神。

社会主义改造和社会主义改革，虽然在指导思想、方针政策、实际工作上有很大差别，但两者绝不是彼此割裂的，更不是根本对立的。我们要科学地看待社会主义改造与社会主义改革的关系，社会主义改造不是对社会主义改革的否定，而是为改革提供了重要的条件；社会主义改革不是对社会主义改造的否定，而是对社会主义改造理论与实践的创新、发展。"以正确的立场、观点、方法对待党的历史，是巩固党的执政地位、实现党的执政使命的必然要求，是应对意识形态领域挑战，抵制西方敌对势力西化、分化图谋的必然要求，是开创党和国家事业发展崭新局面的必然要求，关系党和国家长治久安，关系我国社会主义前途命运。"① 因此，我们要始终坚持中国特色社会主义制度，坚定不移地走中国特色社会主义道路，坚持中国道路初心不改。

---

① 中共中央党史研究室. 历史是最好的教科书——学习习近平同志关于党的历史的重要论述 [EB/OL]. http：//qzlx. peoplehcom. cn/n/2013/0722/c364565 - 22272729. html. 2013 - 07 - 22.

学改革开放史，担立德树人责

邓振芳*

中国共产党的历史是一部伟大斗争的历史。党的十一届三中全会以来，党继续进行伟大斗争，实现改革开放和社会主义现代化建设新时期伟大历史转折，开创和发展中国特色社会主义道路、理论、制度、文化，建立和完善社会主义市场经济，形成与经济全球化浪潮相适应的全方位对外开放格局，实现了社会主义现代化建设前两步走的战略目标，开启全面建设小康社会新征程，中华民族实现了从站起来到富起来的历史飞跃。习近平总书记在庆祝改革开放 40 周年大会上强调："40 年春风化雨、春华秋实，改革开放极大改变了中国的面貌、中华民族的面貌、中国人民的面貌、中国共产党的面貌。"①

一、学改革开放史，明四项基本原则是立国之本，改革开放是强国之路

1. 改革开放锻造了中国共产党驾驭市场经济的能力与本领。中国改革开放既充分发挥市场在资源配置中的决定性作用，又注重更好发挥政府作用；既通过释放市场活力提升了财富创造效率，又通过完善基本制度维护了社会公平正义；既为资本增值提供了广阔舞台，又以有效的手段限制了资本的任性与疯狂。40 多年的改革开放从根本上克服了资本主义制度难以克服的弊病，锻造了中国共产党驾驭市场经济的能力。

2. 改革开放铸就了中国特色社会主义的生机与活力。40 多年来，从农村到城市、从沿海到内地、从经济体制改革到全局性变革，我们党始终聚焦解放和

---

* 邓振芳，清远职业技术学院思政部副教授、主任助理，主要研究方向为思想政治教育。

① 习近平. 在庆祝改革开放 40 周年大会上的讲话［R］. 2018-12-18.

发展生产力，通过对生产关系、上层建筑做出调整与改革，构建了新的体制机制，铸就了中国特色社会主义的生机与活力。40多年改革开放史就是坚持和发展中国特色社会主义的历史，既成功开辟了中国特色社会主义道路，形成与丰富了中国特色社会主义理论体系，又建立和完善了中国特色社会主义制度，繁荣与发展了中国特色社会主义文化。推进新时代全面深化改革、扩大对外开放，必将使科学社会主义在古老的东方大国迸发出愈发强大的生机和活力。

3. 改革开放提升了中华民族在国际上的地位与影响。对外开放的大幕一经拉开便释放出强大动力，推动中华民族迎来了从站起来、富起来到强起来的伟大飞跃。在经济发展方面，中国已经成为世界第二大经济体、制造业第一大国、货物贸易第一大国、商品消费第二大国、外资流入第二大国、第一大外汇储备国，连续多年对世界经济增长贡献率超过30%，为全球经济的复苏与稳定贡献了重要力量。在探索现代化路径方面，中国有效破解了发展中国家几乎难以摆脱的发展与稳定、开放与自主等几大难题，为那些既希望加快发展又希望保持自身独立性的国家和民族提供了全新选择。在全球治理方面，在逆全球化思潮涌动以及单边主义、保护主义等极端化思潮泛起的世界形势下，中国提出构建人类命运共同体等一系列主张和倡议，获得越来越多的认可与赞同，展现出前所未有的引领力。

4. 改革开放满足了中国人民追求美好生活的愿望与期待。"政之所兴在顺民心，政之所废在逆民心。"当年我们党做出改革开放的历史性决策的初衷就是让人民群众过上好日子。一部波澜壮阔的改革开放史，就是一部坚持以人民为中心的发展史，清晰地勾勒出党治国理政的"民生逻辑"和"人民至上"的执政情怀。改革开放40多年来，在满足生存和发展需求、物质文化需求的基础上，正在进一步满足人民群众的公共产品需求、休闲和享受的需求、高层次需求、美好生活需求。新时代全力打赢脱贫攻坚战，确保小康路上一个都不掉队，既受到国际社会的高度关注与一致好评，也必将在整个人类历史发展长河中谱写出最为光彩夺目的动人乐章。

二、学改革开放史，增强实现中华民族伟大复兴"中国梦"的信心

习近平总书记指出："实现伟大复兴，就是中华民族近代以来最伟大梦想。"这个伟大梦想"一定能实现"。"中国梦"就是要实现国家富强、民族振兴、人民幸福，既深深体现了今天中国人的理想，也深深反映了我们先人们不懈奋斗追求进步的光荣传统。中国革命和社会主义建设为中国梦奠定基础，改革开放则为中国梦的实现增加了必胜的信心。①

1. 改革开放是中国共产党在新的时代条件下带领人民进行的新的伟大革命。改革开放是我们党的一次伟大觉醒，正是这个伟大觉醒孕育了我们党从理论到实践的伟大创造。改革开放是中国人民和中华民族发展史上一次伟大革命，正是这个伟大革命推动了中国特色社会主义事业的伟大飞跃！

2. 改革开放是党和人民大踏步赶上时代的重要法宝，改革开放是在中国共产党领导下进行的伟大变革，其广度深度难度之大、持续时间之长、影响之深远，在世界历史上也是罕见的。40多年来，在改革开放推动下，我国经济实力、综合国力进入世界前列，我国国际地位实现前所未有的提升。1978年至2017年，我国GDP从1495亿美元增加到12.3万亿美元，按不变价计算，增长33.5倍，年均增长9.5%，我国经济总量从占全球1.8%提高到占15.3%，稳居世界第二位。我国人均GDP从156美元增加到8827美元，按不变价计算，增长22.8倍，年均增长8.5%。在这么长时间实现这样高的年均增长速度，不仅中国历史上没有过，世界历史上也没有过，可以说是创造了人类发展史上的奇迹。

3. 改革开放是建设中国特色社会主义现代化的必由之路。从党的十一届三中全会到现在，走过了40年极不平凡的历程。40年来，我们党靠什么来振奋民心、统一思想、凝聚力量？靠什么来激发全体人民的创造精神和创造活力？靠什么来实现中国经济社会快速发展？靠的就是改革开放。事实证明，改革开放是当代中国发展进步的活力之源，是党和人民事业大踏步赶上时代的重要法宝，是大势所趋、人心所向，停顿和倒退没有出路。习近平总书记多次强调："只有改革开放才能发展中国、发展社会主义、发展马克思主义。"改革开放40年来，尽管遇到各种困难，但我们创造了第二次世界大战结束后一个国家经济高速增长持续时间最长的奇迹。今天，中国已经成为世界第二大经济体、第一大工业国、第一大货物贸易国、第一大外汇储备国，综合国力显著增强，人民生活明显改善。我们完全可以自豪地说，改革开放这场中国的第二次革命，不仅深刻改变了中国，也深刻影响了世界。

---

① 贾绘泽，郭华. 论中国梦的基本内涵与精神实质——从"五个统一"视角 [J]. 湖北社会科学，2014（8）：48—49.

4. "改革开放是决定当代中国命运的关键一招，也是决定实现'两个一百年'奋斗目标、实现中华民族伟大复兴的关键一招。"① 40 年来，我国经济社会发展取得历史性伟大成就，为实现"两个一百年"奋斗目标奠定了坚实的物质和制度基础，迎来了实现中华民族伟大复兴的光明前景。实践证明，过去 40 多年中国经济发展是在改革开放条件下取得的，未来中国经济实现高质量发展也必须在改革开放条件下进行。改革开放是坚持和发展中国特色社会主义的必由之路，中国特色社会主义是顺利推进改革开放的根本保障。党的十八大以来，习近平总书记围绕改革开放发表了一系列重要论述，特别是关于认真总结改革开放成功经验的重要论述，对于确保改革不停顿、开放不止步、把新时代改革开放进行到底具有重要的启示意义。习近平总书记在庆祝改革开放 40 周年大会上强调："改革开放是决定当代中国命运的关键一招，也是决定实现'两个一百年'奋斗目标、实现中华民族伟大复兴的关键一招。"

三、学改革开放史，做"六要"思政课好教师

习近平总书记指出，改革开放只有进行时没有完成时。没有改革开放，就没有中国的今天，也就没有中国的明天。学党史，悟思想，办实事，开新局。思想政治理论课是落实立德树人根本任务的"关键课程"，思政课教师是这一"关键课程"的"关键主体"。广大思政课教师应该怎么做？标准和要求是什么？习近平总书记在 2019 年 3 月 18 日主持召开的学校思想政治理论课教师座谈会上给出了明确的回答。他要求思政课教师做到政治要强、情怀要深、思维要新、视野要广、自律要严、人格要正。这"六要"既是对广大思政课教师提出的要求，更是对全国思政课教师具体工作的指导，为加强思政课教师队伍建设指明了方向。②

首先，思政教师政治要强、情怀要深。教育者要先受教育，讲信仰者自己要有信仰。教师是人类灵魂的工程师，承担着立德树人的神圣使命。引导学生扣好人生第一粒扣子、找到人生正确方向，善于从政治上看问题，在大是大非面前保持政治清醒，担当起学生健康成长指导者和引路人的责任。"桃李不言，下自成蹊。"一个优秀的思政课教师，应当有着高远的理想追求和深沉的家国情怀，心里装着国家和民族，把目光投向时代和社会，不断从实践和人民中汲取

---

① 习近平. 在庆祝改革开放 40 周年大会上的讲话［R］. 2018-12-18.
② 习近平. 在全国思政课教师座谈会上的重要讲话［R］. 2019-03-18.

养分、丰富思想，为学生树立有信仰、有理想、有担当、有情怀的榜样。

其次，思政教师思维要新，视野要广。思政课是学生成长成才的"关键一课"，教师要学会辩证唯物主义和历史唯物主义，创新课堂教学，通过有深意、有新意的学习体验，引导学生树立正确的理想信念，学会正确的思维方法。把道理讲明白、讲透彻，要求教师具备知识视野、国际视野、历史视野，在上下五千年、纵横几万里的深入比较中辨析事理，在循循善诱中启迪学生心智，在润物无声中传播真理。近年来，不少教师通过完善内容设置、创新话语表达、采用新媒体技术等方式，让思政课实现从"点名课"到"网红课"的转变，这充分说明：用心用情用功的教师和教学，总会受到学生们的欢迎。

最后，思政教师自律要严、人格要正。"古之学者必严其师，师严然后道尊。"培养担当民族复兴大任的时代新人，广大教师要以德立身、以德立学、以德施教。教师的一言一行，总在潜移默化中影响学生的认知和行为。思政课的效果，既在课堂内，也在课堂外。身为教师，要严于自律，做到课上课下一致、网上网下一致，用表里如一、知行合一的嘉言懿行传递正能量，让真善美的种子在学生心中生根发芽。亲其师，才能信其道。教师有堂堂正正的人格，用人格的力量成风化人，用真理的力量感召学生，自觉做为学为人的表率，才能成为学生喜爱的人。

"一年之计，莫如树谷；十年之计，莫如树木；终身之计，莫如树人。"只要落实好总书记提出的政治要强、情怀要深、思维要新、视野要广、自律要严、人格要正的谆谆教诲，真正打造一支可信、可敬、可靠，乐为、敢为、有为的高素质思政教师队伍，新时代的思政课必将越办越好。

四、学改革开放史，担当立德树人责

1. 习近平总书记指出，"办好思想政治理论课关键在教师。"做一名合格的思政课教师，要"正心诚意，一身正气"。所谓"正心"，就是坚定马克思主义信仰。只有切实提高自己的思想认识，增强自己的理论水平，我们才能理直气壮讲好思政课。所谓"诚意"，就是对学生要用心、用情，真正关心、尊重学生。思政课是"政治课"，也是"人生课"，不能抱着一种冷眼旁观的"路人心态"，而要积极地做他们情感的倾听者和思想的塑造者，如此思政课才会恢复本该有的温度。所谓"一身正气"，就是要有堂堂正正的人格，以身作则，为人师表。作为

一名思政课教师，只有言行一致，才能以理服人、以德感人、以爱育人。①

2. 把我国的改革开放和党史学习教育活动融入思政课，坚持正确方向，沿着正确道路推进，坚持正确的方法论，在不断实践探索中推进。思政课要着力挖掘思想内容，让授课内容更具理论深度，更具思辨精神。首先，思政课要与时代接轨、与生活接轨、与实践接轨，真正贴近学生的实际生活和思想需求，才会有活力、有张力，让学生感到可亲可信可敬。其次，思政课必须具有历史厚度、文化厚度和理论厚度。这种厚度来源于中华民族5000多年文明历史的精神基因，来源于党领导人民在革命、建设、改革中取得的历史经验，来源于中国特色社会主义的伟大实践。

3. 坚持以习近平新时代中国特色社会主义思想为指导，贯彻落实习近平总书记在学校思想政治理论课教师座谈会上的重要讲话精神，开展思政教育教学改革，提升思政课教育教学实效。习近平总书记强调思政课要"循序渐进、螺旋上升"。因此，我们要把传授知识与价值引领相结合，将知识揉碎变软，用"小火慢炖"的方式彰显思政课的影响力。同时，转变对思政教育本身的态度，让思政课能够伴随、见证学生自我成长、自我感悟的过程，在追求"养成"而非"速成"，追求"内化"而非"外塑"，追求"润泽"而非"浇灌"的"慢思政"中达至立德树人的境界。

4. 构建思政教学体系，传播真理，为党育人，为国育才。真理不辩不明，信仰不疑不真。我们处在一个价值多元、泥沙俱下的信息时代，存在杂音与噪音是难以避免的，学生也不可能只听到来自老师的一种声音。讲好思政课，就必须了解和直面学生抛掷来的"真问题"。如果让学生把种种疑问留存心底，其结果只能是教书和育人"两张皮"。只有自身政治过硬、专业过硬，我们才能帮助学生披沙拣金、去伪存真，增强对各种错误思潮的政治鉴别力。"教师不能只做传授书本知识的教书匠，而要成为塑造学生品格、品行、品味的'大先生'。"② 作为一名思政教师，我们一定要勇担历史责任，以实际行动履行好一名思政课教师铸魂育人的时代使命！办好学校思政课，事关中国特色社会主义事业后继有人，是培养一代又一代社会主义建设者和接班人的重要保障。在这个问题上，必须提高政治站位、深化思想认识，必须旗帜鲜明、毫不含糊，理直气壮开好思政课，把立德树人的根本任务真正落实到位。

---

① 习近平. 在全国思政课教师座谈会上的重要讲话［R］. 2019-03-18.
② 习近平. 在全国高校思想政治工作会议上的讲话［R］. 2016-12-07.

"中国近现代史纲要"教学中的
爱国主义教育切入点

罗韬[*]

  "中国近现代史纲要"（以下简称"纲要"）作为一门马克思主义政治理论课，其宗旨在于加强在校大学生的近现代国情教育，为更好地培养合格的中国特色社会主义事业的建设者服务；同时，该课程的设置是高校马克思主义政治理论课教学改革的重要内容，是关乎政治理论课教学改革能否真正提高实效的重要环节。这门课的开设，对培养大学生的爱国主义精神有独特的作用和意义，因为爱国主义情感是在对自己国家历史的认同中逐步培养起来的。习近平总书记高度重视青年爱国主义教育。党的十八大以来，在其一系列谈话、演讲中围绕青年爱国主义教育作了许多重要的论述。习近平总书记指出："对于新时代中国青年来说，热爱祖国是立身之本、成才之基"[①]，"要认真学习党史、国史，知史爱党，知史爱国"[②]。中共中央、国务院颁布的《新时代爱国主义教育实施纲要》指出："广泛开展党史、国史、改革开放史教育。历史是最好的教科书，也是最好的清醒剂。要结合中华民族从站起来、富起来到强起来的伟大飞跃，引导人们深刻认识历史和人民选择中国共产党、选择马克思主义、选择社会主义道路、选择改革开放的历史必然性，深刻认识我们国家和民族从哪里来、到哪里去，坚决反对历史虚无主义。"[③]《中国近现代史纲要》在"导言"中明

---

* 罗韬，韶关学院马克思主义学院教授，从事思想政治教育研究。

① 习近平. 在纪念五四运动 100 周年大会上的讲话［N］. 人民日报. 2019-05-01（01）.

② 习近平. 在中央党校建校 80 周年庆祝大会暨 2013 年春季学期开学典礼上的讲话［R］. 2013-3-3.

③ 新时代爱国主义教育实施纲要［N］. 人民日报. 2019-11-13（01）.

确指出："中国近现代史，就其主流和本质来说，是中国人民为救亡图存和实现中华民族伟大复兴而英勇奋斗、艰辛探索并不断取得伟大成就的历史。"① 因此，有针对性地通过"纲要"课进行爱国主义教育，就成了该课教学与研究的重要课题。要发挥其思想政治教育的功能，提高教学效果，关键是选择好教育的切入点。

一、揭露列强侵华罪行和傀儡政权的卖国行径，进行国耻教育

国耻教育是指一个国家、一个民族把历史上被别的国家和民族侵略、欺侮的耻辱经历对自己的人民所进行的教育。② 国耻教育实质是爱国教育。

自英帝国主义以武力打开中国大门后，令国人扼腕痛惜的民族耻辱举不胜举。在整个中国近代史上，帝国主义列强先后发动 6 次大规模的侵华战争：第一、二次鸦片战争，中法战争，甲午中日战争，八国联军侵华战争及日本全面侵华战争。他们通过武力战争等手段，强迫历届反动政府签订 1100 多个不平等条约及协定，夺取大量特权。中国的领土被割让达 1/6 之多，大片地区被划作"势力范围"和租借，还设立了租界 40 多处，成为"国中之国"；通过开放 100 多处通商口岸，对中国进行经济侵略与掠夺；勒索大量的赔款，仅通过《南京条约》《马关条约》和《辛丑条约》，列强勒索的赔款多达 14 亿两白银。在这些战争中，列强以各种惨无人道的手段，烧杀抢劫，无恶不作，如：1860 年英法联军火烧圆明园、1901 年八国联军洗劫北京、1937 年日军发动南京大屠杀等，给中国人民带来莫大伤害，犯下滔天罪行。

同样让人感到耻辱痛恨的是卖国的傀儡政权。近代中国第一个地方傀儡政权：广州政府。1857 年 12 月，英法侵略者占领广州。广州将军穆克德呐和广东巡抚柏贵无耻投敌。他们在英法侵略者的控制下各方面协助英法联军进行侵略，严密注视着中国人民的动向，禁止任何反抗行为。1901 年清政府签订《辛丑条约》，是对国家在政治、军事、经济等方面的一次大拍卖。以慈禧太后为首的当权派，竟然表示要"量中华之物力，结与国之欢心"，清王朝完全成了"洋人的

---

① 本书编写组. 中国近现代史纲要 [M]. 北京：高等教育出版社. 2021：17.
② 刘慧，刘艳玲. 加强国耻教育，弘扬民族精神 [J]. 广西青年干部学院学报，2005，（06）：14-16.

朝廷"。1932 年 3 月，在日本侵略者的策划下，清朝废帝溥仪发表所谓"建国宣言"，宣布伪"满洲国"成立。伪"满洲国"所有的政治、经济、军事等权力由日本人控制。1940 年 3 月 30 日，伪"中华民国国民政府"在南京成立，汪精卫任国民政府代主席兼行政院院长。不久，汪伪政权与日本签订《汪日基本关系条约》。这是一个彻头彻尾的卖国条约，依照该条约，中国将完全沦为日本的殖民地。通过揭露帝国主义列强对中国进行侵略及其犯下的罪行，使学生了解中华民族遭受侵略奴役的屈辱史，认识到"鸦片战争以后，资本—帝国主义列强通过发动侵略战争，强迫中国签订一系列不平等条约，破坏中国的领土主权、领海主权、关税主权、司法主权等，并一步一步地控制中国的政治、经济、外交和军事。中国已经丧失了完全独立的地位，在相当程度上被殖民地化了"①。列强侵略是造成中国近代贫困落后的根源。

　　以近代国耻为切入点进行爱国主义教育，是"知耻而后勇"——知耻愈深，爱国愈深。我们在"纲要"教学中进行国耻教育，为的是让民族悲剧不再重演。从某种意义上说，国耻也是一种"财富"。铭记国耻，往往比得到荣耀更加刻骨铭心。通过国耻教育，从沉痛的历史教训中懂得国荣我荣、国耻我耻的道理，唤起忧患意识，弘扬爱国传统，保持自强不息的民族精神，振兴中华。

二、讲述中华民族反侵略斗争历史，歌颂爱国志士事迹，进行民族精神教育

　　在近代中国，中华民族与帝国主义的矛盾成为最主要的矛盾。面对外来的侵略，"中华民族的各族人民都反对外来的民族压迫，都要用反抗的手段解除这种压迫。"② 这里既有爱国官兵的英勇斗争，又有人民群众的积极参与。在鸦片战争中，先后涌现出关天培、葛云飞、裕谦、陈化成、海龄（满族）、乐善（蒙古族）等一批民族英雄，甲午中日战争中的左宝贵、邓世昌、林永升、刘步蟾等；中法战争的刘永福、冯子材；反八国联军侵华战争的聂士成、凤祥、崇玉；全民族抗日战争的左权、杨靖宇、彭雪枫、张自忠、谢晋元、佟麟阁等。他们为了抵御外侮，前赴后继，顽强不屈，甚至壮烈殉国。

---

① 本书编写组. 中国近现代史纲要［N］. 北京：高等教育出版社. 2021：17.
② 毛泽东选集（第二卷）［M］. 北京：人民出版社. 1991：623.

面对外来侵略，中国人民奋起反抗。1841 年广州三元里民众自发抗英斗争，是中国近代史上第一次大规模的反侵略武装斗争，显示了中国人民不甘屈服和敢于斗争的英雄气概。太平天国后期，太平军曾多次重创英法侵略军和外国侵略者指挥的洋枪队，击毙法国侵华海军司令卜罗德、"常胜军"统领华尔等。在列强侵略台湾的过程中，台湾人民奋起反抗侵略者，1862 年高山族人民打退马肯基带领的美国海军的入侵，击毙了马肯基。1895 年吴汤兴、徐骧等指挥的台湾义军和吴彭年指挥的黑旗军，在新竹、彰化等地与日军激战，许多人英勇牺牲，日军死伤 32000 人。在日本侵占和殖民统治台湾的半个世纪里，台湾人民反抗日本侵略者的斗争从没未间断过。1900 年八国联军侵华时，义和团与之展开殊死战斗，在廊坊、天津等地狙击侵略军。1931—1945 年抗日战争，是在中国共产党倡导的抗日民族统一战线旗帜下，全国各族人民经过极其艰苦的斗争，付出了极大的代价而取得了胜利。据统计，战争中中国军民伤亡人数在 2100 万以上。它是近代中国人民第一次取得反抗帝国主义侵略的完全胜利的全民族解放战争。"正是由于这种全民族团结御侮的艰苦斗争和爱国主义精神的不断弘扬，才取得了抗日战争的最后胜利。"①

翻开近代史，中国军民反抗侵略者的爱国壮举不胜枚举。近代中国人包括统治阶级中的爱国人物在反侵略斗争中表现出来的爱国主义精神，铸成了中华民族的民族魂。正是由于中国人民前赴后继、英勇顽强的斗争，才使我们的国家和民族历经劫难、屡遭侵略而不亡。在教学中，以这些生动的事实为爱国主义教育的切入点，感染和教育学生，有效地激发他们对民族英雄和革命先烈的崇敬。特别要着力弘扬中国共产党领导人民在争取民族独立和人民解放的历史进程中形成的伟大的民族精神，并不断把中华民族精神提升到新的水平。井冈山精神、长征精神、延安精神、西柏坡精神等，是伟大的民族精神的发扬光大，值得每一个中华儿女倍加珍惜。

三、阐述近现代中国"救亡图存"的历程，进行马克思主义理论和爱党教育

在中国面临被列强瓜分、民族危机深重的年代，中国人民从没有屈服过，

---

① 郭铁仓，秦兴洪，陈流章. 中国革命史教程［M］. 广州：广东高等教育出版社. 1993：264.

中华民族的先进分子，为了救亡图存、振兴中华，曾经历尽艰辛向西方寻求真理，曾经试验过各种救国方案，谱写了一页页的爱国的反帝反封建的历史篇章。

在列强侵略中国的开始阶段，以林则徐、魏源为代表的地主阶级改革派，开始探寻强国御辱的途径，提出"师夷长技以制夷"救国方案。19世纪60年代，以曾国藩、李鸿章等人领导的洋务运动，先后创办了一批近代军事工业和民用工业，建立了近代海陆军等，其结局却是甲午战争中国战败，为这场自强求富运动画上了句号。战争的失败以及一系列丧权辱国的不平等条约的签订，暴露了清政府的腐败无能。中国人民的苦难日益深重，中国人民的反帝反封建斗争就不断高涨。在中国历史舞台上，洪秀全领导的太平天国农民运动、康有为领导的维新变法运动、孙中山领导的辛亥革命，虽然轰轰烈烈，但都没有取得彻底的胜利。他们的救国理论没能解决中国社会的根本问题。历史证明，中国救亡运动问题需要新的理论来指导。

俄国十月革命一声炮响，使正在寻找救国救民之路的中国先进分子看到了希望。正是在五四运动中涌现出来的共产主义者的组织和领导下，1921年成立了中国工人阶级的政党——中国共产党。"中国共产党的成立，是中华民族发展史上一个开天辟地的大事变，具有伟大而深远的意义。"[1] 爱国主义是共产党人最宝贵的精神动力，为了祖国，他们不惜流血牺牲。不论在国民党反动派制造白色恐怖的上海、武汉，还是在前有天险后有追兵的长征路上，或是面对凶残的日本侵略者的扫荡，他们从来没有放弃过自己的信仰，没有放弃过斗争。他们作为无产阶级先进分子，代表最广大人民的利益，能够把一切爱国力量团结在一起。不仅批判地继承了以前的爱国主义精神，而且具有以前爱国主义所没有的特点。他们接受了马克思主义的科学世界观，将马列主义原理与中国革命实际结合起来，找到了指引中国革命走向胜利的锐利的思想武器——毛泽东思想。在毛泽东思想的指导下，我们党提出了关于新民主主义革命和社会主义革命的一系列正确的方针、政策，解决了中国革命的道路、纲领等重大问题，成功地指导中国革命取得胜利，推翻了"三座大山"的反动统治，建立了新中国。

以近代中国一百多年各阶级救国方案和实践为切入点，让学生明白：由于地主阶级、农民阶级的局限性和资产阶级的软弱性，他们的救国方案和实践都

---

① 本书编写组. 中国近现代史纲要［M］. 北京：高等教育出版社. 2021：107.

没有取得成功。西方资产阶级共和国的道路在中国行不通！只有中国共产党在马克思主义理论的指导下，结合中国革命的实际，找到了一条农村包围城市、武装夺取政权的正确道路，取得了新民主主义革命的胜利。而毛泽东思想是唯一能实现近现代爱国志士愿望的正确理论，除此之外，没有其他理论能挽救中国的危机！这都是中国近代百余年历史所证明的真理。可见，爱国主义教育与马克思主义教育二者是紧密联系、互促互补。马克思主义理论的科学性赋予爱国主义以科学的理论基础，爱国主义赋予了马克思主义教育的民族特色。从爱国主义教育入手来开展以马克思主义理论为根本内容的思想政治教育，可以使马克思主义教育变得更加生动具体，更易于被广大青年学生所接受。

四、展现新中国特别是党的十八大以来的建设成就，坚定走中国特色社会主义道路，弘扬以改革创新为核心的爱国主义时代精神

中华人民共和国成立以来的现代史教学，以新中国成立 70 年来取得的各项成就为切入点，进行以改革创新为核心的爱国主义时代精神教育。我们可以通过纵横比较，使学生认识到只有社会主义才能发展中国，从而坚定走中国特色社会主义道路的信念。

我们先来回顾一下新中国成立以来的历史。

自中华人民共和国成立到 1978 年 12 月，是我党领导社会主义建设的曲折探索时期。社会主义建设是在高度集中的计划体制轨道中运作的。在这段时期，由于我党领导社会主义建设事业的经验不多，当时我国对形势的分析、对中国国情的认识和对社会主义本质特征的认识存在偏差，犯过"大跃进"的错误，犯过十年"文革"的严重错误。但是，就建设成就而言，成绩还是不少的。在政治上，建立和巩固了人民民主专政的国家政权，巩固了全国范围的国家统一，消灭了人剥削人的制度；在外交上，恢复了在联合国安理会中的席位，成了公认的"三大角"之一；在科技、教育、文化、卫生事业方面有了很大的发展，特别是在核技术、人造卫星和运载火箭方面的成就，令世人瞩目。在经济上，逐步建立了独立的比较完整的工业体系和国民经济体系。1952 年到 1978 年，工农业总产值平均年增长率为 8.2%，其中工业年均增长 11.2%。谷物和主要工业产品产量在世界上的排名，明显提前。

1979 年至今，是我党领导社会主义建设改革开放的新时期，是中国特色社会主义进入新时代的发展阶段。中国共产党人认真总结自己的经验教训，重新认识中国国情和社会主义的基本特征，吸取国外经济建设的经验，提出了党在社会主义初级阶段的基本路线，卓有成效地领导人民建设有中国特色的社会主义，取得了震惊世界的成就。党的十八大以来，面对错综复杂的国际形势、艰巨繁重的国内改革发展稳定任务特别是新冠肺炎疫情严重冲击，以习近平同志为核心的党中央不忘初心、牢记使命，团结带领全党全国各族人民砥砺前行、开拓创新，奋发有为推进党和国家各项事业，中国经济实力、科技实力、综合国力和人民生活水平跃上了新的大台阶，在中华大地上全面建成了小康社会。"2020 年，我国国内生产总值达 101.6 万亿元，占世界经济比重达到 17%左右，稳居世界第二位。人均国民收入（GNI）突破 1 万美元，按世界银行标准，达到中高收入国家水平。2015 年至 2020 年粮食产量连续 6 年稳定在 6.5 亿吨以上，制造业增加值多年位居世界首位，220 多种产品产量居世界第一。2013 年至2019 年中国对世界经济增长的年均贡献率接近 30%，成为世界经济增长的火车头。"①

　　总之，新中国的成立，使中国各族人民真正成了国家的主人，走上了独立的发展道路。从建国到 20 世纪 70 年代末，我们虽然有过曲折和失误，但面对严峻的国际环境，我国人民奋发图强、自力更生，取得了社会主义建设的伟大成就。党的十一届三中全会以后，我国走上一条持续、快速、健康的发展道路，综合国力明显增强，人民生活水平日益提高，在国际事务上发挥的作用更加显著，政局稳定、民族团结。中华民族这一历史性巨变正是中国共产党领导的结果，是中国人民选择社会主义道路的结果，是实行改革开放政策的结果。"一旦抛弃社会主义，就要回到半殖民地半封建社会，不要说实现小康，就连温饱也没有保证。"② 在新的历史条件下，发扬爱国主义传统，要把弘扬民族精神和时代精神结合起来，大力弘扬以改革创新为核心的时代精神。建设中国特色社会主义是一项前无古人的开创性事业，只有坚持解放思想、实事求是、与时俱进、勇于创新、知难而进、一往无前、艰苦奋斗、务求实效、淡泊名利、无私奉献，大力弘扬以改革创新为核心的时代精神，才能使全体人民始终保持昂然向上的

---

①　本书编写组. 中国近现代史纲要［M］. 北京：高等教育出版社. 2021：371.
②　邓小平文选（第 3 卷）［M］. 北京：人民出版社. 1993：206.

精神状态，不断推进社会主义事业。"党的十八大以来，在以习近平同志为核心的党中央坚强领导下，在习近平新时代中国特色社会主义思想科学指导下，中国共产党以巨大的政治勇气和强烈的责任担当，自信自强、守正出新，统揽伟大斗争、伟大工程、伟大事业、伟大梦想，解决了许多长期想解决而没有解决的难题，办成了许多过去想办而没有办成的大事，推动党和国家事业取得历史性成就、发生历史性变革。"① 现在，中国共产党团结带领中国人民又踏上了实现第二个百年奋斗目标新的赶考之路。中国共产党立志于中华民族千秋伟业，百年恰是风华正茂！回首过去，展望未来，有中国共产党的坚强领导，有全国各族人民的紧密团结，全面建成社会主义现代化强国的目标一定能够实现，中华民族伟大复兴的中国梦一定能够实现！

综上所述，"纲要"教材中有着丰富的爱国主义教育的素材，《新时代爱国主义教育实施纲要》所要求的教育内容几乎都可以从中发掘，是对大学生进行爱国主义教育的绝好教材。对于"纲要"课教师来说，我们要有强烈的历史使命感和时代紧迫感，抓住"纲要"这一极具思想性的学科特点，选择好适当的爱国主义教育切入点，将爱国主义教育作为教学的一条主线贯穿于教学中，就把握了教学的灵魂，就能发挥其思想政治教育功能，提高教育教学效果。

---

① 本书编写组. 中国近现代史纲要［M］. 北京：高等教育出版社. 2021：304.

"马克思主义基本原理概论"课程思政的环节点

张运松[*]

马克思在《<黑格尔法哲学批判>导言》中指出，"理论只要说服人，就能掌握群众，而理论只要彻底，就能说服人。所谓彻底，就是抓住事物的根本，而人的根本就是人本身。"[①] 关注现实的"人"是马克思主义理论的立足点。关注人的根本利益并为实现人的根本利益而奋斗，是马克思主义理论的品格。正是把握了"人"这一根本，马克思主义才成为彻底性的理论。相应地，"马克思主义基本原理概论"教学也要关注现实的"人"，关注人的根本利益，就能彻底，就能说服人。为了使大学生具有学习马克思主义理论的内在精神动力，"马克思主义基本原理概论""课程思政"的环节点在于讲清楚学习马克思主义理论对他们的专业学习的益处，阐述学习马克思主义思想和方法的意义，培养大学生学习和运用马克思主义的理论感情，使他们成为真懂、真信、真用马克思主义理论的人。

一、关注大学生学习课程的心理，引导他们认识学习马克思主义理论的益处

部分大学生接触和学习马克思主义理论的时候，有一个先入为主的心理隔膜，认为学好自己的专业就行了，学习马克思主义理论与他们的专业学习没什么关系。为了化解这一心理隔膜，"马克思主义基本原理概论"教学"课程思政"的第一个环节就是要从关注他们学习课程的心理着手，引导他们认识学习

　＊　张运松，肇庆学院马克思主义学院教师，主要从事思想政治教育研究。
　①　马克思恩格斯选集（第一卷）[M]. 北京：人民出版社，2012：9.

马克思主义理论的益处。

1. 辩证唯物主义是大学生提高认识水平和实践活动能力的思想理论

列宁说："马克思主义的全部精神，它的整个体系，要求人们对每一个原理都要历史地，都要同其他原理联系起来，都要同具体的历史经验联系起来加以考察。"① 这一说法，归结起来就是理论联系实际，解放思想、实事求是、与时俱进。这是辩证唯物主义的根本要求。解放思想着眼于发挥人的主观能动性，实事求是着眼于人对于客观实际的把握，与时俱进能促进大学生在认识主观和客观辩证关系基础上，增强创造性地研究新情况、解决新问题的能力。大学生学习辩证唯物主义，可以提高大学生把握时代变化的基础上运用马克思主义立场、观点和方法来分析当今资本主义社会和社会主义社会的各种现实问题的能力，从而对马克思主义的理论观点进行"结合具体情况并根据现存条件加以阐明和发挥"。

2. 唯物辩证法能够培养大学生正确的联系观和发展观

联系和发展是唯物辩证法的总特征。唯物辩证法的联系观可以帮助大学生对于人与自然的关系、个人与个人的关系、个人与社会的关系有一个正确的看法。学习普遍联系的原理，可以培养大学生确立整体的系统观念，从动态中考察国际国内的新形势。唯物辩证法阐述自然界、人类社会和思维领域中的一切现象都作为一个过程而变化发展，一切事物和现象经过一定的过程实现自身的发生、变化、发展和消亡。学习发展观可以帮助大学生认识事物的变化发展过程，使思想认识跟上不断变化着的世界。正如系统的概念深化了唯物辩证法普遍联系的思想一样，过程的概念是对辩证法永恒发展思想的深化，它要求我们用历史的观点看问题，把一切事物的变化发展放在一定的历史条件下加以具体地考察。大学生学习唯物辩证法，可以使自己认识到人类世界产生、发展和转化的历史，坚持矛盾的对立与统一、坚持质量的变与不变的统一、坚持发展的肯定与否定和继承与创新的统一。

3. 学习历史唯物主义可以使大学生正确认识人的本质及其人生观的问题

追求和实现以劳动人民为主体的最广大人民的根本利益，是马克思主义最根本的政治立场，使马克思主义成为无产阶级和人类解放的科学。正是这一立

---

① 列宁全集（第47卷）[M]. 2版. 北京：人民出版社，1990：464.

场，使得历史唯物主义不是孤立地片面地把个人看作是"单个的抽象物"，认为现实的个人不是单个的人孤立地存在，任何个人都必须同其他社会成员结成一定的社会关系从事生产劳动并进行自己的物质生活、政治生活、精神生活和文化生活。在此基础上，唯物史观从现实的人及其活动出发认识人类社会、考察人类社会，连同他们通过劳动及其生命活动而形成的社会关系一起阐述了人类社会的历史不过是追求着自己目的的人的活动的历史，把唯物辩证的自然观与唯物辩证的历史观统一起来阐述了历史发展规律和发展趋势。因而，大学生学习历史唯物主义可以在正确的社会历史观的基础上认识人的本质及其人生观的问题，自觉地把自己的世界观、人生观与价值观同社会发展进步的方向保持一致，也可以使自己通晓历史发展规律和发展趋势，从而提高自己的道德素养和精神境界，坚定自己的理想信念，积极投身于我国的社会主义现代化建设事业乃至全人类的共产主义伟大事业中去实现自己的人生价值。

二、阐述马克思主义理论在大学生学习、生活、工作中的意义，化解他们的迷惑

当今大学生总体上并非不知晓学习马克思主义理论的意义，但部分学生仍然在思想上存在着"学好专业理论就行了，学习马克思主义理论没有意义"等似是而非的认识。面对这一情况，"马克思主义基本原理概论"的"课程思政"的第二个环节就要阐述马克思主义理论在大学生学习、生活、工作中的意义，以化解他们在学习马克思主义理论上的迷惑。

1. 学习马克思和恩格斯为"揭露旧世界，并为建立一个新世界而积极工作"的精神

为了人类的幸福和大学生自身的完美，大学生在学习、生活和工作都需要正确的世界观和方法论引导。世界观不仅仅停留在人们对于世界的认识，也蕴含着人生追求的动力源泉，影响着他的心理面貌和个性品质，进而制约着他的理想、信念。马克思主义理论作为正确的世界观和方法论，关注的不是人们如何获取知识、如何追求智慧的问题，而是在于无产阶级及人类解放的问题。为了研究资本主义产生发展及其灭亡的规律、揭露资产阶级剥削的秘密，马克思主义理论在批判"纯思想批判"的基础上进行反对现存制度的"实际斗争"，在"对天国的批判变成对尘世的批判，对宗教的批判变成对法的批判，对神学

的批判变成对政治的批判"的基础上"批判和改变"资产阶级社会的现实。在这方面，大学生学习马克思主义的意义就是学习马克思和恩格斯为"揭露旧世界，并为建立一个新世界而积极工作"的精神，学习马克思恩格斯在资产阶级占主流的社会环境里，义无反顾地选择了一条荆棘丛生、充满着艰难险阻道路的高尚品格，从而培养自己进一步探求人类社会发展真理的精神。

2. 学习唯物的辩证思维的意义在于推动大学生自己的专业学习和科学活动

大学生的专业学习，无外乎两个面，学习自然科学技术或者学习人文科学思想。在现代社会，自然科学积累了庞大的经验的实证的知识材料，每一门学科也必须对每一个研究领域中的知识材料系统地建立起内在联系。在各门学科之间建立起各个知识领域互相间的正确联系的时候，自然科学的经验的方法就不中用了。如果自然科学想要追溯自己发生和发展的历史及其一般原理，科学活动必须放弃僵化的形而上学思维方式，用辩证思维为自己开拓道路。在这里，大学生学习马克思主义的意义就是在于学会运用唯物的辩证思维以推动自己的专业学习和科学活动，而不是在科学的迷雾中失去前进的方向，因为"只有它才能为自然界中所发生的发展过程，为自然界中的普遍联系，为从一个研究领域到另一个研究领域的过渡提供类比，并从而提供说明方法"。如果"自然科学家满足于旧形而上学的残渣，使哲学还得以苟延残喘"，那么，那种"纷扰和混乱"的哲学"绝对不能给他们以出路……没有达到思想清晰的任何可能"。①

3. 学习马克思主义理论的意义在于使大学生学习、理解马克思和恩格斯的思维方式和方法

马克思主义哲学的辩证唯物主义、唯物辩证法、唯物史观，以及马克思主义的政治经济学理论、科学社会主义学说，蕴含着马克思恩格斯创立自己理论的思维方式和方法，也是激励世界无产阶级革命的纲领，是劳动人民和无产阶级"打破压迫我们的世界，重建新的世界"的思想宣言，是随着历史的发展而构成的有机的理论体系的发展的科学。马克思主义理论教学的"课程思政"就是要使大学生学习、理解马克思和恩格斯的思维方式和方法，并科学地对待马克思主义，不是把它看成是拼凑的理论，也不是把它看成是"人们记忆中的历史陈迹"，而是把它看成在实践中不断开辟发展道路的真理，由此培养大学生学

---

① 马克思恩格斯选集（第三卷）［M］．北京：人民出版社．1975：466.

习运用马克思主义理论认识、分析当今世界纷繁复杂的政治、经济和国际关系的能力。当然，"从来也没有一个马克思主义者把马克思的理论当作什么必须普遍遵循的哲学历史公式，当作一种超过对某种社会经济形态的说明以外的东西。"① 因此，在进行"马克思主义基本原理概论"的"课程思政"的时候，我们既要反对那种把马克思主义理论看作认识和解决现今社会一切问题的价值"万能"论；也要反对认为马克思主义理论已经不适合认识和解决现今社会问题了的价值"无用"论。如果把马克思主义理论当作标签贴在各种事物上去生搬硬套，就会令人啼笑皆非而觉得"无用"了。

三、培养大学生学习和运用马克思主义的理论感情，激发他们内在的精神动力

培养大学生的马克思主义理论感情，是马克思主义理论教育的有效环节，是大学生具有学习马克思主义理论内在精神动力的内驱力。② 为了实现教学目标，"马克思主义基本原理概论""课程思政"的关键一环就在于培养大学生学习和运用马克思主义的理论感情，激发他们学习马克思主义理论内在的精神动力，使他们成为真懂、真信、真用马克思主义理论的人。

1. 理论感情是大学生学习马克思主义理论内在的精神动力

理论感情根源于情感教育过程中激发出来的大学生学习理论时积极的情感体验，是大学生对理论的认同及其政治信仰执着追求的内在精神动力。培养大学生的马克思主义理论感情，是大学生学习马克思主义理论内在的精神动力。如果说，大学生对学习马克思主义理论的内心抵触和矛盾认识源于他们对马克思主义的理论感情不深，那么，注重加强大学生对马克思主义理论的情感培养，使他们从心理情感上接受马克思主义理论，并在社会政治生活中产生的一种内在感情归属，是马克思主义理论教育的有效环节，是大学生学习马克思主义理论的内驱力。

列宁说："没有人的情感，就从来没有也不可能有人对于真理的追求。"③

---

① 列宁选集（第1卷）［M］. 北京：人民出版社，2012：214.
② 任立新，付云岭. 提高马克思主义理论说服力必须培养理论感情——以大学生马克思主义理论教育为例［J］. 石家庄铁道大学学报（社会科学版），2012（4）：87.
③ 列宁全集（第20卷）［M］. 北京：人民出版社，1958：255.

同样，可以理解是，大学生对马克思主义理论的理解并从思想上接受，激发内在的理论感情，才会真正把马克思主义理论内化于心、化外于行。所以，通过现实的教学各个环节加强理论情感培育，把学校课堂与社会"大学堂"紧密结合起来，激发他们学习马克思主义理论的内在精神动力，不断提升他们马克思主义的理论素养，使他们自觉意识到自己应该并如何成为真懂、真信、真用马克思主义理论的人，是一项"为国家立心、为民族立魂"的真实课题。

2. 培养和激发大学生学习和运用马克思主义的理论感情

马克思主义理论是各个历史阶段的马克思主义者为解决时代问题而在实践中运用和发展起来的理论思想和观点，不同时代的思想观点之间存在着内在的逻辑性和发展性的特点。"马克思主义基本原理概论"的"课程思政"要培养和激发大学生学习和运用马克思主义的理论感情，就要把这些马克思主义理论的具体观点和时代发展融会贯通，做到言之有物、言之有理，向大学生展示马克思主义的理论魅力和现实力量，使学习马克思主义理论的积极心理感受沁入他们心扉，打开他们学习马克思主义理论的"知情意"的思想发展空间。

情感教育是一个寓情于教的过程，是一个"情理相汇"的过程。马克思主义理论的科学内容是马克思主义理论本身之"理"，培养和激发大学生的马克思主义理论感情就是"马克思主义基本原理概论""课程思政"要追求的"情"。所谓"晓之以理，动之以情"，就要用马克思主义理论的思想、观点和方法之"理"去观察、分析世界和社会现象，使大学生感知马克思主义理论自身的"理论之情"并在通晓马克思主义的政治理想和信念的基础上，用马克思主义理论的理性认识去把握感性的现实社会，成为一个有马克思主义政治觉悟并为新时代中国特色社会主义事业努力奋斗的人。

3. 构建大学生学习和运用马克思主义理论的"思政大课堂"

"马克思主义基本原理概论""课程思政"就是一个运用马克思主义基本理论的时代内容和逻辑之美激发大学生学习马克思主义理论内在的精神动力的过程。高校是现实社会世界各国的各种意识形态斗争的前沿阵地，"马克思主义基本原理概论""课程思政"要实现教学目标，就必须在教学中确立正确的马克思主义的思想、理论和观点，用社会主义新文化和社会主义核心价值观去反对封建主义和资本主义落后的、消极的社会意识，反对历史虚无主义对马克思主义和社会主义发展的恶搞和歪曲，以使大学生自觉投身中国特色社会主义和中华民族伟大复兴事业。

习近平总书记指出，"讲好思政课不容易，因为这个课要求高"，"思政课不仅应该在课堂上讲，也应该在社会生活中来讲"，"一定要跟现实结合起来"。①"马克思主义基本原理概论"作为思政课的一个部分，其"课程思政"目标的实现也离不开要"在社会生活中来讲"的这一环节，要积极构建大学生学习和运用马克思主义理论的"思政大课堂"。在这方面，"马克思主义基本原理""课程思政"的大思政课，既要在历史长河中讲述"中国故事"，也要在当今世界政治与国际关系中讲出中国马克思主义理论的底气，使自己所讲的理论、观点、结论"经得起学生各种'为什么'的追问"。在此基础上，激发大学生对于新时代中国特色社会主义的政治情感，进而"在党和人民的伟大实践中关注时代、关注社会"，深刻领会中国共产党为什么"能"、马克思主义为什么"行"、中国特色社会主义为什么"好"的道理。②

---

① 齐鹏飞. 善用"大思政课"（思想纵横）［N］. 人民日报，2021-03-19（5）.
② 邱安琪. 讲好"大思政课"的道、学、术［N］. 光明日报，2021-05-28（3）.

思想政治理论课教学的心理学分析

钟桂莹[*]

为推动中学思政课程改革，不断增强思政课的思想性、理论性和亲和力、针对性，以课例研究推动思政教师专业成长，2021 年江苏省高中思想政治优质课展评研讨活动于 10 月 13—15 日在江苏省苏州实验中学举行。笔者通过研直播平台观看了高中思想政治课 2 个会场共 14 名优秀教师的优质课实录，本次优质课展评活动以同课异构的形式展开，授课内容为统编版高中政治必修四《哲学与文化》第二单元第五课的第一课时"社会历史的本质"。各位老师理论功底扎实、教学理念先进、教学设计精巧，充分调动了学生学习的积极性、主动性、创造性，展现了一节节精彩纷呈的高中思想政治课。笔者从本次优质课的观摩学习中收获颇多，下面将结合心理学知识对中学思想政治理论课的教学历程做出分析。

一、巧妙导入：唤醒求知内在动力

兴趣是求知的内在动力，学习的效果很大程度上取决于学习者的内在意愿。对学习内容感兴趣是学生积极主动参与课堂学习的前提基础，也有助于学生更加易于接受和理解新知。课堂导入是激发学生学习兴趣的首要环节，合理运用首因效应，巧妙设计课堂导入能够引起学生注意，提高学生的课堂参与积极性。除了"吸睛"，导入部分更重要的是要引出本课所学内容或提出拟解决的问题，启发学生积极思考问题，使学生有目的地进入新课内容的学习，调动学生的学

---

* 钟桂莹，佛山科学技术学院马克思主义学院学科教学（思政）研究生，主要从事中学生思想政治教育研究。

习主动性。同时，课堂导入还具备承前启后的作用，教师立足于学生已有知识经验，以旧知导入新知，有助于学生厘清新旧知识之间的逻辑关系，增强学习的信心。

同上一节课，老师们呈现出多种各具特色的课堂导入形式：播放视频、联系时政、设计活动等等。比如，有位老师以小游戏导入，播放字幕快闪视频（视频中的词语都与"南泥湾大生产"有关），比一比哪位在画面中捕捉到的词语最多，当同学回答所捕捉的词语时，这位老师便会讲述这个词背后的含义和故事，其中，"气死牛"这个词成功引起了同学们的注意，老师通过讲述背后的故事引出本课的学习，这样的导入生动有趣，既能吸引学生注意力，又能激起学生学习的欲望。

值得一提的是，有两位老师不谋而合地选择了近期热映的电影"长津湖"作为话题导入新课，但两位老师导入的形式有所不同。教师 A 以电影传递的"抗美援朝精神"为切入点，延伸到中国共产党人精神谱系的伟大精神，引导学生联系所学旧知思考，进而引出新知"社会存在和社会意识"，唤醒学生对已学知识的回忆，增加对新知识的亲切感，为新课学习打下基础；教师 B 拿了两个冻土豆给学生品尝，让学生感受战争年代的不易，引出当今和平年代出现"躺平"的心理状态，抛出本课总议题："我们为何不能躺平？"，充分抓住学生的好奇心，吸引学生的注意力，激起学生对新知识的学习兴趣。

二、议题情境：促进知识迁移应用

维果斯基认为："儿童在成人的指导与帮助下可能的问题解决水准与在自主活动中可能的问题解决水准之间的落差，可以界定为'最近发展区'。"① 最近发展区理论为教师培养学生解决问题的能力提供了依据，在课堂教学中，遵循"贴近学生、贴近生活、贴近实际"的原则，选择恰当的教学素材创设情境和设计议题，搭建起理论与实际生活的桥梁，调动学生多种感官深度参与课堂，在议题情境中发现问题、分析问题、解决问题，让学生在体验情境和解决议题中深刻理解理论知识，对已有的知识和经验主动进行重组建构，提高认知水平和

---

① ［苏］维果茨基. 最近发展区的理论：教学过程中的儿童智慧发展［M］. 土井捷三，神谷容司，译. 大津：三学出版有限会社，2003：18—19.

解决问题能力，实现其最近发展区的超越。学生学以致用，将所学知识迁移和应用于面对和解决生活世界的各种现实问题，进而增强社会理解和参与能力。

"社会历史的本质"是历史唯物主义历史观的重要组成部分。本课知识点主要包括：社会生活在本质上是实践的、社会存在与社会意识的辩证关系及其方法论。对于这种相对抽象、理论性较强的内容，需要联系学生生活实际创设教学情境，巧妙设计议题引导学生分析问题，找到现象背后的本质。在这次优质课展评活动中，大部分老师都选择议题式教学的方式进行授课，巧妙的教学议题令人耳目一新，在理论与实际相结合的基础上创设丰富的教学情境，教学思路清晰，学生易于接受。具体课例如下：

[课例1] 总议题：我们为何不能躺平？

变局：思想观念因何而变？　议题一："躺平"何以存在？

迷局：人类社会缘何发展？　议题二："躺平"何以有害？

破局：复兴伟业如何实现？　议题三："躺平"何以解决？

[课例2] 通过聆听三代人的故事探社会历史本质：

开荒者的故事——破茧：荒山枯岭变良田

议题一：为什么说社会生活在本质上是实践的？

守望者的故事——成蝶：退耕还林绿满山

议题二：社会存在为何是第一性的？

创业者的故事——共舞：生态发展赛江南

议题三：社会存在与社会意识的辩证关系

[课例3] 采访外国朋友，围绕外国友人的三个疑问展开：

议题：解码"迷之中国"——揭示社会历史现象背后的动因

迷之一：中国人为什么这么拼？

迷之二：中国人为什么这么配合政府？

迷之三：中国会走大国争霸道路吗？

三、合作探究：增强学习活动体验

新课标对政治课教学提出要求："运用多种方式、方法，引导学生自主学习、合作学习和探究学习。"① 合作探究是当前中学政治课常见的课堂活动，一般表现为教师提出问题、安排学习任务，学生在小组内进行交流讨论，得出结论或是形成解决问题的方案。学生在参与合作探究的过程实际上是共同进行知识探索的过程。根据建构主义的观点，知识是个体与他人经由磋商而达成的社会建构。学生在表达自身看法的同时，也接收到来自其他同学的不同观点，在相互交流讨论中建构知识。教师在这个过程中，应该扮演的是引导者的角色，保持对学生的关注，满足学生表达和交流的需求，适时给予帮助和引导，启发学生深度思考。

在本课教学过程中，诸位老师都充分重视学生的活动体验，开展不同形式的合作探究活动，促进学生思想政治核心素养的发展。对于合作任务的设计，具备开放性和创造性，为学生的思维发展提供广阔的空间。在开展活动前，老师首先会明确任务要求，组织学生以小组为单位展开合作探究。在活动过程中，老师走下讲台，巡视每个组的情况并与学生交流，能够适当指导学生，充分尊重学生的主体性。具体方案如下：

［小组讨论］在以下情境中，你会选择躺平吗？

你是一名企业家，因国际环境变化，出口递减，企业生存困难。

你是一名普通员工，假如身边有同事因加班猝死。

你是一名青年学生，假如你每天熬夜刷题但成绩仍没提高。

你是一名拆迁户，假如因拆迁你分到了五套房。

要求：1. 小组分别代表企业家、普通员工、青年学生、拆迁户；2. 推选小组代表，汇总意见，简要阐述观点（每组约 1 分钟）；3. 讨论时间 2 分钟。

［小组合作］土地是农民的命根子，山是绿了，可不种粮食，以后的生活咋活？不少村民心里都有这种担忧。如果你是村里的村干部，你会怎样带领村民绿色致富呢？

要求：找到一个创业方向，并分析其可行性。

［学习任务］以"中国的发展，还得益于_____"为题，任选一个角度设计一段微视频拍摄内容，并说明意图。用你们的方式讲述你眼中的中国

① 中华人民共和国教育部. 普通高中思想政治课程标准（2017 年版，2020 年修订）［M］. 北京：人民教育出版社，2020：41.

故事。

要求：1. 小组交流讨论，设计视频内容，并说明设计意图；2. 视角明确，紧扣主题，理由充分，合乎逻辑；3. 推选小组代表进行成果展示。

四、思辨问题：培养高阶思维能力

布鲁姆将认知领域的教育目标依次分为记忆、领会、运用、分析、综合、评价六个层次，其中，前三者处于思维的较低水平，被认为是"低阶思维"，后三者处于思维的较高水平，被认为是"高阶思维"。中学思想政治理论课程对学生高阶思维的培养集中体现于学科核心素养中的"科学精神"，突出强调批判性思维和创造性思维的培养。要求学生能够辨识和分析不同信息和观点，以辩证思维进行独立思考，保持建设性批判的态度，能够创造性地提出观点促进问题的解决。要求课堂提问的设计，应尽量避免直接简单的提问方式，如"社会历史的本质是什么"，要鼓励更高层次的思维活动，通过设置思辨问题来训练学生批判性思维和创造性思维的能力，引导学生从不同角度对社会现象、问题进行全面分析、综合评价和再创造。

本课的教学重点在于培养学生用唯物史观的观点看待问题，学会分析社会现象背后的动因，因此，不少老师设计了具有思辨性的问题引发学生思考，让学生在辨析观点和观点碰撞过程中深入思考，发展高阶思维能力。具体形式如下：

[观点评析] 有人认为："机器取代了人，人就不用劳动了，劳动已经过时了。"对此，你怎么看？

[辩论赛] 以"设置劳动教育必修课是否有必要"为题，开展"青春杯"班级辩论赛。

正方：有必要设置劳动教育必修课

反方：没有必要设置劳动教育必修课

要求：1. 由立论和自由辩论两个环节组成；2. 准备时间 3 分钟。

[团队协作] 请加入自己的战队，争锋对决 2~3 分钟。

A 团队：航天伟业铸就了航天精神

B 团队：航天精神成就了航天伟业

五、动态评价：激励学生主动发展

美国著名的心理学家詹姆斯曾说过："人性中最深切的本质就是渴望被人赏识。"这一点在自我意识飞速发展的中学生身上尤为明显，他们期望得到关注，渴望被认可。因此，教师在课堂教学中应遵循学生身心发展规律，对学生的学习行为做出动态评价，促进学生自觉主动发展。动态评价是指教师以倾听为前提，以学生瞬间的学习表现为评价对象，以反馈为基本手段，在教学的动态流程中，对学生学习所做出的一种质性评价。[①] 动态评价立足于学生学习和发展的需求，通过教师的及时反馈、积极引导来激励和帮助学生不断取得进步。动态评价在中学政治课堂中的具体表现为以下两个方面：

1. 积极肯定学生，增强学生自信。根据马斯洛需求层次理论，学生希望得到尊重、理解和认可。教师在课堂上对学生的表现给予鼓励和肯定，通过积极评价表达期望，是满足学生的尊重需要、激励自我实现的重要途径，有助于提高学生在学习过程中的自我效能感，强化学生积极思考和回答问题的学习行为，激发学生的发展潜能，达成"皮格马利翁效应"。

在本次展评活动中，老师们都能及时对学生的表现给予肯定性评价，但普遍是简单的表扬"很好""真棒"，这种表扬是停留在浅层次的肯定，对学生的激励作用微乎其微。其中，有一位老师在这方面做得尤为出色，每当学生发言时，她始终面带微笑倾听，并真诚地肯定学生。当学生分享自己未来想从事与科学相关的职业时，这位教师给予积极评价："老师虽然是文科生，但老师最崇拜理科学得特别好且想在这方面取得一定突破，想继续钻研的人，期待你将来的成就。"另一位学理科的学生表示对偏文科的职业感兴趣时，这位老师是这样评价的："国家发展特别需要这种全面发展的人，期待你未来的著作，希望你写的歌曲被更多人传唱。"这位老师既能结合学生的回答有针对性地进行评价，又能表达出对学生未来发展的美好期望，使学生真正感受到被认可和赏识，起到鼓舞信心的积极作用。

2. 善于启发点拨，引导积极思考。在课堂教学中，学生往往不会根据老师

---

① 陈光全，杨争林. 注重营造课堂上一道道灵动的风景——谈教师对学生学习的动态评价[J]. 思想理论教育，2013（04）：56—60.

的预设来回答，"答非所问"的情况时有出现，这时，便需要教师善于启发点拨，引导学生往正确的方向思考。当学生思路堵塞或思维局限时，教师要及时给予提示，具体表现为对学生回答进行有效追问。有效追问具有启发性和探究性，能够激活学生的发散性思维，引导学生深入思考。

在授课过程中，有位老师提问学生："这张谱系图是如何阐释唯物史观的第一哲理的?"由于问题的设置相对抽象，导致了学生回答不出的情况，当时这位老师是这样引导学生的：

教师："提示一下，这可能有点难，不同时代的精神变了吗?"

学生："变了。"

教师："所以，社会存在的变化决定了社会意识的变化，社会存在的性质决定了社会意识的性质，这是决定作用，如果是讲相对独立性作用，刚刚在讲课过程中，老师有所提及，你能帮我总结一下吗?"

学生："社会意识推动社会存在的作用。"

教师："应该是具有反作用，为什么不能用推动这个词呢? 因为反作用具有双重性，错误的意识阻碍发展。"

六、总结升华：关注所学知识内化

一堂好课不仅要开头精彩、过程充实，也要结尾耐人寻味，善于总结和升华所学新知，实现夯实知识、促进内化、延伸课堂的效果。首先，课堂总结要对本课所学知识进行梳理，可以通过思维导图、板书设计等方式呈现本课知识的逻辑框架，帮助学生回忆和记忆新知并构建知识体系。其次，课堂总结应深化学生的情感体验，巧妙设计活动落实学生学科核心素养的发展，促进学生将知识内化于心外化于行。最后，课堂总结可以适当进行延伸拓展，将本课所学融入学生的生活实际中，拓宽视野；或为下一课的学习做铺垫，承上启下。教师要提高课堂总结的有效性，发挥课堂总结的积极作用，关注学生的可持续发展。

对于本课的结尾，大多数老师能够将本课主题升华到实践层面，激励学生勇担使命，不懈奋斗，老师们采用的形式可以说是匠心独运，充分展示了独特的教学风格和个人魅力，具体表现为以下几种方式：

［课堂总结］

历史中的一切动机，只有追溯社会存在方能领悟；

现实中的一切梦想，只有通过人类劳动方能实现；

发展中的一切难题，只有经过不懈实践方能破解。

[情感升华]

1. 播放视频，感受国家日新月异的变化和中国人不变的精神。展示教师原创诗：青峦花海今日见，开荒种地忆当年。黑夜白昼势破茧，荒山枯岭变粮田。辗转时空已成蝶，绿水青山映漫天。生态发展赛江南，伟大精神代代传。

2. 主题朗诵："请党放心，强国有我"，调动学生情绪。

3. 展示漫画，感悟青年担当使命，开展活动："写一张明信片寄给未来的自己"。

[拓展延伸]

1. 参照《可爱中国》，任意选择一个角度（经济、政治、文明等），畅想 2049。

2. 结合本课所学，谈谈自己将如何追寻梦想，践行强国有我的使命？

以上是笔者在本次优质课观摩学习中的所见所得所思。一节优秀的课堂教学离不开教育心理学的运用，新时代中学思想政治理论课教师要立足于学生身心发展特点，坚持以学生为中心的教学理念，发挥心理学在教学中的积极作用，守正创新讲好思政课，让学生愿意听、听进去、喜欢听，打造有高度、有深度、有温度的思政课。

马克思主义人的全面发展理论与思想政治教育

姚家杰[*]

马克思主义人的全面发展理论是马克思主义理论的核心内容之一，也是思想政治教育关于促进学生全面发展的重要理论来源。促进人的全面发展是思想政治教育的教育目标和价值取向，也是衡量思想政治教育工作成功与否的重要标准。学生是以后社会主义现代化建设和实现中华民族伟大复兴中国梦的主力军，学生的全面发展和综合素质的提高，关乎祖国和民族的未来。因此，立足于马克思主义人的全面发展理论，研究思想政治教育的育人功能显得十分必要。

一、马克思人的全面发展理论的内涵和内容

马克思指出：共产主义社会是以每一个个人的全面而自由发展为基本原则的社会形式。[②] 关于马克思主义人的全面发展是指个人处于共产社会里，不受限制，可以按照自己的兴趣、需要和想法等，促进自身的智力、身心、思想、体力等各方面的发展，使人的个性得到充分发展，成为一个独立自主、适应社会发展的人。可以看出，人要想全面发展，前提条件是人从旧的分工体系里解脱出来，必须处在共产主义社会里，处在发达的物质生产条件之下，人的全面发展才得以实现。人的全面发展不仅仅是关注物质条件，还要关注人的精神需要，像个人的信仰、个人价值的自我实现、社会价值的创造、贡献等。马克思人的全面发展主要内容，一是关于人的社会关系的发展。"社会关系实际上决定

---

[*] 姚家杰，佛山科学技术学院马克思主义学院学科教学（思政）研究生，主要从事中学生思想政治教育研究。
[②] 《马克思恩格斯文集》（第9卷）[M]. 北京：人民出版社，2009：111.

着一个人能够发展到什么程度。"① 随着人类社会的发展和进步，特别是进入工业社会以后，人的社会关系往多方面、多层次发展，体现在经济、政治、文化和社会交往等社会关系。人的社会关系不仅包含物质关系，还包括思想的社会关系，像道德关系、政治关系、民族关系等社会关系上。二是关于人的能力的全面发展。随着人类社会实践的发展，人的社会关系会发生新的变化，表现为人与人、人与国家、人与世界的关系更加紧密联系，人的社会关系会更加多层次、宽领域。人的能力的全面发展会受到社会生产力的制约，个人所处的社会生产力水平条件越高，人的各方面能力就越会得到充分协调发展。马克思认为："任何人的职责、使命、任务就是全面地发展自己的一切能力。"② 人的能力的全面发展是指个人素质的整体提高，它包含多方面内容，像个体的智力、社会能力、学习能力、合作交流能力、科学研究能力、意志力、享用能力等。人的能力的全面发展是人的主体性意识提高的结果，是人的全面发展一个重要的内容，个人创造能力和享用能力得到充分的发展。

二、思想政治教育在促进人的全面发展中存在的主要问题

（一）思想政治教育观念落后

首先，一些思政教师的思想政治教育观念仍传统落后，认为学生记住知识就达到了教学的目标，一味地在课堂里给学生传授理论知识，生硬地将课本知识一字不漏的讲给学生听，没有密切联系学生实际，忽视锻炼学生的实践动手能力，导致理论与实践相脱离，教育观念带有明显的功利化。其次，个别教师没有树立正确的师生平等观念，在课堂教学里教师往往居于主导地位，处于强势的一方，而学生只是被动地接受知识，哪怕在学习当中发现问题，也不敢提出来，师生之间不能平等地进行学习、交流、讨论。在这种不平等的师生关系之下，难以培养学生学习的积极主动性、批判精神和创新意识。此外，个别思政教育工作者没有做到因材施教，没有考虑到学生的身心特点、性格爱好、所处环境、生活方式等不同，而采取不同的教学方式和手段，导致思想政治教育所起到的效果不明显。还有部分教育者片面地强调思政课社会价值的功能，培

---

① 《马克思恩格斯选集》（第3卷）［M］. 北京：人民出版社，1962：295.
② 《马克思恩格斯全集》（第3卷）［M］. 北京：人民出版社，1957：98.

育目标仅从社会价值出发，进而否定个人价值，违背了思政课关注人、提高受教育素质的功能。

（二）思想政治教育内容缺乏时代性

思想政治教育内容拘泥于书本教材，思政教师照搬书本讲授给学生听，课堂教学中所传授知识内容与学生所处年代相差甚远，一些教师所引用的案例也比较久远，这样很难引起学生的学习兴趣，更别提增强学生的情感认同。相比于其他的学科，思想政治学科所包含的理论知识较多，教材内容没有跟上时代，脱离学生的实际生活，未能与学生的年龄发展阶段相适合，也忽视了学生的个体差异性。此外，课堂教学中，一些教师所讲授的概念太过于抽象，没有生动形象地展示给学生，只是要求学生死记硬背。

（三）思想政治教育方法过于传统

一些思政教师仍旧采用灌输式教学方式，照着书本一字不漏地念给学生听，学生被动地听讲理论知识，教学方法太过于单一，导致课堂气氛沉闷，学生感到枯燥无趣，思想政治教育效果不明显。意识到这一点，部分教师改变以往的照本宣科的教学方式，采用新的教学方法，例如运用案例探究法、小组讨论法、实践活动教学法、调查研究法等教学方式。但在实践过程中，部分教师过于强调创新，结果由于教师不好掌握实际教学情况或学生讨论与活动时间过多，导致教学任务和目标没有完成。此外，教师在选用教学方法时没有充分考虑学生的状况和差异性，也没有把握及时利用社会热点对学生进行思想政治教育的机会。

（四）思想政治教育者自身素质有待提升

受市场经济的负面影响、国外意识形态的渗透和外国文化的冲击，个别思政教师动摇了政治立场，理想信念不够坚定，未能抵挡得住诱惑，不能很好地坚定马克思主义的信仰，缺乏敬业精神和道德情操。还有部分思政教师政治素质不高，对中国历史和国情缺乏基本的了解，不能正确地向学生传授马克思主义理论知识，导致学生对走中国特色社会主义道路持怀疑态度。[①] 另外，一些

---

① 周素勤，任鹏. 思想政治理论课青年教师队伍建设的问题与对策 [J]. 黑龙江高教研究，2013，31（03）：102—104.

思政教师思想道德素质不高，难以抵挡物质利益的诱惑，没有把工作重心放在育人和提高学生全面发展上来，不以人为本，不懂得尊重学生，生活、科研上急功近利，贪图物质享受，思想道德败坏，损害了教师的崇高形象。此外，个别教师缺乏危机感，不注重更新专业知识，没有提高自身的专业水平，也很少参加学术讲座、进修等活动，最终与时代落伍。

三、马克思人的全面发展与思想政治教育目标契合实现路径

（一）坚持以人为本的思想，树立思想政治教育新观念

思政教师必须把学生个人的成长和发展作为教学的出发点，要根据学生的身心发展特点、性格爱好和个体差异性等来设置思想政治课程的目标、教育内容和教育评价，充分挖掘学生的潜能，调动他们学习思政课程的积极主动性，增强学生的创新精神和批判精神，培育学生健康的人格。思想政治教育要坚持以人为本，它要求思政教师尊重和理解学生、跟学生平等和谐相处、关心学生的学习生活、树立为学生服务的理念、解决学生在生活学习中遇到的难题。①此外，思想政治教育要坚持教育民主，要求思政教师平等地对待每一个学生，尊重学生的主体地位和学生的个体差异，采用批评与自我批评的方法对学生开展思想政治教育，营造良好的教育氛围。另外，与时俱进是思想政治学科的一大优势，要求思政教师根据社会发展情况和时代的进步，不断更新教育理念，要面向未来、面向时代、面向世界，培育时代新人。

（二）坚持与时俱进，增添思想政治教育时代内容

思想政治教育不能故步自封，要坚持与时俱进。首先，思政教师要及时增添马克思主义中国化最新理论成果内容，加强学生对习近平新时代中国特色社会主义思想的学习，使学生及时了解党和国家的最新政策，武装学生的头脑，让他们坚定走中国特色社会主义道路的信心。其次，思政教师在思政课教学中要坚持理论联系实际，从他们关心的实际问题出发，引导学生关注社会热点问题，如双减政策、就业难问题、贫富差距大等问题，激发学生探索思考，并运用马克思主义科学方法论指导学生分析解决，增强学生理论认同感。此外，思

---

① 陈志鸿. 以人为本——高校思想政治教育的核心理念 [J]. 北京理工大学学报（社会科学版），2008，10（1）：107—111.

政教师要引导学生学习和践行社会主义核心价值观，引入社会主义先进文化浸润学生的心田，培养他们诚信、奉献、助人和爱国等品质。另外，思政教师对学生进行思想品德教育的同时，要培养他们的科学精神和创新精神。

（三）探索科学有效的思想政治教育新形式和手段

首先，为提高思想政治教育的有效性，思政教师可积极探索新的教学手段和方法，积极开展研究性学习方式、小组讨论教学法、案例分析法等教学方式，以营造良好的课堂教学氛围，激发学生学习的兴趣，锻炼他们的动手实践能力和合作交流能力，培育学生的创新精神、批判精神。其次，互联网技术的快速发展，要求思政教师紧跟现代科技的发展，提高思政课教学的科技含量，有效利用多媒体技术进行教学，展示思想政治教育的魅力，增强学生上课的直观性和感染力。此外，思政教师要积极开展实践活动教学，将思政课教学与社会实践密切联系，定期组织学生参观爱国主义教育基地和文化博物馆，开展社区志愿活动和社会调查，锻炼学生的动手实践能力，磨炼他们的意志，提高学生的社会适应能力。①

（四）不断提高思想政治教育者素质

首先，思政教师要自觉提高政治素质，坚持马克思主义立场，掌握马克思主义基本理论知识，自觉抵制外来意识形态的侵入和各种诱惑，勇于同各种错误的思想做斗争，在教学中牢记培育时代新人的任务，引导学生树立正确的价值观。其次，思想政治教育是一门涉及多种学科知识的学科，包括教育学、经济学、心理学、历史学等学科，因此，思政教师要涉猎多方面的知识，积极参加学术交流、专家座谈会等培训，熟悉思想政治教育前沿科学研究，不断提高教学水平和实践能力。此外，思政教师要不断提高自身的思想道德素质，尊重和热爱学生，以身作则，用人格魅力感染学生，引导学生健康成长。②

---

① 张海国. 马克思主义关于人的全面发展理论与大学生思想政治教育［J］. 学校党建与思想教育，2012（01）：55—57.

② 彭文君. 马克思人学视域下思想政治教育的反思与发展［J］. 学术探索，2017（08）：145—149.

后　记

　　本著作是广东高校思政课区域协同创新中心（佛山科学技术学院）2021年思政课协同创新建设成果之一。

　　回首2021年，尽管仍处于新冠疫情笼罩之下，但广东高校思政课区域协同创新中心（佛山科学技术学院）依然积极开展各项工作。这一年，我们组织思政课教师骨干前往肇庆学院马克思主义学院、广东理工学院马克思主义学院等开展了面对面的实地交流。看到肇庆学院在"四史"教育融入思政课教学方面做了很多有益的尝试并取得可喜的成绩，广东理工学院在思政课实践教学方面形成了明显的特色，均给了我们很多新的启示。

　　这一年，作为盟主单位，佛山科学技术学院马克思主义学院在思政课创新研究方面也做出了一些亮丽成绩。譬如，主持获得国家社科基金思政课专项项目1项、教育部思政课教学类项目2项、广东省教育厅思政课教学类项目2项……为广东高校区域协同创新中心（佛山科学技术学院）2021年思政课协同创新建设积累了较好的成果。

　　2021年，广东高校思政课区域协同创新中心（佛山科学技术学院）围绕"'四史'教育融入高校思想政治理论课教学"主题，向16所成员高校马克思主义学院共征集到50余篇教研论文，开展了论文评比和奖状颁发，并将论文编辑成文集印发给思政课教师学习交流。

　　2021年11月26、27日，广东高校思政课区域协同创新中心（佛山科学技术学院）成功举办了2021年年会。本次会议线上（腾讯会议）线下（佛山科学技术学院）同步进行，邀请李辉、谢迪斌、曹群等名家作了专题讲座辅导，16所成员高校马克思主义学院院长、副院长，150余名高校思政课教师，佛山科学技术学院50余名思政专业研究生参加了会议。会上，有16位思政课教学骨干代表各自高校马克思主义学院作了交流发言。

本著作即由广东高校思政课区域协同创新中心（佛山科学技术学院）2021年年会论文择优编辑而成。谨此对本著作全体作者、各高校马克思主义学院党政领导的鼎力支持表示衷心感谢！

广东高校思政课区域协同创新中心（佛山科学技术学院）

2022 年 4 月 16 日